Mercados radicais

ERIC A. POSNER e E. GLEN WEYL

Mercados radicais

Reinventando o capitalismo e a democracia para uma sociedade justa

TRADUÇÃO
Denise Bottmann

PORTFOLIO
PENGUIN

Copyright © 2018 by Princeton University Press

A Portfolio-Penguin é uma divisão da Editora Schwarcz S.A.

PORTFOLIO and the pictorial representation of the javelin thrower are trademarks of Penguin Group (USA) Inc. and are used under license. PENGUIN is a trademark of Penguin Books Limited and is used under license.

Grafia atualizada segundo o Acordo Ortográfico da Língua Portuguesa de 1990, que entrou em vigor no Brasil em 2009.

TÍTULO ORIGINAL Radical Markets: Uprooting Capitalism and Democracy for a Just Society
CAPA Karl Spurzem
PROJETO GRÁFICO Tamires Cordeiro
PREPARAÇÃO Julia Passos
REVISÃO TÉCNICA Rafael Costa Lima
REVISÃO Angela das Neves e Clara Diament
ÍNDICE REMISSIVO Luciano Marchiori

Dados Internacionais de Catalogação na Publicação (CIP)
(Câmara Brasileira do Livro, SP, Brasil)

Posner, Eric A.
  Mercados radicais : reinventando o capitalismo e a democracia para uma sociedade justa / Eric A. Posner e E. Glen Weyl ; tradução Denise Bottmann. — 1ª ed. — São Paulo : Portfolio-Penguin, 2019.

  Título original: Radical Markets : Uprooting Capitalism and Democracy for a Just Society.
  Bibliografia.
  ISBN 978-85-8285-083-1

  1. Capitalismo 2. Concorrência 3. Democracia 4. Direito de propriedade 5. Mercado livre I. Weyl, E. Glen. II. Título.

19-23405   CDD-330.122

Índice para catálogo sistemático:
1. Mercados radicais : Capitalismo : Economia 330.122

Maria Paula C. Riyuzo – Bibliotecária – CRB-8/7639

[2019]
Todos os direitos desta edição reservados à
EDITORA SCHWARCZ S.A.
Rua Bandeira Paulista, 702, cj. 32
04532-002 — São Paulo — SP
Telefone: (11) 3707-3500
www.portfolio-penguin.com.br
atendimentoaoleitor@portfolio-penguin.com.br

À memória de William S. Vickrey

SUMÁRIO

Agradecimentos 9
Prefácio: O leilão vos libertará 13

Introdução: A crise da ordem liberal 23

1. Propriedade é monopólio 51
   Criando um mercado competitivo para usos por meio da propriedade coletiva parcial

2. Democracia radical 97
   Um mercado de conciliações para nossa vida em comum

3. Unindo os trabalhadores do mundo 141
   Reequilibrando a ordem internacional em favor da força de trabalho

4. Desmembrando o polvo 179
   Rumo a um mercado radical no controle corporativo

5. Dados como trabalho   215
Avaliando as contribuições individuais para a economia digital

Conclusão: Indo à raiz   257
Epílogo: E depois dos mercados?   283

Notas   301
Índice remissivo   327

AGRADECIMENTOS

A produção e o desenvolvimento econômicos são fundamentalmente processos sociais, não individuais: pelo menos é isso o que sustentamos ao longo deste livro. O mesmo se aplica a produtos intelectuais como o trabalho aqui apresentado. Nossas ideias se formaram nos meios em que nos desenvolvemos e no amplo leque de comunidades a que pertencemos; se este livro tiver o impacto pretendido, o *zeitgeist* será, sem dúvida, muito mais importante do que nosso esforço intelectual. Mesmo assim, há muitas pessoas entre essas forças mais vastas que contribuíram especialmente para esta obra.

No decorrer do livro, citamos muitas de nossas influências mais importantes, porém nós dois tivemos mentores pessoais que aparecem menos por estas páginas, mas igualmente merecem nossos agradecimentos. Gary Becker e, em especial, José Scheinkman tiveram um papel essencial ao incentivar Glen a dar andamento a suas ideias mais arrojadas, apesar dos custos para sua posição profissional e da dificuldade em publicar esta obra. Jerry Green, Amartya Sen e principalmente Jean Tirole foram fundamentais para a concepção de Glen sobre o "desenho de mecanismos" como força propulsora para uma transformação social. Jennifer Chayes, supervisora de Glen na Microsoft, concedeu-lhe o espaço profissional, o ambiente interdisciplinar e a inspiração pessoal de que precisava para acreditar e prosseguir neste projeto. Eric agradece a seus colegas na Universidade de Chicago pelo apoio e ao Russell Baker Scholars Fund pelo apoio financeiro. Glen agradece à Alfred P. Sloan Foundation pelo subsídio durante todo o período como bolsista.

Temos uma dívida especial com Soumaya Keynes, cujo interesse e entusiasmo pela integração de nossas várias ideias também nos incentivaram a escrever este livro.

Aludimos, no texto, a vários coautores e colaboradores em projetos que contribuíram para as ideias aqui expostas, mas alguns merecem menção explícita: Anthony Lee Zhang foi pioneiro, com Glen, na ideia de um imposto autoavaliado sobre a propriedade comum; Steve Lalley demonstrou com Glen os teoremas fundamentais sobre a "votação quadrática", e Nick Stephanopoulos concebeu, junto com Eric, a visão prática de uma legislação eleitoral igualitária baseada nesse sistema de votação; Fiona Scott Morton elaborou conosco a regra de 1% para os investidores institucionais; Jaron Lanier foi o parceiro de Glen em todas as etapas do capítulo "Dados como trabalho".

Nosso editor Joe Jackson e seus colegas na Princeton University Press transformaram este livro em realidade. Susan Jean Miller fez um trabalho excelente de melhoria do nosso texto. Também agradecemos à talentosa equipe de assistentes de pesquisa. Graham Haviland, Eliot Levmore, Stella Shannon, Han-ah Sumner e Jill Rogowski foram de inestimável ajuda.

Uma conferência sobre nosso manuscrito, promovida pela Cowles Foundation na Universidade Yale e apoiada vivamente por seu diretor Larry Samuelson, nos ajudou a delinear nossas ideias. Os sete debatedores (Ian Ayres, Dirk Bergemann, Jacob Hacker, Nicole Immorlica, Branko Milanovic, Tim Shenk e Matt Weinzierl) nos deram um feedback fundamental. Tim foi de especial ajuda para nossa compreensão da história das ideias referentes ao tema. Também recebemos comentários de muitos amigos e colegas, incluindo Anna Blender, Charlotte Cavaille, Patrick Collison, Adam Cox, Richard Eskow, Marion Fourcade, Alex Peysakovich, Greg Shaw, Itai Sher, Steve

Swig, Tommaso Valetti e Steve Weyl. As reações de Steph Dick e Chris Muller nos instigaram e orientaram nossas revisões. Richard Arnott, arquivista de Bill Vickrey, contribuiu para a nossa compreensão de suas ideias e convicções. Dionisio Gonzalez, Tod Lippy e Laura Weyl nos ajudaram a definir o design do livro. Também agradecemos a colaboração dos membros dos grupos de leitura "Radical Economics" e "Social Life of Data" na Microsoft, em especial Nicky Couldry, Dan Greene, Jessy Hwang, Moira Weigel e James Wright.

O desenvolvimento deste trabalho contou com o importante incentivo de Satya Nadella e Kevin Scott, diretores executivos da Microsoft, e, do lado acadêmico, de Atif Mian e Ken Rogoff.

Glen agradece acima de tudo à sua esposa, Alisha Holland. Ela está presente neste livro do começo ao fim e só ela reconhecerá que é uma espécie de declaração de amor. Alisha levou Glen ao Rio de Janeiro, o fez pensar sobre as favelas e o incentivou a desenvolver as ideias do epílogo. Dela provém o espírito da cidade e do migrante, bem como a paixão por melhorar o destino de ambos, que anima grande parte de nosso trabalho. A oficina de escrita de apenas dois participantes, Glen e Alisha, transformou boa parte da redação. Sem o apoio de Alisha aos riscos profissionais e à sua iconoclastia, Glen não se atreveria a escrever este livro; sem a empatia e a apreciação da beleza que aprendeu com ela, ele nunca teria tido essa iniciativa. Todos os dias, Glen descobre mais e mais como as ideias e emoções de ambos estão entrelaçadas e inseparáveis. A formação desse vínculo, que começou quando eram adolescentes nerds e isolados, nem sempre foi fácil ou reconfortante. Mas, tal como uma sociedade, uma parceria que é capaz de se reformar radicalmente diante de uma crise e assim aumentar, em vez de diminuir, a igualdade, o crescimento e a cooperação é uma parceria que merece perdurar.

PREFÁCIO

O leilão vos libertará

> *O liberal oitocentista era um radical, tanto no sentido etimológico de ir à raiz da questão quanto no sentido político de defender grandes mudanças nas instituições sociais. Assim também deve ser seu herdeiro moderno.*
> Milton Friedman, *Capitalismo e liberdade*, 1961

A semente deste livro foi plantada durante um verão que um de nós passou no Rio de Janeiro. O Rio é a cidade com as maiores belezas naturais do mundo. Morros cobertos por uma luxuriante vegetação tropical descem até uma baía azul cintilante pontilhada de ilhas e oferecem panoramas incomparáveis. E, no entanto, esses mesmos morros estão atulhados de favelas miseráveis, sem transporte ou saneamento básico.

O Leblon, talvez o bairro mais caro de toda a América Latina, fica ao pé do morro. Lá, o dinheiro pode comprar — a preços absurdamente inflacionados — relógios e carros de luxo, símbolos de status. E, no entanto, os moradores do Leblon não se atrevem a andar de relógio na rua ou parar no farol vermelho de noite, por medo da violência que paira nas favelas. O Rio é uma das cidades mais perigosas do mundo.

Os cariocas são descontraídos, simpáticos, criativos e extrovertidos. Veem a questão racial com mais sutileza do que nós nos Estados Unidos, com nossa distinção muito acentuada entre brancos e negros. Os dois países apresentam uma longa história escravocrata, mas, no Brasil, todos trazem uma herança da miscigenação. Apesar disso, as variações no tom da pele transmitem gradações de classe, uma força onipresente na sociedade brasileira.

Em termos econômicos, o Brasil é o país mais desigual do hemisfério ocidental. Repleto de recursos naturais, a maior parte da riqueza é controlada por um pequeno número de famílias e quase 10% dos brasileiros vivem abaixo da linha da pobreza. A penúltima presidente foi deposta por abuso de poder, seu predecessor está preso por corrupção e os investigadores estão fechando o cerco em torno do último presidente, que deixou o cargo com índice de aprovação na faixa de um dígito. Os padrões de vida no país estão estagnados faz tempo. A iniciativa privada é ínfima.

Como foi que esse paraíso ruiu? Como alcançar seu potencial? Conhecemos esta conversa:

A ESQUERDA: O governo deve taxar os ricos para fornecer moradia, assistência médica e emprego aos pobres.

A DIREITA: Ah, sim, e aí você vai acabar como a Venezuela ou o Zimbábue. O governo precisa privatizar as estatais, fazer valer os direitos de propriedade privada, reduzir os impostos e diminuir a regulação. Ponha a economia nos eixos e a desigualdade vai se resolver por si mesma.

OS TECNOCRATAS DO CENTRO: Precisamos de uma economia cuidadosamente regulada por especialistas com formação internacional, intervenções dirigidas já testadas em ensaios randomizados controlados e uma reforma política que atenda aos direitos humanos.

Os que moram em nações ricas, onde a desigualdade vem crescendo, reconhecerão, no Brasil, os seus próprios países. Também neles a economia está estagnando, e a corrupção e os conflitos políticos estão aumentando. A velha ideia de que um "país *em desenvolvimento*", como o Brasil, finalmente se tornará um "país *desenvolvido*", como os Estados Unidos, está sendo reavaliada, e as pessoas começam a se perguntar se as coisas não estão caminhando no sentido contrário. Enquanto isso, a fórmula habitual de reforma é a mesma de cinquenta anos atrás: aumentar os impostos e redistribuir, fortalecer os mercados e privatizar, ou melhorar a governança e a capacitação especializada.

No Rio de Janeiro, essa fórmula está claramente ultrapassada. A pobreza, o controle cerrado e concentrado da terra e os conflitos políticos parecem guardar uma relação estreita. A redistribuição da riqueza pouco alterou a desigualdade. O aperfeiçoamento dos direitos de propriedade privada não contribuiu o suficiente para fomentar o desenvolvimento. As favelas ocupam áreas que poderiam abrigar um parque, uma reserva natural ou uma área habitacional moderna. O centro da cidade, onde os moradores das favelas poderiam levar uma vida decente e ter acesso a serviços públicos, é monopolizado pelos ricos, que nem chegam a aproveitá-lo por temerem a criminalidade. O mesmo controle concentrado da riqueza que gera a desigualdade parece corromper a política e desestimular a iniciativa privada: segundo o Banco Mundial, o Brasil está entre os 10% dos países que mais colocam obstáculos para se abrir uma empresa.

O caso do Rio de Janeiro suscita uma pergunta inevitável: não haveria um jeito melhor? Será que essa cidade não tem como escapar à desigualdade, à estagnação e ao conflito social? Não seria o Rio um prenúncio do destino de cidades como Nova York, Londres e Tóquio?

Os leilões como mercados radicais

O problema deriva das ideias ou, melhor, da falta de ideias. Os argumentos da esquerda e da direita, quando surgiram no século XIX e começo do século XX, tinham algo a oferecer, mas hoje perderam qualquer substância. Não há mais lugar para reformas ousadas, pois elas apenas nos tolhem. Para ampliar nossas possibilidades sociais, precisamos nos abrir a novos projetos radicais. Para chegar à raiz do problema, precisamos entender como funcionam nossas instituições econômicas e políticas e usar esse conhecimento para elaborar uma resposta, que é o que fazemos neste livro.

Nossa premissa é que os mercados são — e continuarão a ser no médio prazo — a melhor maneira de organizar a sociedade. Porém, embora nossa sociedade seja supostamente organizada pela concorrência entre mercados, os mais importantes estão monopolizados ou simplesmente inexistem; se criarmos mercados de fato livres, abertos e competitivos, conseguiremos reduzir drasticamente a desigualdade, aumentar a prosperidade e sanar conflitos sociais e ideológicos que dilaceram nossa sociedade.

Como a direita, acreditamos que os mercados precisam ser fortalecidos, ampliados e saneados. Mas vemos uma falha fatídica nessa linha: sua concepção sobre as mudanças sociais necessárias para a prosperidade dos mercados é tímida e pouco criativa. Muitos da direita apoiam o fundamentalismo do mercado, ideologia que imaginam ter sido comprovada pela teoria econômica e pela experiência histórica. Na verdade, ela praticamente se resume a um compromisso nostálgico com uma versão idealizada dos mercados, tal como existiam no mundo anglo-saxão no século XIX. (Usaremos o termo *capitalismo* para nos referir a essa versão histórica idealizada dos mercados, em que os governos têm como foco a proteção da propriedade privada e a garantia de cumprimento dos contratos.) Ao fundamentalismo do mercado contrapomos o radicalismo do mercado, nosso compromisso pessoal em entender, reestruturar e melhorar os mercados em sua própria raiz.

Com a esquerda, partilhamos a ideia de que os ordenamentos sociais existentes geram uma desigualdade injusta e minam a possibilidade de uma ação coletiva. Mas a falha está em confiar na capacidade de discernimento das elites burocráticas governamentais para sanar os males sociais. Essas elites, que a esquerda imagina serem benevolentes, ideologicamente neutras e comprometidas com o bem público, às vezes são arbitrárias, corruptas, incompetentes ou, por serem vistas dessa maneira, quer o sejam quer não, não contam com a confiança pública. Para canalizar o radicalismo que cremos ser inerente aos mercados, temos de descentralizar o poder e, ao mesmo tempo, incentivar a ação coletiva.

Os mercados radicais que concebemos são ordenamentos institucionais que permitem a atuação plena dos princípios fundamentais da alocação no mercado — o livre-comércio disciplinado pela concorrência e aberto a todos os interessados. A quintessência do mercado radical é o leilão. Como as regras de um leilão exigem que as pessoas disputem lances, o objeto em oferta acaba nas mãos de quem mais o deseja — com a ressalva de que as diferenças nos lances podem representar diferenças não só de vontade, mas também de riqueza.

Embora muita gente pense que os leilões se restringem a vendas de imóveis, obras de arte e arrecadação de fundos, eles são muito frequentes na internet, longe do olhar do público. Nas páginas a seguir, mostraremos que a difusão dos leilões por toda a nossa sociedade pode salvar o Rio de Janeiro — e o mundo.

Rio à venda: Uma experiência hipotética

Imaginem todo o Rio de Janeiro num perpétuo leilão. Suponham que cada edifício, cada loja, cada fábrica e cada trecho na encosta do morro tenha um preço corrente, e quem der um preço maior por esses espaços toma posse deles. Os leilões podem abranger alguns tipos de bens pessoais, como automóveis, ou mesmo coisas normalmente determinadas por processos políticos, como a quantidade de poluentes que as indústrias são autorizadas a emitir. Boa parte deste livro consiste em conceber como um sistema assim funcionaria.

Como experiência hipotética, suponhamos por ora que os leilões são conduzidos por meio de aplicativos para celulares que dão lances automaticamente, baseados em configurações-padrão, eliminando em larga medida a necessidade de calcular constantemente o valor que se vai oferecer. Há leis garantindo que não ocorram os transtornos mais óbvios (por exemplo, chegar em casa e perceber que o apartamento não é mais nosso). Existem incentivos que protegem e aumentam os ativos e garantem a preservação da privacidade e de outros valores. Toda a renda gerada por esse leilão retorna aos cidadãos, igualitariamente, como "dividendo social", ou é utilizada para financiar projetos públicos, como acontece com as receitas das vendas de petróleo no Alasca e na Noruega.

Viver sob esse regime de leilão contínuo transformaria a sociedade e a política do Rio de Janeiro. Em primeiro lugar, as pessoas passariam a conceber suas propriedades de outra maneira. Sumiria a enorme diferença entre ter casa própria e ocupar um lugar na praia. A propriedade privada se tornaria, em larga medida, pública, e os bens das pessoas à nossa volta se tornariam, em certo sentido, também parcialmente nossos.

Além disso, esse processo de licitação contínua acabaria com os tremendos descalabros no uso da terra e de outros recursos. Quem desse o maior lance pelas encostas mais bonitas jamais seria alguém com planos de construir ali cortiços precários e dilapidados. Quem desse o maior lance por um terreno no centro da cidade não seria o incorporador imobiliário de condomínios grã-finos e exclusivos, mas um construtor de arranha-céus para a nova e enorme classe média criada pelos leilões.

Uma terceira consequência seria o fim da fonte primária da desigualdade econômica. Ainda que, num primeiro momento, você possa pensar que os ricos iriam arrebanhar tudo o que é de valor nesses leilões, reflita um minutinho. O que se entende por "os ricos"? Gente que tem negócios, terras etc. Mas, se tudo estivesse em leilão o tempo todo, ninguém teria esses ativos. Seus benefícios iriam igualmente para todos. No capítulo 1, explicamos como isso se daria.

Em quarto lugar, o sistema de leilão do Rio de Janeiro limitaria a corrupção ao transferir muitas decisões políticas importantes das mãos dos políticos para as dos cidadãos. Com a melhoria da vida pública, a criminalidade diminuiria, as pessoas voltariam a frequentar as ruas e o recolhimento em comunidades fechadas deixaria de existir. Longe da imagem usual dos mercados substituindo e corroendo a esfera pública, os mercados radicais fomentariam a confiança na vida pública. No capítulo 2, explicamos como um leilão poderia organizar a política.

Heróis radicais

Nossos argumentos se baseiam numa tradição intelectual que remonta a Adam Smith. Hoje em dia, os pensadores conservadores, inclusive os fundamentalistas do mercado, costumam invocá-lo com frequência. Mas Smith era um radical, nos dois sentidos apontados em nossa epígrafe. Primeiro, ele escavou a fundo as raízes da organização econômica e propôs teorias que continuam relevantes hoje. Segundo, ele investiu contra ideias e instituições dominantes na época e apresentou uma série de sugestões e reformas ousadas. Atualmente, essas ideias só são consideradas "conservadoras" porque tiveram grande êxito na reformulação da política e do pensamento de sua época.

Os fundamentalistas do mercado traçam uma linha de continuidade entre Smith e nomes como Friedrich Hayek, Milton Friedman e George Stigler — ídolos conservadores de meados do século xx e ganhadores do prêmio Nobel que tomaram de Smith uma concepção idealizada dos mercados baseados na propriedade privada. Puseram essa concepção em prática para defender a economia e a política libertárias. Os fundamentalistas ignoram outros economistas que assumem o espírito radical de Smith, como Henry George, cujas ideias ajudaram a deslanchar a era progressista e que foi talvez o economista mais lido de todos os tempos, mas cuja concepção se perdeu nas brigas entre direita e esquerda durante a Guerra Fria. George estava mais preocupado com a desigualdade do que os seguidores conservadores de Smith, e via que a propriedade privada podia atrapalhar os mercados realmente livres. Para remediar o problema, propôs um esquema de tributação que criaria um sistema de propriedade comum da terra.

O economista "georgista" mais importante, a cuja memória dedicamos este livro, é um professor da metade do século XX, chamado William Spencer Vickrey. Vickrey foi o Mestre Yoda da profissão de economista: era um sujeito simples, desencanado, recluso, distraído, cheio de intuições geralmente impenetráveis, mas capazes de mudar o mundo. Ia de patins do trem até a sala de aula e deixava cair comida na camisa. Acordava de uma soneca em pleno seminário de pesquisas e comentava: "Esse artigo podia aproveitar... o princípio de Henry George de taxar os valores fundiários". Citava tanto o esquema tributário de George que um colega brincou durante uma homenagem fúnebre a ele: "Imagino que a essa altura já o citou para Deus também".[1] Igualmente desligado, arrogante e fechado, Vickrey se absteve diversas vezes de publicar suas melhores ideias em artigos acadêmicos.

As inspirações de pesquisa de Vickrey eram muito parecidas com as nossas. Durante a maior parte de sua carreira, ele se concentrou na organização das cidades e no tremendo desperdício de recursos em inúmeras formas urbanas. Tinha especial fascínio por cidades latino-americanas, prestando consultoria a vários governos sobre tributação e planejamento urbano. Foi quando projetava um sistema fiscal para a Venezuela que Vickrey elaborou o artigo que por fim levou pelo ralo todo o seu empenho em se manter na obscuridade.

O artigo foi publicado em 1961. Já o título, "Counterspeculation, Auctions, and Competitive Sealed Tenders" ["Contraespeculação, leilões e disputa de lances selados"], parecia garantir que logo cairia no esquecimento. Mas foi redescoberto uma década depois. O artigo de Vickrey foi o primeiro a estudar a capacidade dos leilões em resolver grandes problemas sociais, ajudou a criar um campo da economia chamado "desenho de mecanismos" e lhe valeu o prêmio Nobel em 1996.

As ideias de Vickrey transformaram a teoria econômica e tiveram impacto na política. Países do mundo inteiro realizam licitações baseadas nas ideias de Vickrey para licenciar o uso de radiofrequência. O Facebook, o Google e o Bing empregam um sistema derivado do

Figura P. 1. William S. Vickrey (1914-96), prêmio Nobel de economia, pai do desenho de mecanismos e o protagonista silencioso deste livro. Foto de Jon Levy, reprodução autorizada por Getty Images.

leilão de Vickrey para alocar o espaço publicitário em suas páginas na rede. As intuições de Vickrey em relação a planejamento urbano e pedágio urbano estão mudando aos poucos a fisionomia das cidades, e têm um papel importante nas estratégias de precificação em aplicativos como o Uber e o Lyft.[2]

Mas nenhuma dessas aplicações práticas reflete com clareza as aspirações que deram impulso ao trabalho de Vickrey. Quando recebeu o Nobel, consta que ele pretendia usar o prêmio como "excelente tribuna" para apresentar as ideias transformadoras de George e o potencial radical do desenho de mecanismos a um público maior.[3] No entanto, Vickrey morreu de um ataque cardíaco três dias depois de saber de sua premiação. Mesmo que estivesse vivo, Vickrey provavelmente teria dificuldade em despertar o entusiasmo do público. Em 1996, ocorria em todo o mundo uma explosão econômica, e parecia nascer uma nova era de cooperação global. Ninguém queria atrapalhar esse sucesso, e a abordagem de Vickrey enfrentava enormes obstáculos práticos.

Hoje, porém, as perspectivas de progresso econômico e político não são auspiciosas, ao passo que, graças a desenvolvimentos econômicos e tecnológicos, agora é possível superar as restrições práticas à abordagem de Vickrey. Este livro, portanto, quer servir como a "excelente tribuna" que Vickrey não chegou a ocupar, dando mais corpo à concepção que ele provavelmente teria apresentado ao mundo, se estivesse vivo.

INTRODUÇÃO

A crise da ordem liberal

> *As ideias dos economistas e dos filósofos políticos, tanto certas quanto erradas, têm uma força maior do que se costuma pensar. Na verdade, são basicamente elas que regem o mundo. Os homens pragmáticos, que se creem totalmente isentos de qualquer influência intelectual, em geral são escravos de algum economista falecido.*
> John Maynard Keynes, *Teoria geral do emprego, do juro e da moeda*, 1936

O Muro de Berlim caiu quando um de nós acabava de ingressar no pré-primário e o outro estava começando a carreira, e foi um momento fundamental para definir nossas identidades políticas. O "estilo americano" — livre mercado, soberania popular e integração mundial — tinha vencido o "império do mal" soviético. Desde então, esses valores — que chamaremos de "ordem liberal" — vêm dominando os debates intelectuais. Houve pensadores importantes decretando "o fim da história". Os grandes problemas sociais que ocuparam por tanto tempo o centro do drama político tinham sido resolvidos.[1]

Nós dois entramos na maioridade intelectual numa era de confiança, satisfação e consenso intelectual global sem precedentes. Onde mais reinava essa atmosfera era no mundo da política governamental em que acabamos ingressando — um na área jurídica, outro na área econômica. Ironicamente, foi a economia, mais do que qualquer outra área, que assumiu o papel de liderança num mundo do qual haviam desaparecido os debates sobre sistemas econômicos. Os economistas, que antigamente tinham ajudado a definir os extremos do espectro político (lembram-se de Karl Marx?), agora se viam como as vozes dominantes da razão, a quem o público confiava as decisões de política governamental.[2]

Nas universidades e associações profissionais, os economistas se concentravam em análises políticas de centro, as quais, sendo altamente matemáticas e quantitativas, aparentavam uma neutralidade ideológica. Enquanto isso, a área marginalizava os da esquerda radical (os marxistas) e os da direita (a chamada escola austríaca).[3] A maior parte do trabalho desenvolvido pelos acadêmicos nas áreas de economia, direito e políticas públicas tratava de justificar as instituições de mercado existentes ou de propor reformas moderadas que, na essência, preservavam o status quo.

Salvo raras exceções, os economistas convencionais dessa época tomavam como pressuposto que o esquema predominante das instituições do mercado funcionava razoavelmente, dentro do limite do possível. Se os mercados "falhavam", dizia a teoria, uma regulação moderada, baseada em análises de custo e benefício, daria conta do recado. As questões de desigualdade eram em larga medida ignoradas. Os economistas acreditavam que, em vista de tanta riqueza gerada pelos mercados, era possível tolerar a desigualdade; uma margem de segurança social garantia que os mais carentes não morressem de fome. Um de nós dois foi trabalhar na Microsoft devido a seu interesse em ampliar a abordagem-padrão das plataformas tecnológicas modernas, e o outro se concentrou em questões de reforma jurídica. Enquanto isso, o chão começou a se mover sob nossos pés.

Os primeiros tremores foram a crise financeira de 2008 e a recessão subsequente. Contudo, ainda que a queda econômica fosse a pior desde a Grande Depressão, por algum tempo parecia que não ia ser muito diferente das outras recessões. Houve quem perdesse casa, emprego e crédito, mas isso já acontecera muitas vezes antes e a economia tinha se recuperado. Só em 2016 ficou evidente como a mudança fora drástica.

Notou-se que o progresso econômico ocorrido antes da recessão era, em grande parte, ilusório — tinha beneficiado basicamente os muito ricos. A disparada da desigualdade, a estagnação dos padrões de vida e o aumento da insegurança econômica simplesmente zombavam do velho estilo de análise político-governamental. A raivosa reação política à recessão — exemplificada nos Estados Unidos pelos movimentos do Occupy Wall Street e do Tea Party — não arrefeceu com a recuperação econômica. As pessoas já não acreditavam nas análises político-governamentais dominantes das elites, que tinham servido de base para a desregulamentação financeira e para as impopulares injeções de liquidez em empresas pré-falimentares. Com dúvidas pairando sobre o velho jeito de fazer as coisas e sem clareza sobre os novos rumos, a opinião pública se polarizou. E devido às antigas controvérsias que vinham fermentando sobre questões culturais, em especial no que tangia à imigração, a raiva contra as elites deu uma desagradável guinada nativista. Por todo o mundo, a xenofobia e o populismo emergiram em níveis que não se viam desde os anos 1930.

Infelizmente, as ideias não acompanharam o passo da crise. Responsabiliza-se o capitalismo pelo aprofundamento da desigualdade e pela redução do ritmo de crescimento, mas até agora não se apresentou nenhuma nova proposta. Responsabiliza-se a democracia liberal pela corrupção e pela paralisia, mas o autoritarismo dificilmente oferece uma alternativa atraente. A globalização e as instituições de governança global viraram os bodes expiatórios preferidos, mas não se propõe nenhum outro caminho viável para as relações internacionais. Mesmo os governos mais bem conduzidos, dos países mais avançados, adotam a abordagem tecnocrática dominante do passado, apesar de seus múltiplos fracassos.

Assim, ao procurar uma saída desse impasse, vimo-nos relendo as obras dos pais fundadores da organização social moderna: um grupo de pessoas do final do século XVIII e do século XIX que se denominavam "economistas políticos" e "Radicais Filosóficos", incluindo Adam Smith, o marquês de Condorcet, Jeremy Bentham, John Stuart Mill, Henry George, Léon Walras e Beatrice Webb.

Embora vivessem num mundo diferente do nosso, esses pensadores — cujas ideias examinaremos mais adiante — enfrentaram problemas parecidos. O sistema econômico e político que herdaram do século XVIII não era capaz de acompanhar as mudanças na tecnologia, na demografia, na globalização da época e no ambiente cultural mais amplo. Os privilégios arraigados impediam as tentativas de promover a igualdade, o crescimento e a reforma política. Julgando que os recursos intelectuais da época eram insuficientes para permitir um avanço, os Radicais Filosóficos desenvolveram novas ideias que tiveram um papel enorme no desenvolvimento de nosso sistema econômico moderno, baseado no mercado, e da democracia liberal. Suas ideias e reformas somavam as aspirações libertárias da direita atual e as metas igualitárias da esquerda atual, e constituem uma herança comum aos dois extremos do espectro político padrão. É esse espírito em comum que queremos reviver.

Desigualdade

O problema mais importante de nossa época é a desigualdade crescente dentro dos países ricos. A figura I.1 mostra a evolução da participação na renda do 1% mais rico nos Estados Unidos, de 1913 a 2015.[4] Ela mostra essa participação antes e depois da dedução de impostos. Concentrando-nos na curva pós-tributação mais pertinente para o consumo final, vemos que a participação na renda do 1% mais rico praticamente dobrou de seu ponto mais baixo, de 8% em meados dos anos 1970, para seu pico recente de 16%. Tem-se um padrão parecido, mas menos drástico, em muitos outros países anglo-saxões nesse mesmo período. Os padrões de renda foram menos acentuados em alguns países da Europa continental e do Extremo Oriente, onde a redistribuição estatal é mais generosa.[5]

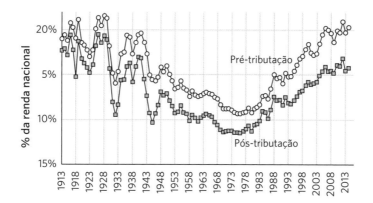

Figura I.1. Participação na renda americana do 1% do topo da pirâmide, incluindo ganhos de capital, antes e depois da tributação.
Fonte: Thomas Piketty, Emmanuel Saez e Gabriel Zucman, "Distributional National Accounts: Methods and Estimates for the United States". *Quarterly Journal of Economics*, v. 133, n. 2, pp. 553-609, 2018.

Seria esse aumento da desigualdade apenas o preço de uma economia dinâmica, como sugerem muitos argumentos econômicos "neoliberais"? Alguns economistas sustentam que a desigualdade crescente reflete a divergência entre as qualificações e as oportunidades dos competentes, qualificações estas que são desperdiçadas quando não são recompensadas com uma renda maior. Porém o aumento da desigualdade não reflete apenas essa divergência salarial, mas o perfil da renda nacional, que se afasta completamente dos salários. A figura I.2 mostra a participação na renda nacional proveniente de todos os tipos de trabalho assalariado, desde operários de fábrica até diretores executivos — o que os economistas chamam de "participação do trabalho". Houve nesse mesmo período uma queda de quase 10% na participação dos salários na renda nacional americana, aproximando os Estados Unidos dos países em desenvolvimento, onde a participação do trabalho é muito menor do que costuma ser nos países ricos.

Para onde foi o dinheiro que pagava o salário dos trabalhadores?

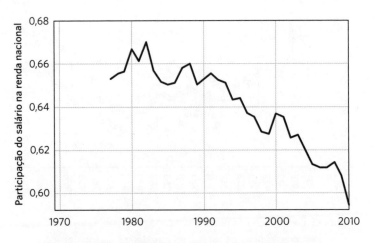

Figura I.2. Participação do salário na renda nacional americana ao longo do tempo.
Fonte: David Autor, David Dorn, Lawrence F. Katz, Christina Patterson e John Van Reenen. *The Fall of the Labor Share and the Rise of Superstar Firms*. Cambridge, MA: MIT Working Paper, 2017. Disponível em: <https://economics.mit.edu/files/12979>.

Se estiver remunerando a poupança, talvez não seja tão preocupante. Afinal, todo cidadão pode decidir poupar dinheiro, e a remuneração da poupança pode incentivar o crescimento. Um número crescente de indicações, porém, sugere que a remuneração da poupança também está em queda (como evidenciado pela queda das taxas de juros), e uma parcela cada vez maior da renda nacional vem sendo absorvida pelo poder de mercado — o que, mais adiante, chamamos de "o problema do monopólio".[6] A figura I.3 ilustra essa tendência.

O quadro superior da figura I.3 mostra a participação na renda nacional dos Estados Unidos representada por "lucros econômicos" acima do esperado considerando-se uma concorrência sob condições ideais, lucros atribuídos ao poder de monopólio. Tais lucros excessivos praticamente quadruplicaram desde o começo dos anos 1980, em paralelo com o aumento da desigualdade e a diminuição da participação do trabalho.[7] Uma proporção esmagadora desses lu-

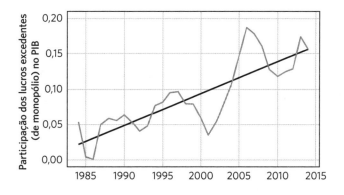

Figura I.3. Acima: lucros competitivos como parcela da renda nacional nos Estados Unidos ao longo do tempo. Abaixo: *markups* sobre o custo (em preto) e valor médio ponderado no mercado de ações (em cinza). Fontes: Simcha Barkai, *Declining Labor and Capital Shares*, 2017. Disponível em: <http://home.uchicago.edu/~barkai/doc/BarkaiDecliningLaborBapital.pdf>; Jan de Loecker e Jan Eeckhout, *The Rise of Market Power and Macroeconomic Implications*, 2017. Disponível em: <http://www.janeeckhout.com/wp-content/uploads/RMP.pdf>.

cros fica nas mãos dos extremamente ricos. Como sustentaremos a seguir, o aumento na desigualdade e a queda na participação do trabalho alimentam e são alimentados por uma dinâmica que enriquece os mais ricos. Sessenta por cento da renda do 1% mais rico provém desses lucros ou de retornos sobre o capital (em oposição aos salários), numa proporção quatro vezes maior do que para os 90% que ocupam a parte de baixo da pirâmide. O quadro inferior mostra a evolução conjunta de outra medida do poder de mercado — um índice da diferença relativa entre preço e custo, também conhecido como *markup* — e o valor das empresas no mercado de ações.[8] A grande proximidade nessas duas séries e a íntima correlação que os autores descobriram entre o valor de mercado e os *markups* entre as empresas num determinado ano sugerem vigorosamente que a participação decrescente do trabalho e o aumento da desigualdade não são apenas consequência inevitável de um crescimento acelerado. Pelo contrário, guardam íntima correlação (como sintomas, causas ou, provavelmente, ambos) com o aumento do poder de mercado.

A trajetória da desigualdade *entre* países é outra história. A figura I.4 mostra a parcela da desigualdade global, medida pelo "desvio logarítmico médio" (ver capítulo 3), que predominou entre os países — e não dentro deles — de 1820 a 2011. De 1820 a 1970, a desigualdade entre os países aumentou quase dez vezes; já a desigualdade dentro dos países diminuiu para cerca de um quinto. Esse padrão se inverteu a partir de 1970; a desigualdade internacional caiu cerca de um quinto e a desigualdade interna nos países ricos aumentou.

Mais uma vez, se essa desigualdade internacional fosse resultado de mercados internacionais dinâmicos, talvez seu preço valesse a pena. No entanto, visto que a desigualdade internacional entrou em declínio no mesmo momento que a globalização começou a acelerar e a descolonização foi finalizada, isso sugere que a desigualdade internacional pode ser atribuída mais ao colonialismo e a mercados internacionais fechados do que a mercados livres.

Estagnação

A última mudança significativa na filosofia econômica ocorreu nos anos 1970, quando a "estagflação" (inflação alta e desemprego ao mesmo tempo) minou o argumento keynesiano, então aceito, de que

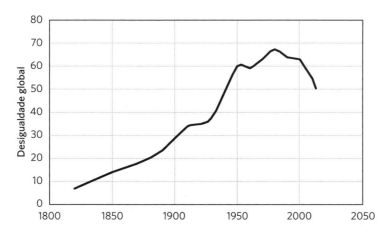

Figura I.4. A desigualdade global entre países, de 1820 a 2011, medida pelo desvio logarítmico médio (ver capítulo 3).
Essa série se baseia numa fusão dos dados de François Bourguignon e Christian Morrisson ("Inequality Among World Citizens: 1820-1992", *American Economic Review*, v. 92, n. 4, 2002) e de Branko Milanovic ("Global Inequality of Opportunity: How Much of Our Income Is Determined by Where We Live?", *Review of Economics & Statistics*, v. 97, n. 2, 2015), que Branko Milanovic gentilmente fez para este livro.

a inflação era um preço que valia a pena pagar pelo pleno emprego. As ideias neoliberais e a teoria da "economia pelo lado da oferta" [*supply-side*] que surgiram em resposta prometiam que uma maior margem de ação para o capitalismo (impostos menores, desregulamentação, privatização) desencadearia o crescimento econômico. Mesmo que o capitalismo pudesse criar certa desigualdade, a riqueza acabaria chegando "por gotejamento" até os trabalhadores comuns. Não só a prometida riqueza não gotejou, como nem sequer se materializou. Na verdade, o aumento da produtividade sofreu uma drástica redução nesse período. Por exemplo, nos Estados Unidos, o aumento na produtividade do trabalho do final da Segunda Guerra Mundial até 2004 ficou em cerca de 2,25% ao ano. A partir de 2005, o

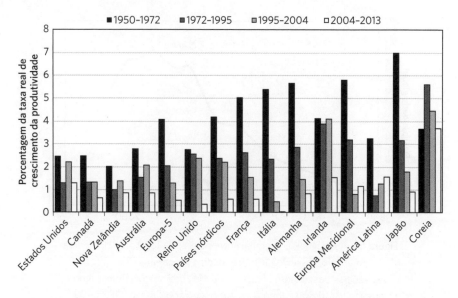

Figura I.5. Aumento real da produtividade média anual no mundo em várias regiões e países, entre 1950 e 2013.
Fonte: DECD.

aumento da produtividade caiu um ponto percentual cravado, chegando a cerca de 1,25%.[9]

Esse fenômeno foi menos dramático nos Estados Unidos do que em outros países ricos. A figura I.5 mostra o ganho de produtividade em vários países do mundo desde 1950.[10] No geral, esse ganho vem caindo de maneira drástica desde a metade do século XX, com exceção do período entre 1995-2004 em alguns países ricos e da tendência diversa observada em países em desenvolvimento. Em muitos países ricos, como França e Japão, o ganho da produtividade caiu num fator de dez, passando de 5% a 7% no período entre 1950 e 1972 para menos de 1% na última década. Dados recentes traçam um retrato ainda mais desalentador.[11]

Um problema correlato se refere aos recursos-chave da economia — trabalho e capital —, que estão marcados por um amplo desemprego (no caso do primeiro) ou pela má alocação (no caso do segundo). Esse aspecto do lento crescimento econômico tem uma importância própria porque o desemprego e os baixos salários provocam conflitos sociais e políticos. O desemprego e o subemprego variam de país para país, dependendo do tratamento dado a quem está desempregado há muito tempo. Na Europa, os índices de desemprego aumentaram, ao passo que nos Estados Unidos os jovens do sexo masculino estão saindo da força de trabalho. Por exemplo, o índice de participação dos jovens americanos do sexo masculino na força de trabalho caiu de 96% em 1970 para 88% em 2015. Em muitos países da Europa, o desemprego subiu de 4% a 6% nos anos 1950 para um índice persistente de 10% ou mais.[12] E não é apenas o trabalho que tem sido subaproveitado na economia atual. Pesquisas recentes indicam que empresas também têm alocado mal seus bens, no sentido de que o capital não está sendo empregado por empresas, setores ou cidades que poderiam lhe dar uso mais adequado.[13] Isso sugere que se a realocação do capital e do emprego passasse de entidades menos produtivas para outras mais produtivas, poderia aumentar significativamente a produção com maior valor agregado.[14]

Juntas, as tendências de aumento da desigualdade e a estagnação do crescimento mostram que os cidadãos típicos dos países ricos já não estão vivendo muito melhor do que seus pais. O economista Raj Chetty e coautores descobriram que apenas 50% dos filhos americanos nascidos em 1980 têm um padrão de vida mais alto do que seus pais, contra 90% dos filhos nascidos em 1940.[15] Ainda não existem cálculos similares em outros países ricos, mas é bem provável que demonstrem os mesmos padrões.

Essas tendências impõem ao consenso econômico neoliberal o mesmo problema que a "estagflação" havia imposto ao consenso keynesiano. Em troca da desigualdade, prometeram-nos um dinamismo econômico. Temos a desigualdade, mas o dinamismo agora está declinando. Vamos chamá-lo de *estagdesigualdade* — crescimento mais lento com desigualdade crescente, em vez de inflação. Portanto, não é de admirar que as pessoas rejeitem o saber econômico convencional.

Conflito

Visto que os esquerdistas criticam há tanto tempo a "economia do gotejamento", seria de se esperar uma reação populista de esquerda contra a estagdesigualdade e um avanço para a redistribuição de renda. Em certa medida, essa previsão foi confirmada por acontecimentos recentes, como resume a tabela I.1. Bernie Sanders quase venceu as primárias do Partido Democrata nos Estados Unidos, apesar de declarar que tinha sido socialista no passado e de concorrer à presidência como social-democrata. No Reino Unido, Jeremy Corbyn, líder do Partido Trabalhista, é o dirigente mais à esquerda do partido a ter boas chances de vitória desde a Segunda Guerra Mundial, e movimentos de esquerda na França e na Itália têm alcançado um êxito político incomum.

No entanto, a história tem mostrado que, quando o tecido social se esgarça, movimentos fascistas ou ultranacionalistas chegam ao poder. Prometendo trazer riqueza às massas, vinda não dos ricos mas de um inimigo externo ou de um "outro" interno, um grupo minoritário vulnerável, os movimentos reacionários muitas vezes dirigem sua fúria para o exterior, ameaçando a estabilidade internacional. Embora tenham caído em descrédito durante algum tempo, devido ao Holocausto e à Segunda Guerra Mundial, há sinais inquietantes de que estão ressurgindo.

Como mostra a tabela I.1, os movimentos de direita têm ganhado mais força do que os de esquerda nas urnas e na consecução de seus objetivos políticos.[16] Nos Estados Unidos, no Reino Unido e na Rússia, esses movimentos avançaram, ocupando o governo, ganhando influência significativa ou atingindo objetivos políticos concretos. Na França e na Itália, quase chegaram lá. É preciso recuar muito na história dos países afetados por esses movimentos para encontrar um precedente. No Japão, na França, na Alemanha, na Itália e na Austrália, esses movimentos não atingem tal grau de sucesso desde a Segunda Guerra Mundial. Embora os Estados Unidos tenham uma rica tradição populista, Donald Trump é o primeiro presidente realmente populista, homem sem nenhuma experiência em cargos

País	Movimento de esquerda	Posição eleitoral recente	Movimento de direita	Posição eleitoral recente	Precedentes históricos
Estados Unidos	Bernie Sanders	Segundo lugar nas primárias do Partido Democrata	Donald Trump	Conquistou a presidência	Sem precedentes pelo menos desde a Guerra Civil
Japão	Nenhum		Nacionalismo e militarismo dentro do partido dirigente	Primeiro-ministro tem laços próximos com a extrema direita	Sem precedentes desde a Segunda Guerra Mundial
Alemanha	Nenhum		Alternativa para a Alemanha (AfD)	Terceiro maior partido	Sem precedentes desde a Segunda Guerra Mundial
Reino Unido	Partido Trabalhista de Jeremy Corbyn	Segundo lugar nas eleições gerais de 2017, lidera as pesquisas	Brexit, Partido da Independência do Reino Unido, Theresa May	Ganhou no plebiscito nacional, conseguiu aproximação do Partido Conservador	Sem precedentes desde a Segunda Guerra Mundial
França	França Insubmissa	Quarto lugar no primeiro turno da eleição presidencial	Frente Nacional (FN)	Segundo lugar na eleição presidencial	Sem precedentes desde a Segunda Guerra Mundial
Itália	Movimento Cinco Estrelas	Lidera as recentes pesquisas de opinião	Movimento Cinco Estrelas, Liga do Norte	Lidera, terceiro nas recentes pesquisas de opinião	Sem precedentes desde a Segunda Guerra Mundial
Canadá	Nenhum		Nenhum		
Coreia do Sul	Nenhum		Nenhum		
Rússia	Nenhum		Vladimir Putin	Controle do Estado desde o final dos anos 1990	Leonid Brejnev no começo dos anos 1980
Austrália	Nenhum		Uma Só Nação, de Pauline Hanson	Quarto maior partido	Sem precedentes

Tabela I.1. Movimentos contra o sistema, antiliberais e populistas, nas dez maiores economias com padrão de vida acima da média, do maior para o menor, de acordo com o PIB nominal definido pelo Fundo Monetário Internacional em 2016.

políticos ou militares. Trump atacou e continua a atacar instituições políticas fundamentais com uma linguagem incendiária, tanto durante a campanha quanto ao ocupar a presidência, coisa que nenhum outro presidente fez, salvo talvez Andrew Jackson.[17]

Os movimentos populistas de direita exercem apelo entre grupos sociais historicamente dominantes que, em termos econômicos, tiveram suas expectativas frustradas: os pouco instruídos, os moradores de zonas rurais e os trabalhadores que perderam o emprego devido ao comércio internacional.[18] Ouvem de bom grado os argumentos de dirigentes dos movimentos populistas de direita em favor das barreiras comerciais e das restrições à entrada de imigrantes. Mas, em vez de um apelo explícito à identidade de classe ou à justiça distributiva, os dirigentes dos movimentos populistas de direita apelam ao credo etnonacionalista do "sangue e solo". Esses grupos olham com saudosismo para um passado em que pessoas como eles gozavam de maior segurança econômica e de posição social mais elevada.

Os movimentos populistas de direita põem às claras os problemas velados dos sistemas que contestam. Refletem e, ao mesmo tempo, acentuam ainda mais os altos níveis de polarização política, ameaçando a estabilidade dos países democráticos.[19] Esses movimentos pouco oferecem em termos de propostas políticas realistas, que beneficiem tanto seus membros quanto o restante da população; estão antes protestando contra as falhas de sistemas políticos existentes do que agindo como uma força construtiva.[20] A ascensão desses movimentos, portanto, reflete a incapacidade de as instituições democráticas promoverem o interesse público e resolverem conflitos entre grupos sociais diferentes.

Os atuais movimentos de direita entram em conflito com os que têm uma identidade distinta daquela estreitamente limitada por eles. Os trabalhadores brancos do sexo masculino veem sua renda se estagnar nos países ricos, enquanto as mulheres, as minorias étnicas e raciais e o povo das nações em desenvolvimento estão gozando de relativos avanços.[21] Os líderes de direita atribuem os problemas que oprimem os homens brancos das classes trabalhadoras à melhoria econômica das minorias, e afirmam que "pegar de volta" a crescente riqueza dos países pobres vai resolver esses problemas.

No interior dos países ricos, existem movimentos que garantem direitos para mulheres e diversas minorias. Nos países em desenvolvimento, vêm ganhando força movimentos nacionalistas de outro tipo. Muitas potências em ascensão (China, Índia, Turquia, México) viram crescer o espírito autoritário e nacionalista, conduzido em muitos casos por líderes que acusam as instituições internacionais dominadas pelo Ocidente de impedir o desenvolvimento de seus países. Parece se aproximar o momento do choque entre as reivindicações pelo progresso econômico de países em desenvolvimento e a política cada vez mais nacionalista de países ricos.

Muitos desses conflitos políticos internos e internacionais estão relacionados com a dificuldade em resolver democraticamente questões que contrapõem os interesses fundamentais dos grupos minoritários aos interesses menos prementes dos grupos majoritários. Essas questões têm bases econômicas importantes, mas muitas vezes vêm formuladas numa linguagem social e cultural que indica claramente qual grupo o dirigente de direita está apoiando.

Nos Estados Unidos, por exemplo, o porte de armas, a liberdade religiosa e o direito de ricos contribuírem para campanhas políticas estimulam a direita, enquanto a política identitária das minorias e os direitos civis inspiram a esquerda. As tentativas de resolver essas questões muitas vezes vão parar nas mãos do Judiciário. Porém os juízes fazem parte da elite e não costumam ter muito contato com a vida dos cidadãos comuns. Não raro suas decisões mais exacerbam do que resolvem as disputas culturais.

No cenário internacional, instituições como a Organização Mundial do Comércio e a União Europeia, concebidas para ajudar a resolver tensões entre a soberania nacional e a ordem internacional, agora são vistas cada vez mais como instâncias ilegítimas, insensíveis e incapazes de equilibrar os interesses dos países mais ricos e dos mais pobres. Em suma, as instituições de governança mundo afora enfrentam uma crise de legitimidade.

Os mercados e suas insatisfações

Os heróis dessa nossa história, os Radicais Filosóficos, se destacaram diante de uma gama de desgraças muito similares às que vemos hoje. Para eles, o problema era que os privilégios da aristocracia restringiam os mercados. Suas metas eram libertar os mercados do controle de monopolistas feudalistas que, ao apossar-se das terras, tolhiam a produtividade e concentravam a riqueza; criar sistemas políticos sensíveis ao sentimento popular e capazes de resolver conflitos internos; instaurar um sistema de cooperação internacional que beneficiasse a população geral dos países e enfraquecesse as elites tradicionais. É exatamente o tipo de movimento que nossa crise atual requer.

O espírito do modelo de organização em mercado encontra sua formulação mais famosa nos textos de Adam Smith, no final do século XVIII. Para ele, os mercados eram cenários em que "não é da benevolência do açougueiro, do cervejeiro ou do padeiro que esperamos nosso jantar, e sim da atenção que dão a seus próprios interesses".[22] Mesmo que agora seja um clichê, a ideia de que o comportamento guiado pelo interesse próprio levava ao bem público foi um escândalo na época, pois contrastava demais com a experiência cotidiana.

No passado, os indivíduos costumavam viver em comunidades pequenas e estreitamente unidas, nas quais os impulsos morais, a vergonha social, os comentários e a solidariedade forneciam os incentivos básicos para que os indivíduos se adaptassem ao bem comum. Os economistas e sociólogos às vezes chamam essas comunidades de "economias morais".[23] O comportamento guiado pelo interesse próprio era comum e inevitável, claro, mas visto como uma consequência infeliz da decadente natureza humana, e não tanto como fonte de prosperidade. A religião servia para reprimir qualquer desvio nesse sentido. Os virtuosos eram agricultores, artífices, soldados e bravos guerreiros aristocráticos, que viviam para si mesmos ou para agradar a Deus, bem ao hábito dos antigos. Mercadores, financistas e outros que enriqueciam com o "comércio" eram vistos com desconfiança, o que perdurou até parte do século XIX.

Mesmo hoje, as economias morais florescem de maneira similar fora das áreas urbanas e regem nossas relações com a família e os amigos próximos. Temos no filme *A felicidade não se compra*, o clássico de Frank Capra de 1946, um retrato idealizado de tal sociedade. George Bailey (interpretado por James Stewart) é um banqueiro motivado não tanto pelo lucro quanto pelas necessidades de sua pequena comunidade, à qual pode servir graças ao íntimo conhecimento que tem de seus concidadãos. Devido aos problemas que surgem com o início da Grande Depressão, a comunidade retribui seu altruísmo, salvando Bailey e o banco da ruína. O capitalismo smithiano — encarnado num concorrente ganancioso e amoral, o sr. Potter, que financia cortiços e explora os clientes — é visto como uma ameaça à comunidade. O senso de apoio mútuo entre o banco de Bailey e a cidade demonstra a eficiência econômica e o valor intrínseco da economia moral.

Os críticos de Smith destacam as autênticas vantagens das economias morais em comparação aos mercados.[24] Os preços dos mercados não detectam, não explicam, não premiam nem punem os diversos tipos de consequências das ações individuais sobre os outros. Numa economia de mercado, se a proprietária de uma casa embeleza seu imóvel, ela aumenta o valor do imóvel do vizinho, mas o mercado a recompensa apenas pelo aumento do valor de sua própria casa, não pelos benefícios ao vizinho. Numa economia moral, a mesma proprietária seria recompensada com uma reputação melhor na cidade e com o reconhecimento dos vizinhos, que retribuiriam de alguma maneira. Numa economia de mercado, um estabelecimento comercial que vende produtos com defeito pode sofrer algum desgaste em sua reputação, mas em geral lucrará por muitos anos. Numa economia moral, o comerciante seria expulso da cidade. Os governos tentam levar em conta os falatórios das cidades pequenas, mas as normas e decisões que seus burocratas e juízes emitem nunca são tão sensíveis às condições locais quanto os integrantes da comunidade.

Apesar dessas vantagens, as economias morais sucumbem quando a escala e a abrangência do comércio se expandem. A produção em massa e as redes de abastecimento global são benéficas para nós porque os custos fixos de produção se distribuem entre milhões de pessoas e podemos dispor de várias capacitações e insumos oriundos de todo o mundo, resultando em bons produtos a preços muito baixos. Mas, se milhões de pessoas em todo o mundo consomem um determinado produto, será inviável coordenarem um boicote — salvo em alguns casos raros — se o produto for perigoso ou de baixa qualidade. Além disso, a produção em massa exige que os negociantes comercializem em zonas distantes, com estrangeiros, o que significa que a reputação pessoal não é capaz de garantir o cumprimento do contrato. Uma economia de mercado moderna — que conta com o apoio do governo ao comércio (legislação sobre contratos e propriedades) e a proteção governamental contra abusos (leis e regulações lesivas) — gera valores muito acima das capacidades de uma economia moral. Devido a essas limitações, as economias morais podem se sentir restritivas e antiquadas perante sociedades de mercado em grande escala. Incapazes de atender às necessidades dos que estão longe, podem se tornar hostis aos de fora e intolerantes para com a diversidade interna, receando que esta leve à erosão dos valores coletivos.

Um aspecto da literatura americana presente tanto em *A letra escarlate* de Hawthorne como em *Carolina* de Dreiser é a visão distópica das economias morais. A adaptação televisiva de 2017 do romance *O conto da aia*, de Margaret Atwood, mostra o restabelecimento de uma economia moral rígida nos Estados Unidos, onde teria havido uma drástica queda nos índices de fertilidade. As mulheres ainda férteis, que formam uma reduzida minoria, são mantidas em escravidão reprodutiva e estupradas ritualmente por homens da classe dirigente, que se pervertem e se degradam com esse sistema e com restrições para impedir que abusem de seu poder. A diversidade de opiniões e modos de vida é impiedosamente anulada, na medida em que as mulheres escravizadas e seus parceiros são obrigados a se monitorar o tempo todo.

Essas histórias exemplares não anularam o ideal das economias morais para a extrema direita, ou mesmo para certa esquerda saudosista. Porém, desde o início da era de produção em massa, no século XIX, apenas algumas comunidades idiossincráticas e de base religiosa, como os amish, nos Estados Unidos, têm conseguido manter economias morais, que operam basicamente fora do mercado.

A grande alternativa, e que é a força por trás das políticas da extrema esquerda, é o planejamento central, que veremos no próximo capítulo. Os marxistas acreditavam que as únicas vias para sair da "escravidão assalariada" eram a propriedade do capital e o controle da indústria nas mãos do Estado,[25] mas a planificação centralizada se provou um fracasso. A União Soviética conseguiu, de fato, produzir armamentos e construir fábricas, mas criou apartamentos insípidos e carros sem graça e gerou a escassez até mesmo de produtos de primeira necessidade. Os encarregados da planificação não conseguiram atender à diversidade e aos gostos dos consumidores individuais. Em suma, na abordagem para a organização de economias em grande escala, o mercado não tem nenhum concorrente sério.

As regras de um verdadeiro mercado

Mesmo que não tenha restado nenhum rival da economia de mercado, ainda assim cabe indagar como deve se dar a organização dos mercados. A concepção corrente na direita é que o governo precisa apenas "sair do caminho". Há uma ponta de verdade nesse argumento. Quando houve a derrocada dos países comunistas em 1989 e começo dos anos 1990, de início se teve a impressão de que bastaria remover o tacão de ferro do planejamento centralizado para que surgisse um mercado florescente. Mas qualquer mercado sofisticado e em grande escala depende de regras bem concebidas e aplicadas, sem as quais grassam roubos, rompem-se constantemente contratos e prevalece a lei dos mais fortes. Essas regras podem ser sintetizadas em três princípios: liberdade, concorrência e abertura.

Num mercado *livre*, os indivíduos podem comprar os bens que quiserem, desde que paguem um valor adequado para compensar os vendedores pela perda desses bens. Também precisam receber de terceiros, pelo trabalho que fazem ou pelos produtos que oferecem, o valor que esses serviços criam para outros cidadãos. Tal mercado dá a cada indivíduo o máximo de liberdade desde que não fira a liberdade alheia. Como disse o importante radical filosófico John Stuart Mill: "A única finalidade pela qual o poder pode ser exercido de maneira justa sobre qualquer integrante de uma comunidade civilizada, contra sua vontade, é impedir que cause danos a outrem".[26] Os mercados que não são livres privam os indivíduos de oportunidades de ganho através do comércio. Um claro exemplo de restrições sobre a liberdade do comércio é o sistema de racionamento imposto em muitos países durante a Segunda Guerra Mundial. Embora defensável como expediente e elemento de coesão social necessário em épocas tais, o racionamento resultou numa insípida uniformidade e deu origem a mercados negros e a economias de escambo que permitiram, por exemplo, que cigarros fossem trocados por alimentos para crianças. As comemorações em Trafalgar Square e a queima dos talões de ração que saudaram o fim definitivo do racionamento no Reino Unido, nos anos 1950, atestam a que ponto as pessoas valorizam a flexibilidade e a diversidade proporcionadas pela livre-troca no mercado.

Num mercado *competitivo*, os indivíduos precisam aceitar como um fato consumado os preços que pagam e que recebem. Eles não são capazes de manipular os preços exercendo o que os economistas chamam de "poder de mercado". Os mercados *não competitivos* convertem o mecanismo produtivo do interesse próprio num flagelo destrutivo, ao permitir que indivíduos ou grupos obstruam o comércio e reduzam a produção para alterar os preços a seu favor. Nos Estados Unidos, convivemos com a luta contra os monopólios pelo menos desde a briga dos colonos americanos contra a exclusividade da Companhia das Índias Orientais sobre o comércio do chá. Na segunda metade do século XIX, um movimento antimonopolista popular se ergueu contra os grandes cartéis da época, afetando a política e gerando partidos como o Partido Progressista (apelidado de Bull Moose) nos Estados Unidos, o "novo Partido Liberal" no Reino Unido, o Partido Radical na França e o Partido Liberal Radical na

Dinamarca. Os monopolistas fornecem artigos de baixa qualidade a alto preço. Por exemplo, em muitas regiões dos Estados Unidos há apenas um serviço a cabo disponível, mas uma oferta muito grande de aparelhos para essa função. Assim, pagamos altos preços por um serviço de internet de baixa qualidade, enquanto dispomos de ampla escolha entre eletrônicos de alta qualidade e a preços razoáveis, de computadores a celulares.

Num mercado *aberto*, todas as pessoas de qualquer nacionalidade, gênero, cor ou crença podem participar no processo de troca, maximizando a oportunidade de benefícios mútuos. Os mercados fechados reduzem a oportunidade de troca e excluem injustamente algumas pessoas dos benefícios que dela decorrem. A abertura dos mercados para o comércio internacional levou o macarrão para a Itália. A abertura dos mercados de trabalho para novos participantes trouxe as contribuições das mulheres para os cargos de diretoria. A abertura dos mercados para aplicativos nos trouxe uma imensa variedade de usos de nossos smartphones. Os mercados abertos encarnam a ideia de que a mais ampla cooperação possível traz benefícios a todos.

Para Smith, os mercados que prosperavam a seu redor constituíam não só uma força produtiva, mas também uma força profundamente igualitária. É famoso seu argumento de que, num mercado em bom funcionamento, "os ricos [...] são levados por uma mão invisível a fazer praticamente a mesma distribuição de todos os bens necessários à vida que teria sido feita *se a terra tivesse sido dividida em partes iguais entre todos os seus habitantes*; e assim, sem pretender, sem saber, eles promovem o interesse da sociedade".[27] A passagem grifada costuma ser deixada de lado nas discussões sobre Smith, talvez porque venha de um livro anterior à sua obra mais famosa, *A riqueza das nações*. No entanto, Smith acreditava fervorosamente que a desigualdade era, acima de tudo, decorrente de restrições jurídicas e sociais que favoreciam a aristocracia e eram incompatíveis com uma economia de mercado.

Smith não pensava que os mercados livres, abertos e competitivos fossem automáticos ou inevitáveis. Como observou, "as pessoas do mesmo ramo raramente se encontram, mesmo por diversão e entretenimento, mas a conversa termina numa conspiração contra o público ou em algum artifício para subir os preços", e declarou que "a lei [...] não deveria fazer nada para facilitar tais reuniões, e muito menos torná-las necessárias".[28]

O tema central dos Radicais Filosóficos era a luta contra uma sociedade dominada pela aristocracia. Os Radicais reclamavam que a aristocracia controlava o governo, levando-o a proteger seus monopólios ao restringir mercados e fechar fronteiras comerciais. Entendiam o privilégio econômico e o privilégio político como dois lados da mesma moeda e, assim, lutavam em favor de eleições democráticas competitivas e pela ampliação do direito de voto com a mesma energia com que defendiam a abertura do país ao comércio internacional.

Esses pioneiros alcançaram muitas vitórias, mas logo perceberam que suas propostas iniciais não eram suficientes. Ao mesmo tempo que os mercados fundiários e os mercados de trabalho avançavam, o capitalismo industrial se mostrava predisposto a criar novas formas de poder monopolista sobre fábricas, ferrovias e recursos naturais. A ampliação do direito de voto enfraqueceu a aristocracia fundiária, mas as novas maiorias fortalecidas tiranizaram todas as minorias, e os capitalistas usaram seus recursos para corromper políticos e controlar a imprensa. A expansão do livre-comércio internacional seguiu em paralelo com a política de poder internacional. A principal potência do livre-comércio — a Grã-Bretanha — explorava suas colônias para obter mão de obra escrava e recursos naturais.

A geração seguinte de reformadores liberais de fins do século XIX e início do XX, como Henry George, Léon Walras e Beatrice Webb, procurou responder a esses problemas. Os resultados de seus trabalhos, que se baseavam no legado dos Radicais Filosóficos, permanecem conosco até hoje. As políticas antitruste e as bases jurídicas para sindicatos restringiram o poder dos monopólios. A previdência social, a tributação progressiva e o ensino gratuito e obrigatório fortaleceram a concorrência ao ampliar o acesso às oportunidades. Os sistemas de pesos e contrapesos, a proteção dos direitos fundamentais e o maior poder judicial para proteger os direitos das minorias corrigiram a tirania da maioria. Instituições internacionais, o livre-comércio e tratados sobre direitos humanos se destinavam a pavimentar o caminho para uma maior cooperação internacional numa ordem liberal.

Após a Segunda Guerra Mundial, essas reformas contribuíram para que se iniciasse um período de crescimento econômico, diminuição da desigualdade e consenso político sem precedentes nos países ricos. Esse grande sucesso do liberalismo trouxe transformações similares na política prática e na economia acadêmica. Nas duas esferas, os dirigentes concluíram que mercados mais ou menos perfeitos haviam sido alcançados. Abandonaram-se em larga medida ideias que visassem a novos avanços na expansão do mercado ou a eliminação do poder dos monopólios. Os economistas passaram a acreditar que as diferenças nos talentos naturais dos indivíduos constituíam a principal fonte da desigualdade. Concordavam que a tributação progressiva e os sistemas de bem-estar social eram necessários para assegurar uma distribuição justa, mas que devem ser limitados de modo a não prejudicar o tamanho do bolo econômico total.

Essa mudança fragmentou a coalizão liberal. Os que haviam liderado a segunda geração de reformas constituíram a esquerda política moderna, conhecidos nos Estados Unidos como liberais e na Europa como social-democratas. Davam prioridade à igualdade no interior das nações e à abertura dos mercados a mulheres e minorias internas, grupos antes excluídos das trocas no mercado. Nos anos 1960 e 1970, conquistaram vitórias no movimento americano pelos direitos civis e no movimento feminista em todo o mundo desenvolvido.

Os liberais que priorizavam o livre mercado e a eficiência em detrimento da igualdade formaram a "direita" política moderna, conhecidos nos Estados Unidos como libertários e na Europa como neoliberais. Além de combater a intervenção estatal, a direita também teve papel fundamental ao empenhar-se por mercados mais abertos para produtos e capitais no plano internacional. Suas grandes vitórias se deram nos anos 1980 e 1990, quando vários países venderam suas estatais, desregularam a economia e se abriram ao comércio exterior. No entanto, enquanto a desigualdade entre os países e entre grupos identitários dominantes (homens brancos) e outros (mulheres, afro-

-americanos) diminuiu, a desigualdade no interior dos países ricos aumentou. Os índices de crescimento caíram e nunca mais voltaram aos patamares da metade do século XX. Com a estagnação econômica e a crescente desigualdade interna — a estagdesigualdade —, as políticas se deterioraram e se fragmentaram.

Embora alguns críticos acreditem que a estagdesigualdade é resultado de amplas forças econômicas e demográficas fora do controle das pessoas, nós acreditamos que ela resulta de um fracasso das ideias. O conhecimento econômico da esquerda e da direita não chegou ao cerne das tensões na estrutura básica do capitalismo e da democracia. A propriedade privada conferiu intrinsecamente poder de mercado, problema que disparou com a desigualdade e passou por mutações constantes que baldavam as tentativas governamentais de solucioná-lo. O sistema de voto per capita deu às maiorias o poder de tiranizar as minorias. Pesos, contrapesos e intervenções judiciais impuseram limites a essa tirania, mas transferiram poder às elites e a grupos específicos de interesses. Nas relações internacionais, as tentativas de fortalecer a cooperação e a atividade econômica transnacional fortaleceram uma elite capitalista internacional, que se beneficiou com a cooperação internacional de maneira desproporcional e enfrentou uma reação nacionalista da classe trabalhadora.

Dessa forma, as vitórias ideológicas e militares da Segunda Guerra Mundial e da Guerra Fria, acompanhadas pelas realizações econômicas e políticas na segunda metade do século XX, alimentaram a arrogância, responsável pela complacência e pela divisão interna. Os reformadores radicais do século XIX e começo do XX se tornaram os atuais tecnocratas irascíveis.

Concorrência perfeita: O ópio das elites

A base intelectual dessa difícil situação foi o postulado, cada vez mais aceito entre os economistas, de que os mercados são "perfeitamente competitivos",[29] isto é, de que existe um pequeno número de mercadorias homogêneas e nenhum indivíduo é capaz de possuir ou comprar uma grande parcela de qualquer uma delas. Todos são obrigados a concorrer vigorosamente para vender seus produtos e comprar de outros o que precisam. O exemplo clássico de um mercado perfeitamente competitivo é o trigo. Nenhum produtor de trigo detém uma grande fatia do mercado e, desse modo, nenhum produtor pode afetar o preço demasiadamente. Além disso, como muitos moinhos, fazendas e padarias compram trigo, nenhum comprador consegue forçar uma baixa de preço ao reduzir as compras. Todos têm de aceitar o preço que o mercado lhes oferece, seja ele qual for.

No entanto, poucos mercados no mundo real funcionam dessa maneira, conforme perceberam teóricos econômicos pioneiros como Joan Robinson.[30] Considere o processo de compra de uma casa. Os mercados imobiliários que mais se aproximam da concorrência perfeita são os de cidades grandes, onde com frequência há disponibilidade de casas e muita procura. Porém, como o sabe qualquer um que já comprou ou vendeu uma casa, o sistema está longe de ser perfeito. As casas divergem na localização, nas facilidades urbanas, nas paisagens, na iluminação e assim por diante. Estão longe de ser homogêneas, o que as diferencia por completo do trigo (cuja homogeneidade é, ela mesma, resultante de um cuidadoso desenho de mercado).[31] Pode-se demorar meses até se chegar a um acordo, enquanto os compradores procuram outras casas que atendam às suas necessidades.

Isso significa que tanto compradores quanto vendedores dispõem de um significativo poder de barganha. Cada lado se empenha em descobrir o quanto o outro estaria disposto a pagar ou aceitar, e manobra para conseguir o melhor preço possível. Muitas vezes, esse comportamento estratégico leva ao fracasso das negociações. Mesmo quando dão certo, o processo demanda uma quantidade enorme de tempo e energia. Esses problemas aumentam em transações empresariais complexas. Por exemplo, em projetos de incorporação imobiliária, em que é preciso comprar vários terrenos adjacentes para construir uma fábrica ou um shopping, os proprietários das casas que já existem no local levam vantagem na negociação, porque o incorporador tem mais riscos em jogo. Muitos são os proprietários que resistem até conseguir um pagamento maior, atrasando ou mesmo interrompendo o projeto.

A maioria dos mercados com participação de indivíduos e empresas é mais parecida com o mercado imobiliário do que com o cerealista. Fábricas, propriedade intelectual, firmas, pinturas — são todos ativos idiossincráticos, de tipo único. Neles e em inúmeros outros casos, o postulado da concorrência perfeita não faz muito sentido. O mesmo se aplica a mercados de trabalho, visto que todos os trabalhadores têm talentos e disposições diversos e vivem em lugares diferentes. Mesmo em muitos mercados de commodities relativamente homogêneas, como serviços de internet ou voos aéreos, prevalecem apenas algumas empresas dominantes. E, até quando parecem ser muitas, não raro têm os mesmos acionistas ou estão mancomunados. O poder de mercado — a capacidade que empresas e indivíduos têm de afetar os preços em benefício próprio — permeia a economia de cima a baixo. Sustentamos que o poder de mercado é onipresente e intrínseco à atual estrutura institucional do capitalismo e que esta é uma das duas principais origens da estagdesigualdade e do conflito político.

O outro problema básico, a nosso ver, é que, ao mesmo tempo que alguns mercados estão entupidos de poder de mercado, faltam a muitas áreas da vida humana mercados que poderiam melhorar imensamente o bem-estar das pessoas. Esse problema é mais agudo nos bens e serviços normalmente fornecidos pelos governos, como policiamento, parques públicos, estradas, assistência social e defesa nacional — faz-se necessário um mercado para a influência política.

Um mercado para a influência política? Parece absurdo. Se fosse permitido que o dinheiro comprasse influência política, a política não seria controlada por alguns poucos plutocratas? É o que demonstra a história da corrupção política nos Estados Unidos, no final do século XIX. Era comum que as máquinas políticas, os empresários das linhas ferroviárias e os barões do petróleo comprassem os políticos locais.

Mas o modelo alternativo, que diz que todo cidadão deve ter voz igual e que portanto todas as questões devem ser decididas pela regra da maioria, tem suas próprias e graves fraquezas. Quando a maioria prevalece, o que ocorre com os que pertencem à minoria? Podem se preocupar profundamente com uma questão em particular — o direito dos indivíduos transgênero de usar o banheiro, por exemplo, ou a prevenção do aborto —, mas não dispõem de nenhum meio para exercer uma influência proporcional à importância que essa questão tem para eles. O sistema do voto per capita deixa de ser uma solução conciliatória entre grupos de pessoas e leva a brutais oscilações de poder entre blocos ideológicos.

A política não é o único campo da vida contemporânea no qual os mercados estão quase totalmente ausentes. Restrições severas à imigração impedem a contratação de mão de obra no exterior, criando uma lacuna no mercado de trabalho. Os dados, que constituem uma das commodities mais valiosas na economia digital, são coletados e monetizados por empresas como o Google e o Facebook, mas os usuários que criam esses dados não recebem nenhuma remuneração direta. O mercado de dados, que é muito necessário, simplesmente não existe. Nossa economia de mercado com competitividade supostamente perfeita está, na verdade, repleta de mercados monopolizados e inexistentes.

Essas observações lançam dúvidas sobre os otimistas pressupostos da retórica econômica usual, mas também revelam oportunidades perdidas. Se encararmos o fato de que os mercados são tolhidos pelo poder de mercado e muitas vezes nem sequer existem, talvez possamos escapar à polarização entre esquerda e direita, e renovar a luta dos Radicais contra o preconceito e o privilégio.

Imaginando mercados radicais

Nossa solução para a crise atual é expandir radicalmente os mercados. Os capítulos 1 e 2, que apresentam as ideias centrais deste livro, mostram como é possível fazer isso na economia e na política. O capítulo 1 demonstra como um imposto simples pode, em grande medida, reduzir o incentivo ao abuso do poder de mercado e limitar a concorrência convertendo o mercado de propriedade privada numa espécie de mercado de "usos". O capítulo 2 descreve um mercado eficiente de "bens públicos", partilhado por muitos e criado normalmente pelos governos. Os outros capítulos têm focos mais limitados: o capítulo 3 defende políticas para a criação de um mercado de mão de obra imigrante mais eficiente e politicamente sustentável; o capítulo 4 defende um limite para as holdings financeiras que romperia o domínio opressivo dos investidores institucionais na economia; o capítulo 5 demonstra como as forças de mercado podem se estender à economia digital. As ideias presentes nesses capítulos têm o poder de resolver a crise de nossa época. Podem incentivar a igualdade e o crescimento econômico, ao mesmo tempo promovendo a ordem pública e o espírito de conciliação.

Qualquer programa que aspire a mudanças tão abrangentes enfrenta enormes barreiras à sua adoção. Nossas propostas exigirão anos de testes, aperfeiçoamentos e uma ampliação gradual antes de estarem prontas para ser totalmente implementadas.

Para ajudar os leitores a entender a radicalidade dessas ideias, cada capítulo começa com uma historieta fictícia que ilustra como elas funcionariam numa sociedade futura. Em seguida, examinamos a história por trás das instituições que propomos erradicar, ressaltando os acidentes, paradoxos e passos em falso que nos trouxeram à crise atual. Então vêm nossas propostas, apresentadas em termos simples, e a seguir passamos à defesa delas frente a objeções correntes. Por fim, oferecemos algumas formas de testar e refinar nossas ideias.

Cada capítulo pode ser lido independentemente, mas a conclusão reúne as propostas e mostra o quanto atingiriam se implementadas em conjunto. No epílogo, imagina-se o que ocorrerá quando os ganhos dos mercados radicais se esgotarem.

Mesmo que você não adote todas as nossas ideias, esperamos que este livro abra sua mente para uma nova maneira de imaginar a economia e a política. Esse momento crítico, em que se tem a derrubada de pressupostos que persistem desde longa data, está maduro para a reformulação radical.

CAPÍTULO 1

Propriedade é monopólio

Criando um mercado competitivo para usos por meio da propriedade coletiva parcial

Como garoto fascinado pelo Hyperloop de Elon Musk, Alejandro Espinosa muitas vezes se imaginou na cabine do primeiro trem supersônico, sentado ao lado do condutor. Nunca lhe passou pela cabeça que esses trens não teriam condutores. Mas os mapas topográficos e econômicos expostos nas holografias que ele examinava contrariavam ainda mais seus sonhos infantis.

Espinosa cresceu e se tornou o presidente da OpenTrac, um novo empreendimento que realizaria a ambição de toda a sua vida. A empresa estava desenvolvendo projetos para a viagem de seu trem supersônico entre Los Angeles e San Francisco, mas, antes de instalarem os tubos, colocarem os ímãs e prepararem os vácuos, era necessário escolher uma rota pelo Central Valley. Os outros trechos da rota completa do trem, que passava por East Bay e pelo San Fernando Valley, ofereciam um número muito restrito de opções, mas pelo Central Valley eram muitos os caminhos possíveis.

Espinosa queria andar rápido. Se os donos das áreas no Central Valley ouvissem falar do projeto, poderiam se sentir tentados a aumentar o preço de suas propriedades. No entanto, essa seria uma aposta arriscada: aumentar o preço imporia uma carga tributária mais alta ao dono do terreno, ao passo que a probabilidade de se situar na rota escolhida seria pequena.

Era uma dor de cabeça diminuir o número de rotas possíveis, mesmo com o aplicativo Cadappster mostrando a listagem dos valores de todos os terrenos — o valor fica ali para qualquer um ver. Espinosa ficava tonto só de pensar o que seria o planejamento de um projeto como o seu antes da implantação do imposto autoavaliado sobre a propriedade comum. Precisaria escolher uma rota antes de ter alguma ideia dos valores que os donos de terrenos nela localizados estariam dispostos a aceitar, e então provavelmente teria de enfrentar anos de negociações e disputas judiciais para obter toda a propriedade. Sabia que era uma sorte que finalmente existisse um mercado imobiliário transparente, líquido e precificado de maneira honesta. Não teria de suportar a culpa e o desastre de relações públicas que passaria por ter de expulsar uma senhora idosa da terra que era de sua família há gerações. Hoje, qualquer morador nessas condições poderia definir um preço alto e impedir a compra, ou vender e receber uma vultosa remuneração.

Para encontrar rotas viáveis, os especialistas em ciências da computação da OpenTrac usaram várias aproximações. Concentraram-se na quantidade de obstáculos topográficos com que os engenheiros se depariam, como a rochosidade da área e as alturas e profundidades de vales, montanhas e gargantas, e se valeram de regras práticas e simples para restringir a seleção.

Nas cinco opções escolhidas, os preços da terra eram parecidos, e a relação de compensação entre o custo de engenharia e a velocidade era razoável. Antigamente, quando os trens andavam mais devagar, as paisagens que ladeavam cada rota podiam influir na decisão, mas hoje, mesmo com tubos transparentes, os passageiros não veriam nada além de um borrão. Após uma reunião com vários de seus principais engenheiros e um especialista em marketing, o grupo se decidiu pela área de menor custo e sabia ter feito a melhor escolha.

O responsável pelo setor financeiro da empresa abriu imediatamente o Cadappster e confirmou o interesse da OpenTrac em comprar todas as propriedades da rota pelo preço estabelecido. Isso garantia automaticamente que a propriedade seria da OpenTrac: após arrecadar mais uma rodada de capital de risco, a OpenTrac dispunha de dinheiro em caixa e fez todos os pagamentos à vista. Com o prazo de três meses para que os moradores se transladassem, as obras poderiam começar no final do ano. Como novo proprietário da terra, Espinosa fundiu a rota inteira numa única área e definiu um valor várias vezes acima do total dos preços de compra, para garantir a segurança da rota.

Hoje, os incorporadores enfrentam grandes desafios. Quando perguntaram a Josh Giegel, cofundador da Hyperloop One, qual havia sido o maior obstáculo para implementar o projeto, ele respondeu: "Realmente precisamos de um direito de passagem". O entrevistador replicou: "Alguns setores, como o dos donos de terrenos particulares [...], podem pensar em adiar isso por um bom tempo".[1] Se há um projeto tão valioso assim em andamento, o dono do terreno tem um incentivo óbvio para pedir um preço alto pela área.

Vamos supor que todos os 2 mil donos das áreas ao longo da rota normalmente estariam dispostos a aceitar 100 mil dólares (num total de 200 milhões de dólares) para ceder o direito de passagem. Giegel acredita que o Hyperloop pode render um lucro operacional líquido de 500 milhões de dólares. Agora suponhamos que o incorporador comprou o direito de passagem de 1999 terrenos, e então o duomilésimo dono fica sabendo do projeto. Em vez de vender o terreno por 100 mil dólares, esse proprietário pode insistir num preço muito mais alto. Giegel não teria outra escolha a não ser pagar: se não comprar essa área, perde o investimento de 199,9 milhões de dólares dos outros 1999 terrenos. O proprietário poderia forçar o preço até quase o total de 500 milhões de dólares. Ainda que estabelecesse como valor 400 milhões de dólares, para o incorporador seria melhor aceitar do que recusar a proposta, pois 100 milhões de dólares é melhor do que nada. Mas o incorporador, se previsse esse procedimento de segurar a venda e subir o preço (chamado *holdout*), nem teria se lançado ao projeto, em primeiro lugar. Cabe lembrar que o incorporador tem de lidar individualmente com cada um dos 2 mil proprietários, que podem muito bem decidir segurar o negócio e subir o preço. Se vários fizessem isso, o projeto logo se inviabilizaria.

Atualmente, os incorporadores minimizam o risco de *holdout* tomando precauções bastante onerosas quando compram a área — por exemplo, agindo de maneira sigilosa por meio de empresas de fachada. Apesar disso, ainda precisam entrar em longas e custosas negociações com cada vendedor individual, o que pode provocar atrasos e aumentar o risco a níveis insustentáveis. É por isso que muitas vezes são os governos que tomam a dianteira, usando o poder das desapropriações para criar novos distritos comerciais ou residenciais. Mas o domínio eminente é muitas vezes injusto e sempre politicamente controverso.

As controvérsias de incorporação imobiliária em grande escala recebem a atenção pública, mas os problemas de negociação, como os que são enfrentados pelos incorporadores, afetam diariamente indivíduos e pequenas empresas e causam prejuízos anuais de trilhões de dólares, que escapam da visão do povo. Acontece que essa questão — que apelidamos de "problema do monopólio" — é intrínseca à propriedade privada. Ela tem intrigado economistas e filósofos desde o advento da economia moderna.

Capitalismo e liberdade, ou capitalismo e monopólio?

O capitalismo moderno surgiu de um sistema feudal de propriedade fundiária, que impunha restrições significativas à liberdade das pessoas de vender a terra e a força de trabalho. Como explicou Adam Smith, um traço definidor do capitalismo é o direito de compra e venda. O capitalismo avançou junto com as inovações científicas e tecnológicas que converteram o comércio em uma parte importante e valiosa da economia. Um feudo num vale da Europa do século XIII, por exemplo, podia de vez em quando negociar com mercadores itinerantes. Mas a maioria dos artigos — inclusive gêneros alimentícios e tecidos — era produzida por e para os membros da comunidade. Quando o desenvolvimento da navegação barateou o comércio de longa distância, tornou-se mais eficiente a comunidade se especializar numa só mercadoria (por exemplo, trigo ou têxteis) e comprar os artigos de que precisava de outras comunidades. Foi o uso do vapor e da eletricidade no final do século XVIII e no XIX que permitiu uma expansão maciça do comércio.[2]

Para a maior eficiência do sistema, também era preciso adaptar as comunidades ao atendimento do mercado mais amplo, permitindo igualmente um comércio extensivo no interior das comunidades e nas áreas próximas. Por exemplo, um senhor feudal podia vender sua reserva de caça para um empreendedor, que a usaria na agricultura intensiva mais moderna ou na construção de uma fábrica. Um artesão sozinho faz uma quantidade de alfinetes muito menor do que uma fábrica, onde os trabalhadores realizam tarefas especializadas. Mas, para montar uma fábrica, o empreendedor poderia precisar comprar terra de vários senhores feudais e contratar um grande contingente de trabalhadores que viviam sob regime de servidão a diferentes senhores. Assim, para a indústria, era necessário que se extinguisse o sistema de fideicomisso, que mantinha a terra nas mãos de uma única família, e que os camponeses se libertassem dos vínculos de vassalagem. Ao mesmo tempo, grandes extensões de terra eram comunais, como os pastos onde os camponeses apascentavam seus rebanhos. Os camponeses não podiam comprar nem vender os direitos de pastagem ou adquirir lotes dessa terra de uso comum.

Para Smith e outros reformadores radicais da Inglaterra (como Jeremy Bentham e James Mill), esses privilégios e tradições eram obstáculos ao uso mais eficiente da propriedade, ou seja, o que veio a ser conhecido como *eficiência alocativa*. Para promovê-la, os Radicais defendiam direitos de propriedade mais claros e livres, e o cercamento das áreas comunais (inclusive pastos e florestas), convertendo-as em propriedade particular. Essas mudanças estão intimamente associadas com o surgimento do capitalismo. No Oeste americano, a conversão das pastagens abertas em sítios familiares foi um primeiro passo para a industrialização.

No entanto, a defesa da propriedade privada é muito anterior ao capitalismo, remontando pelo menos até Aristóteles, que percebeu que as pessoas cuidam melhor das coisas que são suas. Se você tem um lote de terra, que ninguém pode tirar sem sua permissão, qualquer investimento que você faça nele será compensado, seja usufruindo da terra ou cobrando um valor mais alto de um futuro comprador. Por outro lado, um pasto comunal ficará depauperado por excesso de uso, uma cozinha coletiva ficará descuidada e um projeto que envolve diversas pessoas em geral ficará parado. Chamaremos essa característica benéfica da propriedade privada de *eficiência de investimento*.

Mas, quando posta em prática, a concepção de capitalismo dos Radicais não funcionou tão bem quanto esperavam. De início, os acontecimentos pareciam confirmar seu otimismo. O século XIX viveu um período de desenvolvimento econômico sem precedentes. Antes, o crescimento econômico costumava acompanhar o crescimento populacional, que, por sua vez, era lento. A renda per capita, medida importante do progresso social, ficara estagnada praticamente durante toda a história da humanidade. O século XIX trouxe o primeiro crescimento constante da capacidade produtiva nacional. Multiplicavam-se os frutos da invenção e do desenvolvimento. Havia uma quantidade enorme de novas fábricas. O navio a vapor transportava passageiros de um continente a outro. Artigos do mundo inteiro estavam disponíveis em diversos países.

No entanto, esses ganhos se concentravam entre a *bourgeoisie*, uma pequena classe de habitantes urbanos ricos. Os ex-camponeses viraram operários e viviam em condições miseráveis, como as descritas por Charles Dickens. Apesar da incipiente Revolução Industrial, os salários na Inglaterra se mantiveram baixos e inalterados de 1750 a 1850.[3]

E a nova ordem capitalista tampouco parecia ser tão produtiva quanto se esperava. Alguns aristocratas permitiam que grandes extensões de suas terras ficassem ociosas ou fossem usadas de maneira improdutiva. A "Longa Depressão" dos anos 1870 nos Estados Unidos levou o economista político autodidata Henry George a escrever sua obra-prima, *Progresso e pobreza*, de 1879. George resumiu nesse livro os paradoxos do capitalismo oitocentista:

> O século XIX viu um enorme aumento na capacidade de gerar riqueza. A máquina a vapor e a eletricidade, a mecanização, a especialização e os novos métodos empresariais aumentaram em muito o poder do trabalho [...]. Sem dúvida, esses novos poderes elevariam a sociedade desde suas bases, alçando os mais pobres acima da preocupação com as necessidades materiais da vida [...]. No entanto, agora devemos encarar fatos sobre os quais não podemos nos enganar. Por todo o mundo, ouvimos reclamações da [...] mão de obra condenada à ociosidade involuntária; o desperdício de capital [...]. Onde encontramos a mais profunda pobreza, a mais árdua luta pela existência, a maior ociosidade imposta? Ora, em todos os lugares onde o progresso material é o mais avançado [...]. Essa relação da pobreza com o progresso é a maior questão de nossa época.[4]

A preocupação de George refletia um coro cada vez maior de críticos socialistas. Concordavam com as metas smithianas da eficiência, mas duvidavam que a propriedade privada pudesse alcançá-las.[5]

Vale lembrar que na Inglaterra oitocentista muitos herdavam suas terras. Em vez de investir nelas ou vendê-las, limitavam-se preguiçosamente a coletar o valor do arrendamento. Mesmo depois que os primeiros reformadores conseguiram eliminar diversas restrições feudais sobre a terra, os proprietários muitas vezes se negavam a vendê-la a pessoas que pretendiam lhe dar um uso produtivo — exceto por preços absurdamente altos, assim retardando a industrialização.[6] Os aristocratas davam pouca atenção a suas propriedades, preferindo passar o tempo na alta sociedade ou na política. Há muitos quadros da época que mostram a vida social da aristocracia; dá-se pouca atenção, ou pelo menos por parte dos aristocratas, ao árduo trabalho de administrar propriedades. Mesmo os que chegavam a vender suas terras dissipavam o dinheiro recebido nos prazerosos entretenimentos retratados nos romances de Jane Austen, em vez de investi-lo em novos empreendimentos.

O cuidado da terra ficava a cargo dos camponeses, dos escravos e dos rendeiros. No entanto, nem mesmo os mais afortunados entre eles, os rendeiros, tinham grande motivação para investir na terra, visto que ela podia ser expropriada por seus senhores ineptos. Assim, os agricultores deixavam que ela se deteriorasse, tendo fracos resultados na produção. Com o crescimento da população e o aumento da produtividade, os aristocratas cobravam cada vez mais pela terra, inibindo maiores avanços e deixando ainda menos para os rendeiros. A terra ficava ociosa e desatendida, e o crescimento urbano se retardava.

Os ricos eram recompensados por não fazer nada. Os pobres que precisavam da terra tinham de pagar um alto preço para obtê-la, ou passavam fome. Os críticos denunciavam essas distorções e descreviam os ricos, na literatura e fora dela, como parasitas (às vezes literalmente, como em *Drácula*, de Bram Stoker).

Chamamos esse problema identificado pelos críticos de "problema do monopólio" (como, aliás, muitos deles o fizeram), mas usamos a expressão num sentido um pouco mais amplo do que é usual hoje, por razões que apresentaremos mais adiante. Normalmente, entendemos o monopolista como uma pessoa ou uma empresa que possui a totalidade de determinado artigo e pode cobrar por ele um preço mais alto do que o normal de mercado, retendo uma parte da oferta. Mas um proprietário fundiário também pode ser visto como monopolista, porque com frequência a terra tem características e localização únicas.

Como monopolista, o proprietário fundiário pode obter um retorno mais alto na venda da terra, retendo-a por mais tempo à espera de uma oferta generosa (efetivamente deixando a oferta fora do mercado), em vez de vendê-la ao primeiro que proponha um preço justo. Enquanto isso, a terra fica sem uso ou é subutilizada. Desse modo, a propriedade privada pode de fato obstruir a eficiência alocativa. E isso ocorre não só com a terra: a propriedade de qualquer bem, exceto commodities homogêneas, pode obstruir a eficiência alocativa. Pense-se em equipamentos, automóveis, obras de arte, mobiliários, aviões, propriedade intelectual. O volume de dinheiro de que estamos falando não é pequeno. Devido à presença ubíqua da propriedade privada em nossa economia, a pesquisa empírica sugere que a má alocação de recursos devido ao monopólio e problemas correlatos, que abordaremos adiante, pode estar reduzindo o rendimento da produção em 25% ao ano ou mais — trilhões de dólares por ano apenas nos Estados Unidos.[7]

Ao que se afigurava, o sistema capitalista criado pelas reformas radicais afrouxara as restrições inibindo o livre fluxo da terra e da força de trabalho a fim de lhes dar melhor uso, mas não as eliminara. O poder do monopólio bloqueava o caminho do progresso.

Planejamento central, planejamento corporativo

Alguns críticos socialistas imaginaram que seria possível solucionar essa "irracionalidade" do capitalismo com a propriedade estatal e o planejamento central. Pois, raciocinaram eles, se o governo possui toda a terra e emprega todos os cidadãos, ele pode simplesmente ordenar que se melhore a terra e se dê a ela o uso mais proveitoso. Desde que o governo tenha boa vontade e conte com o trabalho de especialistas bem informados, não pode haver nenhum problema de monopólio porque nenhum particular tem o direito de excluir os outros da terra. Essa abordagem do planejamento central está muito próximo das ideias de Karl Marx, embora Marx, ao fim e ao cabo, se mostrasse cético em relação ao planejamento centralizado, considerando-o demasiado vulnerável a abusos.[8]

O planejamento, porém, acabou se tornando importante tanto para o capitalismo quanto para qualquer sonho de uma utopia socialista. Os críticos sociais não eram os únicos que estavam cada vez mais contrariados com a presença de donos de terras, pequenos empresários e outros proprietários atrapalhando projetos economicamente importantes. Como apontaram muitos economistas, a criação de empreendimentos de grande escala sempre exige que se reúna uma série de partes móveis, cada qual controlada por um monopolista local.[9] Os empreendedores enfrentavam problemas de monopólio a todo momento. Se tentassem ampliar suas fábricas, um proprietário de terras tentaria forçar a subida do preço. Se tentassem construir uma ferrovia, milhares de políticos locais tentariam arrancar seu bocado. Todo e qualquer pequeno fornecedor de petróleo, carvão ou algum outro item gastaria horas intermináveis barganhando ou tentando se aproveitar deles.

O prêmio Nobel Ronald Coase deu a essas contrariedades o nome de "custos de transação do mercado".[10] Explicou que, para evitar esse caos, os empresários formaram grandes corporações, que possuíam diversos ativos, como fábricas e terrenos, e empregavam muitos trabalhadores que, sob a direção central do chefe da corporação, podiam alcançar as metas da empresa sem a necessidade de negociações constantes. As corporações logo ocuparam o cenário empresarial durante o século XIX e o começo do XX. A Standard Oil, por exemplo, passou a dominar a produção de petróleo, e as ferrovias eram administradas por corporações igualmente grandes.

Todavia, estas por fim chegaram a seu limite, tornando-se de difícil manejo e entrando em decadência ao crescerem demais, como uma rede de restaurantes cuja qualidade diminui à medida que abre novos pontos. Os administradores das corporações eram muitas vezes insensíveis às condições locais e às novas oportunidades, além da constante ameaça de novos ingressantes no mercado. Como veremos no capítulo 4, as corporações realmente superaram alguns problemas de monopólio, mas sua vasta acumulação de riqueza e poder também lhes permitiu achatar os salários, elevar os preços e retardar o desenvolvimento econômico, gerando reações políticas e sociais. Assim, embora o planejamento corporativo tenha desempenhado um papel importante na economia e ajudado a superar muitos problemas de monopólio locais, ele nunca suplantou os mercados como o meio básico de organização.

Mercados sem propriedade

Economistas políticos preocupados com o poder de monopólio criado pela propriedade privada continuaram, dessa forma, em busca de alternativas ao planejamento central. Uma formulação proposta foi que o governo detivesse a terra e outras "dádivas da natureza", mas permitisse que elas fossem geridas competitivamente. O "capital artificial" — coisas úteis produzidas pelos homens — continuaria a ser propriedade privada para premiar os que o criavam.

O governo arrendaria a terra aos que considerasse mais capazes de usá-la produtivamente e poderia terminar o arrendamento quando encontrasse alguém disposto a pagar mais pelo uso da terra do que o arrendatário atual. Nesse esquema, a pessoa arrenda a terra, mas não é dona dela; a propriedade privada da terra é abolida.

Essa ideia veio a ser chamada de propriedade comum competitiva, e foi um dogma central para muitas das figuras que moldaram o pensamento econômico do século XX. Dois dos três pais do grande avanço no pensamento econômico conhecido como "revolução marginalista" (William Stanley Jevons, Léon Walras e Karl Menger) eram extremamente céticos em relação à propriedade privada. Jevons escreveu: "Propriedade é apenas outro nome para monopólio".[11] Em seu tratado sobre a economia social, Walras afirmou: "Declarar a propriedade da terra como individual [...] significa [...] tolher os efeitos benéficos da livre concorrência ao impedir que a terra seja usada da maneira mais vantajosa para a sociedade".[12] Walras acreditava que a terra devia pertencer ao Estado e que a renda gerada por ela devia retornar ao povo como "dividendo social", fosse diretamente, fosse através do fornecimento de bens públicos.[13] Acabando com a "propriedade individual da terra e monopólios", ele pretendia "eliminar" as "verdadeiras causas [...] da [...] feudalidade".[14]

Walras definiu sua abordagem como uma forma de socialismo, a qual chamou de "socialismo sintético". No entanto, Walras era contrário ao planejamento central, com receio de que os próprios planejadores se tornassem senhores feudais monopolistas. Ele queria que a propriedade fundiária fosse controlada pela sociedade por meio de um processo de concorrência e que os retornos fossem usufruídos pela sociedade. Como indicam essas ideias amplamente divergentes do socialismo, a "sociedade" pode gerir de muitas maneiras os recursos que estão sob seu controle. No final do século XIX, "socialismo" era um termo bastante amorfo e nem sempre associado ao planejamento central. Os socialistas só concordavam num ponto: a propriedade privada tradicional e a desigualdade decorrente dessa posse geravam problemas importantes para a prosperidade, o bem-estar social e a ordem política.

Henry George, que citamos antes, propôs talvez a ideia mais importante entre os economistas para resolver o problema do monopólio. Segundo ele, o modo "mais simples, mais fácil e mais tranquilo" de se chegar à propriedade comum, sem ser pela propriedade estatal, seria "apropriar a renda da terra para uso público, por meio da tributação".[15]

O imposto fundiário de George era diferente dos atuais impostos prediais e territoriais, que são tributados num índice baixo, geralmente entre 1% e 2%, mas tomam como base o valor integral da casa, que normalmente é determinado por um avaliador do governo. Por um lado, o imposto fundiário de George teria sido muito mais alto: o valor integral da renda que teria de ser paga para ocupar a área. Por outro, isentaria totalmente o valor de estruturas construídas ali. Os avaliadores teriam de determinar o quanto o valor da casa derivava do terreno em que o imóvel estava construído (isto é, quanto valeria a área se a casa fosse derrubada), baseando-se em vendas recentes de terrenos vazios nas proximidades. Esse valor integral da terra seria totalmente tributado, mas os donos da casa ficariam com qualquer valor extra criado pelas construções feitas na área.

Tributar totalmente essa "renda da terra" significaria que, embora os proprietários pudessem usufruir o valor integral de qualquer coisa que construíssem no terreno, teriam de pagar ao governo o valor, qualquer que fosse, da terra em si, tal como faria quem a arrendasse. "A monopolização fundiária não compensaria mais. Milhões de acres, de onde os outros agora estão excluídos devido aos altos preços, seriam abandonados ou vendidos a preços insignificantes."[16] Se o governo taxa a propriedade da terra, então os que podem usar produtivamente seus terrenos o farão e terão condições de pagar o imposto, ao passo que os que se contentarem em deixá-los baldios venderão a área para evitar o imposto.

As propostas de George logo cativaram a imaginação pública (ver figura 1.1). O jogo de tabuleiro Monopoly [Banco Imobiliário], talvez o mais popular de todos os tempos, se chamava originalmente The Landlord's Game [Jogo do Latifundiário]. Elizabeth Magie o concebeu em 1904 como forma de divulgar as ideias de George. Segundo as regras que hoje nos são familiares, cada jogador tenta monopolizar os imóveis para levar os outros à falência e excluí-los do jogo. No entanto, o jogo original (que se pode comprar da Folkopoly Press no eBay) tinha outras regras, em que o imposto sobre a renda fundiária (mas não sobre os imóveis construídos na área) financiaria obras públicas, dando aos jogadores livre acesso a ferrovias e serviços, e pagando um dividendo social que se acresceria aos salários quando o jogador passasse pela praça (ou, no tabuleiro moderno, pelo quadrado), agora chamado "Ponto de partida".[17] Essas regras impossibilitam a dominação de um jogador individual e asseguram que todos se beneficiem ao melhorar suas propriedades.

Em 1933, o filósofo americano John Dewey calculou que *Progresso e pobreza* de George "teve distribuição mais ampla do que quase todos os outros livros de economia política somados".[18] Muitos pensadores e políticos eminentes eram georgistas, inclusive o aristocrático Winston Churchill, o progressista radical Dewey e o visionário sionista Theodor Herzl.

O georgismo, porém, tinha graves defeitos. Como o imposto expropriava todo o valor da terra sob qualquer edificação, não dava nenhum incentivo aos que a detinham para investirem ou sequer cuidarem dela. Esse é o problema da ineficiência de investimento. Na época, a ineficiência de investimento em relação à terra não era vista como problema, porque as pessoas pensavam que a terra não precisava de manutenção e que o único valor que se podia acrescentar a ela era por meio de estruturas acima do solo, como casas. Mas esses pressupostos ignoravam os danos ambientais. Como o

Figura 1.1. Outdoor com as ideias de Henry George. The New York Public Library, disponível em: <https://digitalcollections.nypl.org/items/510d47de-036a-a3d9-e040-e00a18064a99>.

ecologista Garrett Hardin observou muitos anos depois, a terra sem um dono único muitas vezes sofre esgotamento, erosão e poluição pelo excesso de pastagem, naquilo que ele chamou de "tragédia dos bens comuns".[19] O esquema de George enfrentava problemas ainda maiores com recursos naturais não renováveis, como os metais das minas ou o petróleo dos poços. Se todo o valor da terra é integralmente tributado, o possuidor de um desses recursos extrairá o petróleo ou o minério o mais depressa possível, levando ao esgotamento.

Além disso, o esquema de George teria sido um pesadelo administrativo. George fazia uma distinção entre a terra naturalmente existente, que seria taxada, e tudo o que fosse construído sobre ela ou todos os seus usos — o que ele chamava de capital artificial —, que não seriam taxados. Ora, essa distinção era... artificial. As fábricas são construídas com metais extraídos de minas e, depois de construídas, podem ser tão monopolizadas quanto a terra. Além disso, uma vez que é difícil mover uma fábrica de um lado para outro, ela pode ajudar a desenvolver um bairro, o que aumenta o valor da terra. Isso tornaria muito difícil diferenciar o valor decorrente da terra e o valor das estruturas construídas sobre ela.

Considerem, por exemplo, o Empire State Building. Qual é o valor puro da terra debaixo dele? Talvez alguém tente inferir seu valor comparando-o ao da área vizinha. Mas é o próprio edifício que define sua vizinhança; com quase toda a certeza, a remoção do edifício mudaria o valor da terra ao redor. A terra e o edifício, e mesmo a vizinhança, estão tão unidos que fica difícil imaginar um valor separado para cada um. O mesmo se aplica a muitos bairros, definidos menos pela localização puramente física do que por inúmeros outros fatores, como a aparência e a atmosfera da arquitetura e a relação entre edifícios, ruas, parques e calçadas.

A batalha pela alma do "socialismo"

As ideias de George ganharam popularidade no começo do século XX, um período de revolta social e efervescência intelectual. As tensões industriais e a desigualdade crescente esgarçaram o tecido social dos países ricos. O Partido Social-Democrata na Alemanha, o Partido Trabalhista na Inglaterra, o movimento progressista nos Estados Unidos e a seção francesa da Internacional dos Trabalhadores ocuparam o primeiro plano. A insatisfação das colônias aumentava sem cessar sob o domínio dos impérios. Duas guerras mundiais puseram em xeque a ordem social estabelecida e desestabilizaram diversos governos. Nos anos 1930, a primeira depressão realmente mundial corroeu a confiança no tradicional capitalismo do laissez-faire.

Estouraram revoluções. Em 1911, as forças nacionalistas chinesas liberadas por Sun Yat-sen derrubaram a dinastia Qin e se empenharam em instaurar um novo governo republicano, livre do controle estrangeiro. As ideias de Sun se baseavam em muitas fontes, mas a filosofia de George foi o pilar econômico de seus *Três princípios do povo*. Sun escreveu: "Os ensinamentos de [...] Henry George [...] serão a base de nosso programa de reformas".[20] Mas Sun não conseguiu formar um governo coeso enquanto a China se desintegrava numa guerra de feudos.

Na Rússia, Vladimir Lênin soube dos erros de Sun e eliminou impiedosamente a dissidência. Inspirava-se nos sonhos marxistas iniciais de um planejamento central, no ardor da Revolução Francesa e no poder em ascensão das corporações burocráticas. Lênin formou, com pulso de ferro, um governo poderoso, que não só controlava o território russo como exportava a revolução para outros países, inclusive a China. Lá, com auxílio soviético, o Partido Comunista Chinês de Mao Tsé-tung acabou por derrotar Chiang Kai-shek, que assumira a ala anticomunista da organização nacionalista de Sun. Chiang fugiu para Taiwan. Porém, a essa altura, o mundo estava amplamente dividido entre o campo capitalista e o campo comunista. As ideias georgistas da revolução nacionalista definharam sob a ditadura anticomunista. Logo dois grandes sistemas econômicos passaram a disputar o predomínio — o capitalismo no Ocidente, agora moderado por regulação, redistribuição e leis contra o monopólio, e o planejamento estatal comunista na União Soviética e seus aliados.

Embora a posterior vitória do capitalismo torne difícil entender o encanto que o planejamento central exerce, o capitalismo esteve na defensiva durante a Grande Depressão e por muitos anos após a Segunda Guerra Mundial. Em 1942, o proeminente economista conservador Joseph Schumpeter previu que o socialismo acabaria por substituir o capitalismo.[21] A seu ver, a maior parte da atividade econômica nas economias capitalistas se dava em corporações, e uma corporação é apenas uma burocracia em que a "administração" central emite ordens aos vários trabalhadores. A partir desse ponto de vista, faltava apenas um pequeno passo para uma economia em que cada setor fosse dominado por uma ou duas corporações gigantescas, com uma regulação governamental que garantisse que não abusassem de seu poder de monopólio, o que não era muito diferente do planejamento central socialista.

Muitos economistas, inspirados pelo sucesso das grandes corporações e do planejamento dos tempos de guerra, foram além e abraçaram o sistema soviético. Um dos casos mais extremos foi o de Oskar Lange, economista polonês que lecionou na Universidade de Chicago nos anos 1930 e 1940. Depois de uma visita à Polônia sob ocupação soviética, ele renunciou à cidadania americana e se tornou embaixador do governo comunista polonês, alinhado com a URSS, nos Estados Unidos. Nas duas décadas seguintes, ocupou cargos importantes no governo polonês. Nosso epílogo apresenta sua defesa do planejamento central em mais detalhes.[22]

Ludwig von Mises e Friedrich Hayek, alunos do terceiro revolucionário marginalista, Carl Menger, apontaram a falha do planejamento central: seus encarregados não têm a informação e a capacidade analítica para tomar as melhores decisões alocativas.[23] As avaliações que as pessoas fazem são informações privadas; o que há de genial no mercado é sua capacidade de disseminar essa informação dos consumidores para os produtores por meio do sistema de preços. O planejamento central, pelo contrário, resulta numa maciça alocação errônea de recursos — a produção de bens que ninguém queria —, típica de economias socialistas do mundo real, como a da União Soviética.[24] Além disso, a centralização da economia abriu espaço para o abuso político, a que Hayek deu o nome memorável de "caminho para a servidão".[25]

Reagindo a esses horrores do planejamento central, os liberais ocidentais chegaram à conclusão de que o capitalismo, mesmo com suas limitações, era o método mais adequado de organização econômica. A melhor abordagem do monopólio foi a legislação antitruste (ver capítulo 4), a regulação e a limitação da propriedade estatal nos setores econômicos mais importantes. Nos Estados Unidos, o governo submeteu "monopólios naturais", como a eletricidade, à regulação de preços; na Europa, os principais serviços públicos e outras grandes empresas muitas vezes pertenciam ao governo. Em meio à explosão econômica do pós-guerra, os problemas fundamentais da propriedade privada perderam visibilidade.

O grande embargo intelectual em que haviam colocado o problema do monopólio foi rematado com a interpretação equivocada do clássico artigo de Coase, "O problema do custo social", de 1960. Nele, Coase argumenta que, se os custos de transação (isto é, de negociação) são baixos, a alocação dos direitos de propriedade não interessa do ponto de vista da eficiência, porque a propriedade será transferida de usos de menor valor para usos de maior valor por meio da negociação.[26] Imaginem o consultório silencioso de um médico ao lado da sala barulhenta de um professor de música, separados por uma parede fina num prédio de escritórios. O médico fica incomodado com o barulho e quer que o professor saia de lá ou instale uma proteção à prova de som. Uma decisão jurídica daria ao professor de música o direito de fazer todo o barulho que quisesse. Outra daria ao médico o direito de se livrar do barulho.

Coase sustentou que, em condições ideais, o acordo a que os dois lados chegariam seria o mesmo: num dos cenários, o médico pagaria ao professor de música para ser um pouco mais silencioso; no outro, o professor de música pagaria ao médico para aceitar um pouco de barulho. Se a negociação é perfeita, a lei não determina o nível de ruído; aponta apenas quem vai pagar a quem.

A questão de Coase era mais complexa do que se costuma entender, mas a sutileza sumiu nas mãos de ardorosos defensores do capitalismo, como o prêmio Nobel George Stigler, da Universidade de Chicago.[27] Em sua edição de 1996 de *A teoria do preço*, ele apresentou o "Teorema Coase" como justificativa para a ideia simplista de que a negociação privada que se dá em qualquer conjunto de direitos de propriedade sólidos e claramente definidos geralmente levará a resultados eficientes. Essa interpretação equivocada considera eliminado o problema do monopólio, atestando como implícita a superioridade da propriedade privada, porque fortalece a eficiência de investimento.[28] Mesmo hoje, inúmeros economistas da linha convencional dominante continuam a supor que a negociação elimina o problema do monopólio.

Desenho e competitividade

Nem todos os pensadores, porém, seguiram na linha de Stigler. Vickrey reconhecia o problema do monopólio, admirava a concepção de George sobre a propriedade comum e, como solução, ofereceu o raciocínio do leilão. Apresentamos uma versão imaginária dessa abordagem em nosso prefácio: um leilão em que todos os bens — todas as fábricas, casas e automóveis — são comuns e o direito de arrendá-los e usá-los é constantemente leiloado. O cidadão que oferece o lance mais alto (na forma de pagamento de uma locação) fica na posse do objeto até vir um lance mais alto de outro cidadão. Toda fábrica, toda casa ou todo automóvel estaria sempre em mão do maior lance em vigor, o que representaria o aluguel que o detentor atual concordara em pagar ao governo por aquele bem. Qualquer um poderia aumentar o lance e reivindicar o objeto. O dinheiro oriundo das locações seria usado para financiar bens públicos (ver capítulo 2) e custear um dividendo social. Vickrey nunca expôs diretamente essa visão utópica, mas ela interliga tantas de suas ideias que imaginamos que fazia parte da concepção geral que ele pretendia apresentar ao mundo antes de morrer. Assim, damos a essa visão o nome de *bens comuns de Vickrey*.

Muitos conceitos novos de início parecem exagerados. Dez anos atrás, alugar um apartamento on-line a desconhecidos parecia uma ideia estranhíssima. Mais adiante, trataremos de uma objeção que certamente você já sentiu — que a estabilidade da vida cotidiana se acabaria com os bens comuns de Vickrey. Mas lembre que essa ideia já é usada para lotear espaços publicitários nas páginas da internet e no Facebook, que visitamos diariamente. A cada poucos segundos, esses espaços são realocados para o lance mais alto do momento, dado por meio de um desenho de leilão proposto por Vickrey.[29]

Os governos também usam leilões. Coase persuadiu a Comissão Federal de Comunicações a leiloar os direitos de usar o espectro de frequência, em vez de cedê-lo ou vendê-lo por um preço determinado pelo governo.[30] Em resposta a isso, os economistas Robert Wilson, Paul Milgrom e Preston McAfee desenvolveram, a partir do trabalho de Vickrey, um modelo de leilão para vender todo o espectro.[31] Mas esse modelo resolveu apenas temporariamente o problema do monopólio. Os leilões de frequência não eram comuns, dando aos vencedores a chance de ficar com a concessão do espectro por anos ou até décadas. Uma empresa que tivesse ganhado a licitação de uma parte do espectro anos atrás podia não ser mais a de lance mais alto. Se uma nova empresa quisesse comprar aquela parte, o dono da concessão podia resistir e forçar a venda a um preço demasiado alto, que foi exatamente o que aconteceu, como veremos a seguir.

Os seguidores mais importantes de Vickrey, Roger Myerson (que também recebeu o prêmio Nobel por seu trabalho sobre essa questão) e Mark Satterthwaite, usaram as ideias dele para aprofundar a concepção de Jevons e Walras sobre a natureza monopolista da propriedade.[32] Mostraram matematicamente que a interpretação simplista dos resultados de Coase nunca se sustentaria, a não ser no caso excepcional em que comprador e vendedor tivessem absoluta certeza de que o comprador valoriza o bem mais do que o vendedor. Salvo essa exceção, não há a menor hipótese de que a negociação vença o problema do monopólio e assegure que os bens sigam sistematicamente para seus usuários mais adequados (os que oferecem o valor mais alto). Esse trabalho ajudou a explicar por que os mercados do espectro de frequência sempre falhavam em realocar o espectro em novos usos e por que os leilões dos espaços publicitários da internet funcionavam muito melhor. Somente um leilão verdadeiro e contínuo dos usos pode resolver o problema do monopólio e, com isso, gerar eficiência alocativa.

Mas os leilões contínuos também podem criar um problema — para a eficiência de investimento. Se os detentores sabem que suas possessões podem ser destituídas por outros a qualquer momento e que não receberão os lucros de nenhum lance, não terão estímulo para cuidar e melhorar sua posse. Nessa situação, melhor deixar a casa cair. Tal como a proposta tributária de George, os bens comuns de Vickrey não oferecem às pessoas incentivos suficientes para investirem.

Uma resposta possível seria usar direitos de propriedade privada em que os incentivos para investimento são mais importantes do que a eficiência alocativa (o "capital artificial" de George) e usar propriedade comum (com usos distribuídos por meio de leilões) em que a eficiência alocativa é mais importante do que a de investimento (a "terra" de George). Na verdade, o atual sistema de propriedade nos Estados Unidos tem vagas ressonâncias com essa formulação. O sistema de propriedade privada predomina na maioria dos casos, mas o governo possui imensos recursos — inclusive uma enorme parcela do território nacional — para arrendar, ceder gratuitamente ou, às vezes, leiloar, como no caso do espectro de frequência. Mas a imposição de que todos os tipos de propriedade se encaixem em algum desses moldes extremos seria muito prejudicial, visto que isso sempre leva a uma enorme ineficiência, seja no investimento, seja na dimensão alocativa. A maioria dos tipos de propriedade se beneficia com investimentos, e a maioria irá e deverá se transferir de uma pessoa a outra ao longo de sua vida útil.

Uma abordagem mais adequada é encontrar uma maneira de equilibrar as demandas de eficiência de investimento e eficiência alocativa. Chamaremos essa abordagem de "propriedade comum parcial" — a meio caminho entre a propriedade comum e a propriedade privada tradicional. A propriedade comum parcial otimiza a eficiência alocativa e de investimento dentro de um único regime de propriedade, na medida em que a propriedade comum pode impedir o poder de monopólio, ao passo que a propriedade privada incentiva o investimento. No final dos anos 1980, os economistas Peter Cramton, Robert Gibbons e Paul Klemperer apresentaram uma maneira de compartilhar os direitos de propriedade, que foi aperfeiçoada, entre outros, por Ilya Segal e Michael Whinston.[33]

Imaginem uma empresa start-up cujos dois sócios fundadores discutiram e agora cada um quer ir para o seu lado. A dissolução de uma sociedade é normalmente um pouco complicada. Os dois sócios precisam consentir na dissolução, mas sempre há discordâncias sobre quem vai ficar com a parte maior ou sobre o valor da sociedade, levando a um impasse — que é apenas outra versão do problema do monopólio. Pela proposta de Cramton et al., também conhecida nos círculos jurídicos como *Texas Shootout*, uma modalidade de pôquer, cada um dá um lance pelo valor da empresa e o lance mais alto vence. O vencedor precisa comprar a parte do outro sócio pela média dos dois preços.

Esse esquema funciona melhor quando a parte de cada sócio é exatamente igual à probabilidade de que ele seja o melhor proprietário para a empresa.[34] Vejamos por que, nesse caso, os dois sócios acharão mais conveniente para seus próprios interesses dar um lance para manter a empresa com seu verdadeiro valor.

Digamos que o sócio A tem 60% da sociedade e o sócio B tem 40%. Concordam em usar um *Texas Shootout* para decidir quem ficará como único dono da empresa. Cada sócio dá um lance; o que der o lance maior fica com a empresa e o valor dela é estabelecido pela média dos dois. O vencedor então precisa comprar a parte do perdedor com base nesse valor. Assim, se A vence, ele ganha os 40% de B, mas tem de pagar a B 40% da média entre os lances. Por causa de nosso pressuposto de que as partes são proporcionais à probabilidade de cada sócio ser o melhor dono da empresa, e se cada um for honesto em seu lance, A ganhará 60% das vezes e B, 40%.

Agora suponham que A pense em dar um lance acima de seu verdadeiro valor. Se ganhar, o que acontece cerca de 60% das vezes, ele terá de pagar mais pelos 40% da empresa que é obrigado a comprar de B. Assim, qualquer que seja o aumento do preço, ele terá de pagar em média 60% vezes 40% igual 24% daquele montante em média. Por outro lado, nos mais ou menos 40% de probabilidade de que perca, B terá de lhe pagar mais por sua parte de 60%, e assim ele ganhará 24% desse montante em média. Não é por acaso que esses dois números se anulam: significa exatamente que A não tem nenhum incentivo para aumentar seu lance. O mesmo vale para diminuí-lo.

Porém, A de fato tem duas razões para manter um lance honesto. Primeiro, se ele for acima do valor verdadeiro, há uma chance de que B tenha feito o mesmo, porém abaixo de seu novo lance, e dessa forma A deverá comprar a empresa pagando mais do que seu valor real. Isso é ruim para A. Por outro lado, se ele diminui o lance, há uma chance de que B tenha oferecido um valor abaixo do quanto vale a parte de A, mas acima do lance dado por A. Assim, B ganharia mas pagaria a A menos do que a empresa vale. Mais uma vez, isso é ruim para A! Para reforçar esse ponto, quando A sobe o lance, isso aumenta as probabilidades de ganhar e pagar o novo preço, ao passo que, se baixá-lo, aumenta a probabilidade de perder e receber menos. Todas essas forças em jogo significam que A tem um incentivo muito grande para dar um lance honesto; uma lógica similar se aplica a B.

Mesmo que as partes da sociedade não se emparelhem totalmente com as probabilidades de vitória de cada um dos sócios, qualquer percentual da sociedade refreará o incentivo de cada um exagerar ou subestimar o valor. Cada sócio sabe que, ao dar um lance acima ou abaixo do valor, corre o risco de sair perdendo de uma ou outra maneira. Se der um lance maior na esperança de receber mais, corre o risco de ganhar e pagar acima, mas, se der um lance para pagar menos, corre o risco de ter sua parte comprada abaixo de seu valor.

Um de nós dois, numa pesquisa com Anthony Lee Zhang, apontou uma vantagem importante desse sistema em relação aos bens comuns de Vickrey: ele preserva em larga medida os incentivos de investimento.[35] Uma pessoa com 90% das ações numa sociedade ainda tem 90% de incentivo para investir, do total de 100% no caso de uma empresa individual. Se ela acabar vencendo nos lances, fica com o bem (e, assim, com o retorno sobre o investimento) e precisa pagar apenas 10% ao sócio para poder ficar com esse valor. Se ela perder, o sócio lhe paga 90% do valor do investimento como acordo final. Assim, enquanto os bens comuns de Vickrey não dão a ninguém qualquer incentivo para investir, o procedimento de Cramton et al. dá a todos os indivíduos um incentivo proporcional a suas ações na sociedade.

As sociedades são uma forma de propriedade comum que as pessoas formam voluntariamente. Isso significa que podem estipular por contrato o método mais eficiente para dissolvê-las. Por essa razão, o esquema de Cramton et al. não pode ser aplicado à terra e a outros bens do cotidiano que são de propriedade privada. No entanto, uma ideia simples com antigas raízes permite aplicar essa lógica a um amplo leque de situações.

Diga seu preço — e seu imposto

Geralmente entendemos *liturgia* como as palavras entoadas pelos membros de uma comunidade religiosa. Mas o termo nasceu na antiga Atenas, com o sentido aproximado de "obras públicas", e se referia à responsabilidade dos cerca de mil cidadãos mais ricos em custear as operações do Estado, em especial o Exército e a Marinha. Como os atenienses determinavam quais eram os cidadãos mais ricos? Segundo Demóstenes, qualquer membro da classe litúrgica podia aproximar-se de qualquer outro cidadão que julgasse ser mais rico e desafiá-lo a *antidosis*, isto é, "trocar".[36] A pessoa desafiada teria de assumir a responsabilidade litúrgica ou trocar todas as suas posses pelas do desafiante. O sistema dá a todos um incentivo para serem honestos, apesar dos encargos da liturgia. Se você alegasse falsamente que era mais pobre do que os mil mais ricos para evitar as obrigações litúrgicas, podia acabar tendo de trocar suas posses com as de alguém mais pobre do que você.

Este é o primeiro exemplo histórico de um sistema de "autoavaliação" de que temos conhecimento. Num sistema assim, os indivíduos (e não uma autoridade burocrática) devem declarar o valor de seus bens para fins de alguma transação ou projeto público, mas também precisam estar prontos a "provar" que o valor declarado é correto. Ainda se usam sistemas de autoavaliação. No turfe, existe uma modalidade chamada *"claiming stakes"*, em que é possível colocar um cavalo em qualquer corrida, mesmo que o animal seja qualificado demais para a disputa, mas é preciso se prontificar a vender o cavalo pelo valor do prêmio (os *"stakes"*) a qualquer um que queira comprá-lo (ou *"claim"*) por aquele preço.[37] Isso impede que os donos de cavalos extremamente rápidos os inscrevam em corridas contra cavalos muito mais lentos, em que os prêmios costumam ser baixos. O dono só inscreveria um cavalo rápido numa corrida com prêmio de valor suficiente para ele se dispor a trocá-lo pelo cavalo.

Num sistema de seguros mútuos contra incêndio em Andorra, *la crema*, as pessoas declaram o valor de suas propriedades. Se uma casa pega fogo, esse é o montante que o dono receberá dos outros membros do grupo, que pagam de acordo com suas autoavaliações. No caso de um incêndio que atinja alguém da comunidade, os donos de casas muito valiosas pagam uma parcela da indenização proporcional ao valor delas.[38] Essa obrigação impede que as pessoas declarem um valor maior do que o real para suas casas.

Para implantar o imposto territorial georgista na China, Sun propôs o sistema de autoavaliação.[39] Normalmente, o proprietário de uma casa paga um imposto predial igual a uma porcentagem da avaliação da casa, que é feita por funcionários públicos conhecidos como avaliadores. No sistema de Sun, os indivíduos declaram pessoalmente o valor de suas terras e pagam uma taxa equivalente a uma porcentagem dessa avaliação autodeclarada, mas o Estado pode tomar a terra a qualquer momento pelo preço autoavaliado. Quando o governo de Chiang, que via Sun como "Pai da Nação", se retirou para Taiwan, implantou seu esquema. Infelizmente, o governo raras vezes se dispôs ou conseguiu tomar posse de terras subavaliadas, e o esquema malogrou sobremaneira.[40]

Num discurso em Santiago do Chile em 1962, o economista Arnold Harberger, da Universidade de Chicago, apresentou uma variante engenhosa do esquema de Sun como solução para fazer cumprir a arrecadação tributária na América Latina, onde há alto grau de corrupção. Dando continuidade às preocupações de Vickrey com o sistema fiscal venezuelano, Harberger se inquietava com a frequência com que os donos dos imóveis subornavam os avaliadores para diminuírem o valor da propriedade, reduzindo assim o imposto. Embora, pelo visto, ele não soubesse de nenhum precedente histórico, sua solução é de uma elegância atemporal:

> Se é para arrecadar impostos [...] sobre [...] o valor das [...] propriedades [...] é importante que sejam adotados procedimentos de avaliação que estimem o valor econômico verdadeiro [...]. A resposta do economista [...] é simples e, na essência, plenamente segura: permita-se que cada [...] proprietário [...] declare o valor de sua propriedade, tornem-se públicos os valores declarados [...] e exija-se que um proprietário venda sua propriedade a qualquer interessado [...] disposto a pagar [...] o valor

declarado. Esse sistema é simples, aplica-se sozinho, não abre espaço à corrupção, tem custos insignificantes de administração e cria incentivos, além dos já presentes no mercado, para que cada propriedade seja destinada ao uso em que tem sua maior produtividade econômica.[41]

Harberger concebeu seu esquema como forma de aumentar a receita do Estado, mas oferece também uma solução inspirada para o problema do monopólio que destacamos antes. O imposto de Harberger, mais tarde proposto também pelo economista Maurice Allais, agraciado com o prêmio Nobel, torna dispendioso declarar uma avaliação alta para impedir a compra de bens. Portanto, penaliza qualquer tentativa de exercer o poder de monopólio sobre um bem.[42] Quanto maior o preço que o detentor pedir, mais imposto terá de pagar.

O imposto de Harberger é parecido com o esquema de sociedade de Cramton et al. Vamos supor que a alíquota do imposto anual seja igual à probabilidade de que no período, digamos, de um ano apareça um comprador que avalie o bem acima do valor estabelecido pelo vendedor. Anastácia tem uma casa e gosta dela. Mas há certa probabilidade de que apareça alguém que goste ainda mais e se disponha a pagar por ela acima da avaliação ou do preço de reserva de Ana (chamamos essa probabilidade de "índice de giro", designando a velocidade com que tais tipos de bens costumam se transferir para as mãos de outra pessoa). Se Ana aumenta o preço de venda acima de seu valor de reserva (isto é, real), ela se beneficia com o maior preço de venda 30% das vezes — quando aparecem compradores dispostos a pagar valores mais altos. Assim, seu benefício ao subir o preço seria $0{,}3\Delta P$, em que ΔP é o incremento no preço de venda. Por outro lado, enquanto ela se mantiver na posse da casa, terá de pagar o imposto de 30% que, aplicado a esse valor incremental, obriga-a a pagar um $0{,}3\Delta P$ adicional. Assim, o benefício de aumentar o preço acima do valor de reserva é igualado pelo custo. Isso impede que os donos segurem o bem a um preço maior do que seu valor de reserva à espera de um preço alto de venda.

Ao mesmo tempo, Ana também quer garantir que o bem não possa ser tirado dela abaixo de seu valor de reserva. Assim, é claro, ela não vai declarar um preço abaixo de sua avaliação real. Isso significa que só tem uma coisa a fazer: estabelecer um preço exatamente igual a seu valor de reserva, garantindo que serão precisamente os compradores dispostos a pagar acima do valor de reserva que acabarão adquirindo o bem. Alcança-se, dessa maneira, plena eficiência alocativa: todo bem passa para a pessoa mais capaz de usá-lo e de investir nele.

Para qualquer alíquota tributária abaixo do índice de giro, o dono sempre colocará um preço acima do montante que está disposto a aceitar.[43] Quando a alíquota é zero, o dono tem liberdade de colocar qualquer preço que queira, sem nenhum custo, e assim estabeleceria o preço de monopólio. Quando a alíquota tributária é igual ao índice de giro, ele tem de revelar seu valor real. Quanto aos percentuais tributários intermediários, o imposto sempre desencorajará o dono a colocar um preço muito alto, mas ele não terá pleno incentivo para registrar seu valor exato. Em vez disso, determinará um preço intermediário entre seu valor real e o preço de monopólio que, segundo suas expectativas, algum comprador se disporá a pagar. Quando a alíquota do imposto sobe de zero até o índice de giro, o preço dado baixará gradualmente do preço de monopólio até seu valor real.

E a eficiência de investimento? Vale lembrar que a proposta original de George falhou por causa do receio de que as pessoas não investiriam em suas propriedades se tivessem de pagar impostos confiscatórios sobre as rendas que elas produzem. À primeira vista, o imposto de Harberger também parece vulnerável a esse problema. Vamos supor que o bem (que, para simplificar, vamos considerar que dure apenas um ano, como uma máquina que se desgasta com o uso) vale atualmente 100 mil dólares para seu dono e que, investindo 75 mil dólares, ele pode aumentar o valor do bem para si para 200 mil dólares e, além disso, aumentar em 100 mil dólares o valor que algum potencial futuro comprador pagará por ele. Considerando o mesmo índice de giro de 30%, essa lógica indica que, depois do investimento, o dono também pode declarar que o bem tem um valor de 200 mil dólares. No entanto, isso aumenta o valor do imposto a ser pago em 30 mil dólares (imposto de 30% sobre os 100 mil dólares, equivalente a quanto subiu o valor). O investimento não vale a pena. Embora o valor que o dono obtém com o bem, quer o venda ou não, agora tenha aumentado 100 mil dólares, ele é obrigado a pagar ao governo 30 mil dólares desse montante, que se somam aos 75 mil dólares de investimento. O dono, em vez de lucrar, perde 5 mil dólares.

Mas é possível melhorar o investimento ajustando o imposto. Se fosse cobrada uma alíquota mais baixa, digamos de 10%, o dono ainda ficaria com 90 mil dólares do benefício derivado do investimento (100 mil dólares menos o pagamento do imposto de 10%). Agora o dono pode lucrar com um investimento de 75 mil dólares, ou mesmo maior.

Mas, se diminuímos a alíquota para melhorar a eficiência de incentivo, não estaremos também prejudicando a eficiência alocativa? Com uma alíquota de 10%, o dono, ao aumentar o preço a partir de seu valor de reserva, ainda conseguiria obter $0{,}3\Delta P$ de valor de um comprador potencial, mas agora teria de pagar apenas $0{,}1\Delta P$ aos órgãos de arrecadação fiscal. Assim, ele teria um incentivo para aumentar o preço, o que bloquearia transações com compradores dispostos a pagar um valor apenas um pouco acima do que o detentor estabeleceu.

Talvez se suponha que a perda de eficiência alocativa compensaria o ganho em eficiência de investimento. No entanto — e este é um aspecto fundamental — ocorre o contrário. Quando o imposto é reduzido incrementalmente para melhorar a eficiência de investimento, a perda em eficiência alocativa é menor do que o ganho em eficiência de investimento. Isso porque as vendas de maior valor são aquelas em que o comprador está disposto a pagar significativamente mais do que o vendedor está disposto a aceitar. Essas transações são as primeiras a serem facilitadas por uma redução no preço, na medida em que mesmo uma pequena redução evitará bloquear transações de maior valor. Com efeito, pode-se demonstrar que o tamanho do prejuízo social decorrente do poder de monopólio cresce em proporção quadrática à extensão desse poder. Assim, a redução do *markup* em um terço elimina perto de $5/9 = (3^2 - 2^2)/(3^2)$ do dano alocativo decorrente da propriedade privada. Além disso, neste exemplo, elimina-se a distorção do investimento.

De modo mais geral, considerados todos os cenários em que um investimento seria capaz de aumentar o valor do bem em 100 mil dólares, os únicos investimentos que seriam tolhidos por uma alíquota de 10% seriam os que custam mais de 90 mil dólares para serem feitos. Esses investimentos são, ao mesmo tempo, raros e não muito valiosos, visto que o valor líquido que geram é pequeno. Pelo mesmo raciocínio, pode-se demonstrar que uma alíquota de 10% gera apenas cerca de um nono da distorção total que a alíquota de 30% gera para o investimento.[44] Além disso, como donos diferentes muitas vezes têm também disposições e capacidades variadas de investir para a melhoria da terra (como o senhor feudal e o pequeno agricultor), permitir que a terra passe para a pessoa mais capaz de usá-la também pode encorajar o investimento.

Devido a essa estrutura quadrática, o mais próximo do ideal é ter pelo menos um imposto bem pequeno. Por exemplo, um imposto de 1% dificilmente causará qualquer distorção para o investimento, mas ainda assim poderá melhorar significativamente os incentivos alocativos. O proprietário fará uma autoavaliação com razoável precisão para minimizar o imposto a pagar, mas não será impedido de fazer investimentos valiosos na propriedade. O ideal é estabelecer uma alíquota tributária moderada, abaixo do índice de giro, que equilibre essas duas forças.

Referimo-nos a esse imposto como "imposto autoavaliado sobre a propriedade comum" [*common ownership self-assessed tax*], ou COST* sobre a riqueza. O COST é também o custo de (ter) riqueza. A "propriedade comum" se refere à maneira como esse imposto modifica a propriedade privada tradicional. As duas "varas" mais importantes no feixe de direitos que compõem a propriedade privada

---

* Aqui, o acrônimo COST guarda também o sentido literal de "custo". Em português, o acrônimo seria IAPC, sem qualquer referência ao "custo". Por isso, manteremos o acrônimo original, COST. (N. T.)

são o "direito de usar" e o "direito de excluir".⁴⁵ Com um COST, os dois direitos são parcialmente transferidos do detentor para o povo.

Primeiro, consideremos o direito de uso. Na imagem comum da propriedade privada, todos os benefícios decorrentes do uso cabem ao proprietário. Com um COST, por outro lado, uma parcela desse valor é revelada e transferida para o povo por meio do imposto; quanto maior o imposto, maior a parcela de valor de uso transferida.⁴⁶ Segundo, e muito mais importante, consideremos o direito de excluir. No sistema da propriedade privada, o proprietário mantém sua propriedade — o que significa manter os outros *fora* de sua propriedade — até cedê-la ou vendê-la por vontade própria (com algumas poucas exceções). Com um COST, o "proprietário" não goza desse direito de exclusão diante de quem se disponha a comprar o bem pelo preço autoavaliado. Na verdade, qualquer membro do povo pode excluir o dono atual por esse preço. Portanto, quanto menor o preço, maior o grau em que o direito de exclusão cabe ao povo e não ao "proprietário". O preço cai com o aumento do imposto, e assim o aumento do COST também transfere gradualmente o direito de exclusão para o público, que pode pagar um preço para reivindicar a propriedade.

Podemos conceituar um COST como uma propriedade compartilhada entre a sociedade e o detentor. Os detentores se tornam locatários da sociedade. O aluguel termina quando aparece um usuário disposto a pagar um valor maior, e com isso o aluguel é automaticamente transferido para ele. Mas isso não é um planejamento central. O governo não estabelece preços, não aloca recursos nem distribui empregos. Na verdade, como veremos adiante, o papel do governo seria mais restrito do que é hoje, porque não haveria necessidade de intervenções discricionárias — como domínio eminente ou propriedade pública dos bens no sentido convencional — para resolver problemas de *holdout* e outros relacionados com o monopólio. Haveria uma necessidade muito menor de impostos distorcionários e discricionários para aumentar a receita do Estado. Além disso, o controle sobre tudo seria radicalmente descentralizado; assim, um COST conjuga a extrema descentralização do poder e a socialização parcial da propriedade, mostrando que são, talvez de modo surpreendente, os dois lados da mesma moeda. Longe de permitir uma forma de planejamento centralizado, o COST cria uma nova espécie de mercado — um mercado de uso flexível para substituir o velho mercado baseado na propriedade permanente.

Indo ao que importa

Imagine que você queira explorar um campo de gás natural usando fraturamento hidráulico. Há uma larga faixa de terra nos fundões das Montanhas Rochosas do lado canadense, que parece promissora. Você abre um aplicativo no celular e digita seus requisitos: o tamanho da área desejada, os pontos que as pesquisas indicaram como mais produtivos, a proximidade de estradas e as características topográficas. Num instante, o app mostra um mapa da área que o interessa, com os locais numerados pela ordem em que atendem a seus critérios — um processo similar a procurar restaurantes no Yelp. No aplicativo, dá para ver imagens por satélite bem detalhadas de cada área e suas características topográficas. Quando você passa o dedo em volta de um conjunto de terrenos no mapa, o aplicativo mostra o preço total que teria de ser pago às pessoas que atualmente possuem essa área. Você encontra o trecho ideal, formado por quatro terrenos atualmente ocupados por quatro pessoas diferentes. Com um clique, dá-se uma transferência de fundos de sua conta bancária para as contas dos ocupantes atuais. Na semana seguinte, você manda uma equipe para começar a prospecção.

Junto com nossa historieta inicial, esse cenário dá uma ideia de como um COST funcionaria na prática.[47] Todas as pessoas e empresas teriam de relacionar as suas posses num registro público, hospedado num aplicativo on-line, incluindo as avaliações para cada item — ou aceitando avaliações-padrão baseadas no preço de compra original ou num banco de dados de preços de bens usados (como o Blue Book atual para carros usados nos Estados Unidos) —, e pagariam uma taxa anual baseada na média de tempo que utilizariam ao longo do ano. Esses locatários poderiam mudar as avaliações a qualquer momento, processo que pode ser automatizado usando preferências gerais ou o comportamento anterior.

Qualquer pessoa interessada em adquirir ("possuir") um bem específico procuraria no banco de dados os itens locais de interesse. Um software de leitura de código de barras ou de reconhecimento fotográfico mostraria o preço de algo à sua frente. Clicando no item, você faz uma transferência de sua conta bancária, que fica pendente e será finalizada na conta do atual detentor mediante a entrega do bem. O não cumprimento da entrega ficaria sujeito às penas por roubo.

A implantação efetiva do sistema exigiria resolver inúmeros detalhes. Aqui resumimos alguns traços importantes.[48]

1. Os possuidores poderiam agrupar seus bens em conjuntos e separá-los a seu bel-prazer. Assim, não correriam o risco de lhes retirarem o sapato do lado direito e ficar apenas com um sapato inútil do lado esquerdo.
2. Dependendo do tipo de bem, o detentor teria um prazo razoável para entregá-lo ao comprador, e este arcaria com o custo da coleta e do transporte. No caso de bens que custam mais para entregar, como uma casa, o possuidor poderia, por determinado custo, prolongar o prazo de entrega.
3. Para bens que exigem alguma inspeção antes da compra, como uma casa, o comprador poderia congelar o preço listado e pagar ao detentor uma pequena porcentagem do valor listado a fim de inspecionar o imóvel antes de decidir se quer prosseguir com a compra.
4. Como os índices de tributação teoricamente estariam adaptados aos bens com base nos índices de giro, alguns bens improváveis de ter giro frequente (objetos de herança, fotos de família, diários) seriam tributados a alíquotas bem baixas, enquanto outros (como equipamentos eletrônicos modernos) seriam tributados a alíquotas altas. Quando os índices de tributação são bem baixos, o detentor pode impedir que outros peguem um item pagando uma pequena taxa. Para bens típicos, estimamos que um giro a

cada catorze anos seja razoável, de modo que, junto com outros fatores especificados a seguir, uma alíquota de 7% ao ano constitui uma boa meta.

5 Para evitar a bitributação, o detentor poderia deduzir do imposto a pagar o custo de qualquer hipoteca ou outros compromissos financeiros. Mas teria de estar preparado para pagar o montante pelo qual se concede essa dedução a quem se dispusesse a desobrigá-lo da hipoteca. Assim, o imposto seria calculado com base no valor líquido do bem para seu detentor, e não no valor do próprio bem. Por exemplo, uma pessoa que possui uma casa de 200 mil dólares com uma hipoteca de 180 mil dólares seria tributada no excedente da dívida hipotecária, ou seja, em 20 mil dólares, e não nos 200 mil dólares da casa. O detentor teria de estar preparado para vender a casa por 200 mil, mas também para pagar 180 mil, a qualquer um que viesse e se prontificasse a assumir o ônus do pagamento da hipoteca (na prática, refinanciando a casa).[49] Os detentores que não conseguissem levantar esse dinheiro (que não têm crédito para refinanciar) poderiam vincular suas obrigações hipotecárias à casa, de forma que aquele que se dispusesse a liquidar a hipoteca também teria de comprar a casa, e assim nenhum possuidor seria obrigado a refinanciar a casa (sem vendê-la), a menos que quisesse separar o bem do compromisso financeiro.

6 No tocante a alguns bens cuja manutenção é visivelmente necessária e fácil de monitorar, os detentores teriam de cuidar deles assim como um locatário não pode estragar um apartamento, um arrendatário de áreas públicas não deve poluí-las e o dono de uma casa precisa cuidar da calçada. A manutenção poderia ser monitorada por inspeções ou por dispositivos tecnológicos embutidos. Se os detentores fizessem melhorias capazes de ser verificadas tecnologicamente, por exemplo com análise de imagens, poderiam receber um subsídio para esse investimento a fim de contrabalançar a tendência do COST de desencorajar investimentos.[50]

7 Seria preciso criar uma série de tecnologias e instituições para garantir a facilidade de operação do sistema. Os sistemas digitais

de precificação permitiriam que as pessoas determinassem uma avaliação adequada para itens que julgassem necessário substituir, caso fossem transferidos a outro cidadão. Caso as pessoas estivessem sem dinheiro para pagar um artigo de que realmente precisassem, uma instituição financeira poderia oferecer um esquema de tipo hipotecário para uma parte do custo em troca de uma parte do valor em caso de venda.

Abatendo um bando de coelhos com um imposto só

Referimo-nos amplamente a todos os problemas que impedem os bens privados de serem encaminhados a seu melhor uso como "problema do monopólio". Era assim que George, Jevons e Walras empregavam a expressão, mas seu uso contemporâneo na economia subdivide o problema em vários componentes. Ressaltamos um que foi destacado por Myerson e Satterthwaite, mas outros economistas oferecem razões para que os bens não tenham seu melhor uso. Como veremos, um COST alivia todos esses problemas ao mesmo tempo.

Um deles é o que os economistas chamam de "sinalização" ou "seleção adversa", conceitos que valeram o prêmio Nobel aos economistas George Akerlof e A. Michael Spence.[51] O detentor de um bem, como um carro usado, muitas vezes conhece sua qualidade melhor do que um comprador potencial. Assim, ele pode pedir um preço alto pelo carro não só por imaginar que o comprador estaria disposto a pagá-lo, mas também porque um preço alto sinaliza que o detentor está relutante em se desfazer dele, numa manobra para convencer o comprador de que o carro deve mesmo ser valioso. Tal sinalização é um dos truques mais antigos dos manuais de negociação. Qualquer um que já regateou num mercado conhece os tipos de histórias que o vendedor conta para ilustrar o suposto valor de um artigo. Tributando a sinalização, o COST minimiza seus danos.

Outra barreira ao comércio, destacada pelo prêmio Nobel Richard Thaler, é o "efeito de dotação".[52] Thaler descobriu que a disposição mínima de pagar pela compra de um objeto geralmente é menor do que a disposição mínima de se desfazer dele, mesmo que a pessoa nunca o tenha de fato usado ou tocado. O mero fato de possuir, em termos abstratos, um objeto parece fazer com que a pessoa o valorize mais. Algumas indicações recentes mostram que o efeito de dotação é não tanto um apego psicológico fundamental, mas um recurso heurístico usado para conseguir uma posição melhor na barganha. Se você parece mesmo adorar um de seus bens, é provável que as pessoas pensem que ele é valioso e, assim, ofereçam um preço mais alto. O efeito de dotação não ocorre com negociadores experientes nem em sociedades em que é incomum o uso de negociações e estratégias comerciais.[53] O efeito de dotação parece ser uma característica de pessoas que não têm tempo e desenvoltura para transitar pelas complexas decisões de precificação exigidas numa sociedade de mercado. Desencorajando os preços altos e tornando a propriedade mais parecida com uma locação, essa barreira comercial criada pelo efeito de dotação se dissiparia.

As barreiras ao empréstimo são outro obstáculo ao comércio e ao uso eficiente dos recursos. Muitos bens, de casas a fábricas, só podem ser plenamente usufruídos se forem próprios (pelo menos em parte) e não alugados, porque um locatário não é capaz de empreender a customização e os investimentos necessários. Um exemplo seria uma fábrica desativada, que poderia ser transformada em vários lofts. Todavia, no sistema atual de propriedade privada, é muito caro simplesmente comprar bens, e, assim, muitas vezes a compra requer grandes reservas monetárias ou capacidade de tomar empréstimos. As barreiras à tomada de empréstimos são, entre outras, a falta de confiança, os maus incentivos criados pelo empréstimo e o risco criado na relação entre quem fornece e quem recebe. Os governos gastam recursos enormes para ajudar as pessoas de baixa renda a fazer financiamentos para construir suas moradias, em muitos casos sobrecarregando-as com dívidas que não conseguem pagar.[54]

Um COST amenizaria esse problema. Como os detentores preveem antecipadamente os impostos que pagarão no futuro, o preço que colocarão num bem terá uma drástica redução, pois se deduziria dele o montante dos pagamentos futuros do COST. Além disso, as pessoas baixarão os preços cobrados para diminuir o pagamento do COST. Na alíquota que defendemos, os preços dos bens cairiam entre um terço e dois terços dos níveis atuais. Em áreas concorridas e congestionadas como San Francisco e Boston, onde casas muito modestas são vendidas a 600 mil dólares ou mais, o preço poderia cair até a 200 mil dólares. Isso reduziria a necessidade de tomar empréstimos e permitiria que um número muito maior de pessoas sem o caixa necessário à mão começasse algum negócio ou adquirisse (parcialmente) uma casa sem contrair uma dívida enorme. Esse benefício do COST seria de especial importância para as pessoas de baixa renda.

Os economistas tendem a desconsiderar três outros impedimentos ao comércio: a preguiça, a incompetência e a malícia. A propriedade privada permite que proprietários preguiçosos ou misantropos amealhem bens, e não por lucro, mas por mera preguiça. Esse problema parece ter prevalecido especialmente no feudalismo, quando os proprietários de terras não eram habituados à prudência, à parcimônia ou ao trabalho árduo. O prêmio Nobel John Hicks escreveu certa vez: "O melhor de todos os lucros do monopólio é uma vida tranquila".[55] Um COST rompe a vida tranquila do monopolista preguiçoso, obrigando-o a gerar a renda para sustentar uma avaliação alta ou a transferir seus bens a outrem que possa lhes dar um uso melhor.

Além de reduzir todas essas barreiras ao comércio, com o COST não seria necessário briga nem enrolação, como as que se usam hoje para lidar com o problema da negociação. Teriam fim as longas rodadas barganhando o preço de um carro novo com o vendedor, quando depois percebemos que o carro que compramos valia uma mixaria e o valor financiado vai arrancar o nosso couro. A compra e venda de casas é tão desgastante que muita gente contrata corretores e advogados, que muitas vezes cobram uma fortuna. Essas e muitas outras chatices seriam evitadas com um COST, um sistema para compra e venda de bens transparente, líquido e de baixo capital.

Isso resultaria em um enorme benefício total. Um de nós, num estudo com Zhang, estimou que o uso do COST para aliviar apenas o problema identificado por Myerson e Satterthwaite aumentaria o valor dos bens na economia em 4% ou o da produção em aproximadamente 1%.[56] Mas, com todos os outros benefícios que apontamos aqui e a redução de outros impostos ineficientes que o COST poderia substituir (ver adiante), estimamos um aumento de 5% em rendimento da produção. Visto que o prejuízo total decorrente da má alocação de bens na economia tem sido calculado na faixa de 25%, acreditamos que nossa estimativa é razoável.[57]

Otimizando concessões públicas

Seria imprudente se jogar de cabeça num sistema capaz de mudar a estrutura dos mercados e da economia de formas tão fundamentais. As pessoas poderiam não saber avaliar suas posses com precisão. Como se sentiriam caso perdessem algo importante por terem dado, devido a ignorância, um preço abaixo de seu valor? Estariam dispostas a atribuir preços a itens que não querem de fato vender, ou a confiar na tecnologia para fazer isso por elas? O COST não perturbaria a vida cotidiana se de repente tirassem de você objetos seus, ainda que recebesse na mesma hora um dinheirão por eles?

Certos aspectos do COST são conhecidos. Muitas pessoas já assumem o risco de vendas forçadas, sem nem perceber. É o que acontece com sua casa ou seu carro se você não pagar a prestação do financiamento ou da hipoteca. Você acorda e seu carro sumiu; foi reincorporado pelo credor. Se você mora de aluguel, corre o risco de ser despejado se deixar de pagar durante alguns meses ou, se o dono aumentar a locação, não conseguir arcar com o novo valor. As pessoas já fazem "autoavaliações" em circunstâncias difíceis, sempre que contratam algum seguro e precisam decidir, mesmo que apenas implicitamente, de quanto precisarão se a casa ou o carro sofrer perda total. A economia compartilhada — exemplificada pelo Zipcar, pelo Uber e pelo Airbnb — nos ajuda a nos acostumarmos com a "posse" temporária em vez da "propriedade", ao mesmo tempo consumindo e vendendo (e, portanto, colocando um preço) um produto. No entanto, o COST mudaria radicalmente a nossa vida, e é por isso que seria melhor testá-lo em mercados comerciais e públicos limitados antes de aplicá-lo de maneira mais ampla.

O COST tem sua aplicação a curto prazo mais promissora em bens atualmente nas mãos do governo e que têm sido ou logo poderão ser vendidos ou arrendados a empresas ou cidadãos privados. Em vez de vender esses bens em caráter definitivo ou arrendá-los segundo certos termos estabelecidos, os governos poderiam vendê-los parcialmente sob uma licença que incluísse uma taxa com base no COST. O governo começaria leiloando o bem. O licitante vencedor autoavaliaria um preço e pagaria uma taxa sobre ele. Qualquer outra pessoa poderia depois forçar uma venda ao preço declarado.

Considere-se o espectro de frequência. Desde o começo dos anos 1990, governos de todo o mundo fazem licitações para licenciar o uso do espectro em contratos de longo prazo.[58] Mas o problema do monopólio surge nos mercados secundários: as empresas que adquiriram as licenças na licitação relutam em vendê-las a usuários de valor mais alto. Muitas vezes, novos usos exigem uma reformulação das licenças, criando problemas de *holdout*, como aqueles que inibem a construção de estradas de ferro ou shoppings. Enormes faixas do espectro que estão agora nas mãos de emissoras de televisão com pequena audiência poderiam ter melhor uso para a internet wireless.

Atendendo a isso, o Congresso americano aprovou uma legislação que autorizava a Comissão Federal de Comunicações a recomprar e redividir grandes partes do espectro, processo que levou oito anos. Nesse período, os Estados Unidos perderam posição e ficaram atrás de líderes tecnológicos como Israel, Coreia e Taiwan. Em trabalho conjunto com Milgrom e Zhang, um de nós sustentou recentemente que a reformulação das licenças de espectro de modo a incluir uma taxa de licença com base no COST resolveria esse problema e poderia ser implementada de várias maneiras compatíveis com as regras vigentes da Comissão Federal de Comunicações.[59] Essa abordagem, que os autores chamam de "licenças com depreciação", atenderia a muitas reclamações recentes sobre o modelo de licença para as faixas de 3,5 GHz do espectro, que ficaram disponíveis recentemente; sua pequena abrangência geográfica e breve duração de acordo com os planos atuais visavam maximizar a flexibilidade, mas podem prejudicar os incentivos de investimento. Um modelo baseado no COST melhoraria ainda mais a flexibilidade, e também proporcionaria maior estabilidade para os investimentos, ajudando a satisfazer tanto as demandas das empresas de alta tecnologia, que valorizam a inovação e a flexibilidade, quanto as das empresas de telecomunicações, que precisam fazer grandes investimentos para utilizar as tecnologias wireless 5G.

A atribuição de endereços e nomes de domínio na internet é outra aplicação natural dessas licenças. Hoje, quem compra um domínio tem o direito de mantê-lo por tempo indeterminado, desde que pague uma tarifa anual e não viole escancaradamente a marca registrada de outra pessoa. Isso cria distorções dramáticas para as alocações durante seus prazos, dando oportunidade a "posseiros virtuais" que ocupam domínios numa espécie de sequestro com resgate. Eles apostam que algum dia alguém oferecerá uma soma enorme por um endereço, alegando alguma razão urgente para usá-lo.[60] Por exemplo, durante a campanha presidencial de 2016 nos Estados Unidos, o domínio clintonkaine.com levava a uma página vazia; um posseiro virtual tinha forçado um preço alto que a campanha Clinton-Kaine não se dispôs a pagar. O dono do endereço acabou por vendê-lo a um grupo ligado à campanha rival.[61] Um COST ajudaria a resolver o *holdout* nessa e em outras formas de propriedade intelectual, como as criadas por trolls na área de patentes, que as compram e se recusam a vendê-las a empresas de tecnologia, a não ser por preços exorbitantes que muitas delas se recusam a pagar.[62]

O COST serviria para lidar com diversos outros bens públicos. Por exemplo, há pecuaristas que compram direitos de pastagem do governo, que muitas vezes não sabe como precificar esses direitos. O COST, em que os pecuaristas efetivamente "comprariam" direitos de pastagens uns dos outros por preços autoavaliados, funcionaria com mais facilidade. Também seria possível usar um COST para concessões visando explorar recursos naturais, como a mineração, a pesca e a agricultura, que frequentemente são vendidas a preços arbitrários.

Uma verdadeira economia de mercado

Essas experiências, por si sós, permitirão um aumento do valor econômico, mas, se em algum momento vier a se aplicar amplamente um COST em toda a economia, as melhorias serão em escala muito maior. Como notamos anteriormente, a economia tem um subdesempenho que chega a 25% por ano, devido à má alocação de recursos em empresas de baixa produtividade. A implementação completa do COST aumentaria a riqueza social em trilhões de dólares ao ano.

Além disso, o COST geraria uma receita substancial. Na alíquota de cerca de 7% ao ano, que imaginamos ser próximo ao ideal, o COST aumentaria cerca de 20% da renda nacional. Cerca de metade desse dinheiro bastaria para eliminar todos os impostos existentes sobre o capital, as empresas, as propriedades e as heranças, que, como concordam os economistas, são altamente ineficientes; para incentivar o investimento, como descrito antes; e para eliminar o déficit orçamentário e reduzir significativamente a dívida, incentivando ainda mais o investimento.

A outra metade da receita do COST seria de cerca de 5300 dólares per capita nos Estados Unidos, pelas atuais avaliações de capital, e quase certamente dispararia sob nossa proposta devido à alocação mais eficiente de ativos, à revelação da renda do capital hoje escondida e ao crescimento econômico que nossa proposta desencadearia. Esses fundos poderiam ser usados para financiar serviços do governo, bens públicos (como o investimento em pesquisas de base) ou programas de assistência social aos pobres. Também se poderia imaginar um sistema em que a receita gerada pelo COST é simplesmente devolvida à população, numa distribuição com base per capita, como dividendo social — similar à renda mínima universal, que hoje está sendo vivamente apregoada por críticos importantes.[63] Nessa forma, o COST também seria muito mais eficaz para arrecadar o imposto sobre a riqueza, o que alguns economistas recentemente defenderam por outras razões, pois ele tem um mecanismo interno de autoaplicação, na forma do direito do comprador a forçar uma venda. Isso dispensaria a implantação de um aparato de monitoramento complexo e ineficaz do governo, tal como existe para outras tentativas de arrecadar impostos sobre a riqueza e a renda do capital.[64]

Para se ter uma ideia do potencial igualitário do COST, vamos pensar como ele afetaria uma típica família americana. Vamos supor que metade da receita gerada pelo COST é usada para reduzir outros impostos sobre o capital e, assim, não tem nenhum efeito sobre os valores dos ativos, enquanto a outra metade é devolvida à população numa base per capita. Segundo o censo americano, a família média de quatro pessoas encabeçada por alguém entre 45 e 54 anos tem cerca de 60 mil dólares de valor já quitado da casa e 25 mil dólares em outros bens. Com um COST de 7%, o valor desses bens cairia em cerca de um terço, para 40 mil dólares e 14 mil dólares, respectivamente. Nesses valores reduzidos, um COST de 3% sem deduções em outros impostos de capital (existentes) avultaria a cerca de 1400 dólares ao ano, e a família receberia um dividendo social de mais de 20 mil dólares anuais. Assim, mesmo que os membros da família tivessem tanto apego pela propriedade a ponto de avaliá-la pelo dobro do preço de mercado, ainda teriam um benefício líquido do COST de 17 mil dólares anuais. Um domicílio médio dos 20% mais favorecidos pela distribuição de renda na mesma faixa etária tem em bens o valor líquido de 650 mil dólares. Um cálculo similar mostra que essa família pagaria cerca de 14 mil dólares de COST e, desse modo, ainda se beneficiaria com 6 mil dólares ao ano devido ao dividendo social de 20 mil dólares. Os ricos seriam os mais atingidos. A riqueza média do 1% do topo da pirâmide é de 14 milhões de dólares. Cada domicílio nesse grupo pagaria um COST de cerca de 280 mil dólares ao ano.

Para famílias em situação financeira frágil, como as que estão com a casa totalmente hipotecada, pagamentos atrasados, com dívidas no cartão de crédito ou de financiamento estudantil, o COST de fato seria um subsídio. Como o valor da dívida é mais alto do que o valor do bem, a pessoa teria um refinanciamento de seus bens pessoais, antes mesmo do dividendo social.

Tomemos uma família que possui uma casa no valor de 300 mil dólares e uma hipoteca de 420 mil dólares. Como já comentamos, o valor de um pagamento de COST pela alíquota de 7% reduziria em um terço o valor dos bens, bem como das dívidas, para o futuro pagamento de imposto pelos bens e futuros subsídios associados às dívidas. Assim, o valor da casa cairia para 200 mil dólares e a hipoteca para 280 mil dólares.[65] A família então receberia um subsídio de 3% (aqui também relativo aos impostos existentes) de seu valor líquido negativo de 80 mil dólares (2400 dólares) por ano para cobrir o custo do serviço da hipoteca, além do dividendo social anual de 20 mil dólares que a família recebe.

O acréscimo desses benefícios implica uma significativa redistribuição de renda a partir de um COST. As estimativas de cálculo dos retornos atuais de capital indicam que a participação do capital na renda nacional dos Estados Unidos é de 30%, e que 40% dessa riqueza está com o 1% mais rico. Como notamos antes, nossa proposta redistribuiria cerca de um terço do retorno sobre o capital e assim reduziria a participação na renda do 1% mais rico em quatro pontos percentuais, ou cerca de metade da diferença entre os níveis recentes e os picos de baixa dos anos 1970.[66]

O conflito distributivo mais persistente nas economias capitalistas deriva da concentração de riqueza. Como os retornos sobre o capital vão, em sua maior parte, para os muito ricos, há uma grande distinção entre os que vivem basicamente dos retornos sobre o capital e os que vivem de seu trabalho. O COST faria com que a maior parte do retorno sobre o capital fosse para o povo, dando-lhe uma distribuição mais igualitária do que os salários. O COST, assim, acabaria com o conflito entre o capital e o trabalho, que torna as diferenças na renda laboral a principal fonte de desigualdade.

Budismo ideal e uma comunidade justa

O COST poderia mudar nossa relação com a propriedade. Você pode guardar determinada caneta, pois é uma lembrança da pessoa que lhe deu, ou pode adorar seu carro por causa das aventuras que viveu com ele. Você sabe que sempre há uma chance de perder a caneta ou ter o carro destruído num acidente. Aceitamos esses riscos o tempo inteiro e tomamos precauções para evitá-los. Com o COST, se você quiser diminuir o risco de perda com uma venda forçada, é muito fácil — é só estabelecer um preço alto. Isso significa que as pessoas têm de pagar um imposto proporcional ao valor que dão às coisas. E, embora a gente duvide que, na prática, o imposto venha a ser muito alto — quanto um desconhecido pagaria por uma caneta usada ou por um carro velho? —, a ideia de taxar coisas nas quais investimos um valor pessoal pode parecer um pouco chocante.

Nosso modelo do COST abrange itens que carregam um significado pessoal tão grande que nunca fará sentido vendê-los. Quando o índice de giro natural de um item é baixo, o índice de tributação também será baixo, de forma que o "preço" (na forma de pagamento de um imposto) para protegê-lo de possíveis vendas também será baixo. Objetos de herança familiar quase sempre são valorizados mais por seus detentores do que por desconhecidos, de modo que, na prática, não custaria muito protegê-los. Ou talvez fosse — com razão — plausível excluir totalmente objetos herdados e outros itens pessoais do sistema do COST para evitar criar um paraíso fiscal. Acontece que o valor agregado dessas coisas não é muito grande, de forma que o impacto econômico de incorporá-lo ao sistema do COST também não seria grande. Nos Estados Unidos, todos os estados têm leis conhecidas como estatutos de isenção, que enumeram itens pessoais que não podem ser tomados pelos credores quando a pessoa registra falência (roupas, bíblias, certa quantidade de móveis, até armas). O problema de "peças de família herdadas" que se tem no sistema do COST consta igualmente no sistema normal de propriedade privada, e nosso sistema jurídico faz ajustes para abordá-lo. Os itens relacionados nesses estatutos também poderiam ser excluídos do COST.

O COST também pode nos levar a pensar a propriedade de uma maneira mais saudável. Ele tributa objetos, não relações pessoais. Não seria melhor se as pessoas investissem mais energia emocional em relações pessoais do que em objetos? A tradicional paixão por carros em países como os Estados Unidos e a Alemanha vem diminuindo à medida que menos pessoas desenvolvem habilidades mecânicas e as montadoras passam a fabricar carros que só podem ser consertados por profissionais. Assim, o processo pelo qual a pessoa, ao incorporar seu trabalho no objeto, cria apego a ele está deixando de existir. Além disso, as pessoas fizeram rapidamente a transição para serviços como o Zipcar e o Uber. Agora, em vez de ter um carro, pode-se alugar um (Zipcar) ou contratar uma corrida (Uber). O RelayRides, por exemplo, permite que o dono de um carro o alugue quando não o estiver usando, quase como se o COST já estivesse em operação. Você dificilmente criaria apego por um automóvel que usou por umas poucas horas, e ninguém parece sofrer muito por causa disso. O fetiche do carro próprio — um bem durável muito caro, que mesmo os mais entusiastas raramente usam mais do que uma ou duas horas por dia — felizmente está virando coisa do passado. Há uma quantidade crescente de indicações econômicas que sugerem que o apego excessivo à própria casa está inibindo o emprego e o dinamismo na economia americana, problema este que o COST reduziria em larga medida.[67]

Os jovens de países ricos têm investido cada vez mais tempo e energia em experiências (fazer uma viagem especial, comer fora) e não na acumulação de bens. Como o COST penaliza o apego desmedido a objetos e reduz seu preço, ele daria às pessoas, principalmente as de baixa renda, mais acesso do que têm hoje a bens diversos — como um museu público, que torna objetos de arte acessíveis às massas ao comprá-los (ainda que com despesas consideráveis) de coleções particulares, onde estão disponíveis para apenas meia dúzia de ricaços e passam a maior parte do tempo sem que ninguém os veja. O dinamismo e as oportunidades se multiplicariam, enquanto a obsessão por bens materiais diminuiria.

Não é novidade que as pessoas investem quantidades doentias de tempo e recursos colecionando coisas que quase nunca usam e de que não têm real necessidade. Todas as grandes religiões (sobretudo o budismo, no imaginário popular) e algumas filosofias laicas incentivam que se concentre a energia em outro lugar. A intuição comum e as pesquisas psicológicas nos mostram que a acumulação de bens acima de determinado patamar não torna a vida mais feliz e que as experiências são mais gratificantes do que as posses.[68] Mesmo economistas entraram nessa. E não só Karl Marx, que criticava o "fetichismo da mercadoria". Desde a *Teoria da classe ociosa*, de Thorstein Veblen, de 1899 — que afirmava que as pessoas muitas vezes compram bens para um "consumo conspícuo" (por ostentação e para mostrar que são mais ricas do que os outros), e não porque esses bens contribuam diretamente para seu bem-estar —, uma corrente econômica dissidente tem destacado as patologias da propriedade privada no sistema de mercado.[69]

O COST também incentivaria o apego às comunidades e o engajamento cívico, que às vezes são prejudicados pelo capitalismo. O COST não só distribuiria amplamente a riqueza atual, como faria o mesmo com os aumentos de riqueza criados pelo progresso econômico. À medida que a economia cresce, as receitas geradas pelo COST seriam devolvidas e redistribuídas aos cidadãos, assim como os empregados com participação acionária na empresa se beneficiam quando os lucros do empregador aumentam. De Friedrich Engels a George W. Bush, críticos e políticos argumentam que ter uma participação no capital social nacional, geralmente por meio do mercado de ações ou de uma casa, pode ajudar a estabilizar a política e reforçar o apoio a políticas que elevam o valor do capital social, posição esta que encontra apoio em algumas pesquisas.[70]

Um mundo onde todos se beneficiam com a prosperidade dos demais provavelmente alimentaria uma confiança social maior, fator essencial para a operação desimpedida da economia de mercado e da cooperação política.[71] O compartilhamento da riqueza estaria em conformidade com muitas noções do senso comum sobre a justiça. Sob o capitalismo, a riqueza raramente é criada apenas pelas ações de quem é pago para isso. Em geral, as pessoas se beneficiam da ajuda de amigos, colegas, vizinhos, professores e muitos outros que não são plenamente remunerados por suas contribuições. O COST faria uma melhor distribuição proporcional da riqueza ao trabalho que a produziu.

Uma política social baseada no COST fortaleceria o apoio dos trabalhadores ao nosso sistema político, ajudaria a facilitar o fluxo do comércio entre desconhecidos e proporcionaria aos cidadãos o senso de terem recebido uma justa recompensa por suas contribuições sociais. O COST criaria um mercado radical nos bens, que daria mais ênfase ao uso do que à propriedade. Seria um mercado radical porque os princípios da troca e da concorrência, que são as raízes do mercado, se estenderiam muito além de seu atual corpo institucional; porque o novo sistema transformaria as relações econômicas; e porque o bem-estar humano veria grandes progressos com a redução da desigualdade e o avanço da prosperidade.

CAPÍTULO 2

Democracia radical

Um mercado de conciliações para nossa vida em comum

Kentaro Adachi começou a poupar créditos de opinião desde que teve idade suficiente para votar. Não gostava dos governos liberais que ocupavam o poder havia décadas. Enfureceu-se quando o templo Yasukuni, dedicado aos mortos de guerra do Japão, foi convertido em memorial para vítimas estrangeiras do imperialismo. Apesar da frustração, durante anos ele nunca gastou mais do que alguns créditos de opinião num referendo ou numa eleição parlamentar. Estava juntando para gastá-los na grande causa de sua vida.

Kentaro avistou seu primeiro urso entre as árvores da floresta que ficava atrás do chalé da família junto ao lago, na prefeitura de Hokkaido. Durante a infância, ele os via com frequência, e, à medida que a população de ursos aumentou, graças aos trabalhos de conservação ambiental, eles deixaram de ser novidade e se tornaram uma ameaça. O pai de Kentaro constantemente o ensinava a evitá-los e a espantá-los gritando alto e fazendo um fogo controlado em algum arbusto, e a se afastar sem ser percebido. Isto é, até o dia em que um deles agarrou seu pai e o arrastou para o fundo da floresta.

Kentaro nunca soube o que levou seu pai a entrar na

floresta logo depois de cozinhar, com o sol tão baixo. Quando o encontrou, as únicas coisas que o pai ferido falou em seus minutos finais foram que Kentaro era responsável por sua mãe e pela irmã e sobre a importância das fórmulas budistas que o haviam reconfortado ao longo da vida. O pai era bondoso e devotado, mas Kentaro não conseguia deixar de vê-lo como um pacifista fraco e pouco viril, o tipo de homem que se multiplicara no Japão depois de oitenta anos de paz, desde a guerra. Kentaro jurou que nunca ficaria assim.

Kentaro se exercitava e trabalhava todos os dias para sustentar a família. Embora quase nunca comentasse, sua grande aspiração desde o momento em que encontrou o pai morrendo na mata era simples: adquirir grande perícia no tiro ao alvo e controlar sozinho a população de ursos em sua área rural.

Kentaro não era um transgressor. Para obter alguns dos direitos de portar armas de que gozavam os americanos, os noruegueses e os suíços, por anos dedicou-se a fazer campanhas e angariou compromissos de votos. Por fim, graças aos compromissos dos créditos de opinião que reunira, realizou-se um plebiscito nacional para decidir sobre a autorização de posse pessoal de rifles de caça em áreas rurais. Agora ele pôde pegar os Q400 (créditos de opinião) dos Q800 que acumulara em quarenta anos para depositar vinte votos a favor dessa questão que lhe era tão cara.

Depois da apuração, o país ficou perplexo ao ver que, embora 75% dos votantes fossem contrários à iniciativa, ela teve uma vitória expressiva, recebendo 60% dos votos. O opositor médio tinha dado 1,5 voto contra, mas o defensor médio da posse pessoal de um rifle de caça dera espantosos 6,75 votos. Talvez não tenha sido um bom uso dos votos, com tantos outros plebiscitos com vitórias estreitas de 52% a 48% e um Parlamento em suspenso. Mas Kentaro ficou satisfeito. Finalmente fizera ouvir sua voz. Ganhara a luta de sua vida. E era hora, por fim, de abater aqueles ursos, para que nenhuma outra criança da prefeitura de Hokkaido ficasse órfã de pai, como ele ficara.

A ideia de poupar para uma votação importante, assim como poupamos para comprar um carro ou uma casa, parece exagerada. Estamos acostumados a um sistema político em que cada pessoa dá um voto e a maioria prevalece. Mas Kentaro pode dar mais de um voto, exercendo assim maior influência numa questão importante para ele do que no sistema de um voto per capita, se estiver disposto a abrir mão da influência em questões que lhe interessam menos. Ele tem o mesmo direito de participação dos outros e acumula créditos para gastar em votos na mesma proporção que os demais, mas escolhe concentrá-los no que mais lhe importa. Essa liberdade vem com um grave porém: os créditos de opinião são usados para votar segundo uma função quadrática ou de raiz quadrada. Um crédito de opinião (Q1) compra um voto sobre uma determinada questão; Q4 compram dois votos; Q400 compram apenas vinte votos, e assim por diante.

Neste capítulo, mostraremos que esses dois elementos — a capacidade de poupar poder de voto e a função de raiz quadrada — seriam um remédio muito bem-vindo para as patologias dos sistemas tradicionais de voto usados nas democracias. Chamaremos esse sistema de "votação quadrática" e explicaremos como ele cria um mercado radical para a política.

Origens da democracia

Na Grécia antiga, a força de uma falange, a formação militar mais comum da época, era basicamente uma questão quantitativa: uma falange maior vencia uma falange menor. Assim, ao identificar qual dos lados contava com um número maior, podia-se prever o desfecho de uma batalha. A maioria vencia sem que a espada precisasse sequer encostar num escudo.[1] Segundo algumas explicações, essa é a origem do regime da maioria na instituição governante de Atenas, a Assembleia, que era formada por todos os cidadãos adultos do sexo masculino, independentemente de suas posses ou de sua posição social. A Assembleia tinha o poder de aprovar leis, lançar decretos, conceder privilégios especiais e punir líderes políticos com o ostracismo e outras penas, inclusive a morte. Cada membro da Assembleia tinha um voto.

Mas os atenienses sabiam dos riscos do governo da maioria. Num famoso episódio ocorrido durante a Guerra do Peloponeso, a Assembleia condenou à morte um grupo de generais que deixaram de resgatar os sobreviventes e de recuperar os corpos dos mortos após uma vitória naval perto das ilhas Arginusas. Mais tarde, a Assembleia foi convencida de que os generais tinham sido impedidos de agir por causa de uma tempestade e condenou seus acusadores à morte.[2] Esse tipo de ocorrência levou muitos pensadores gregos a nutrirem um profundo ceticismo em relação à democracia. Temiam a volatilidade das paixões da multidão e sua facilidade em se deixar manobrar por lideranças demagógicas, bem como o poder desestabilizador dos pobres — que formavam a maioria — de redistribuir a riqueza dos ricos para si mesmos.

Depois da derrota de Atenas na Guerra do Peloponeso, parcialmente atribuída às más decisões tomadas pela maioria, os atenienses adotaram uma forma mais moderada de democracia. Conferia mais poder a órgãos independentes, inclusive uma comissão que propunha leis e um Tribunal do Povo, que tinha o poder de derrubar decretos que haviam sido aprovados pela Assembleia mas violavam as leis. Os membros de todos esses organismos eram escolhidos por sorteio. Esse novo sistema exigia múltiplas votações majoritárias envolvendo diversos grupos, o que significava que era preciso ter maioria esmagadora para se conseguir fazer qualquer coisa. Assim teve início uma longa tradição de tentativas dos governos democráticos de limitar a regra da maioria.

Talvez a tentativa mais bem-sucedida no mundo clássico, nesse aspecto, tenha sido a "constituição mista", pela qual as diversas classes sociais — tipicamente, as massas, a aristocracia e um dirigente hereditário — eram dotadas de meios para influenciar o governo e vetar resultados que desaprovassem. Na República romana, por exemplo, o Senado era dominado por aristocratas, mas certos cargos importantes eram reservados a plebeus. A constituição dava voz às pessoas comuns, mas oferecia vantagens às famílias antigas e aos cidadãos mais ricos.[3] A ideia era impedir que as massas expropriassem a fortuna dos ricos pelo simples poder dos números que, do contrário, prevaleceria no regime democrático simples, mas ao mesmo tempo dando a elas o poder de impedir que os ricos as explorassem. Esse sistema, que perseverou durante séculos, foi o maior êxito de governança da época. Mas a grande quantidade de pontos de veto acabou conduzindo a uma pane do sistema, que líderes poderosos como Júlio César resolveram com medidas extraconstitucionais, levando por fim à guerra civil, à ditadura e então ao Império.

No milênio seguinte, houve uma retração das instituições democráticas, que depois ressurgiram lentamente durante a Idade Média. Os reis anglo-saxões se aconselhavam com os lordes sobre a situação do reino e convocavam o conselho consultor real, chamado *witan*, para receber relatórios, prática esta que acabou evoluindo para o formato parlamentar. Essas instituições britânicas iniciais não utilizavam a regra da maioria simples baseada no voto per capita. A Câmara dos Comuns britânica começou a utilizar a regra da maioria no século XV, mas a Grã-Bretanha tinha uma Constituição mista clássica, sendo a aristocracia capaz de exercer poder por meio da Câmara dos Lordes e o monarca capaz de agir por conta própria em algumas questões. Na prática, as decisões políticas eram tomadas por uma regra de supermaioria implícita.[4] Na Igreja católica, o direito canônico determinava que muitas decisões fossem tomadas segundo a regra da maioria, mas um complexo conjunto de leis permitia que as minorias vencidas recorressem a instâncias mais altas e poderiam prevalecer se conseguissem persuadi-las de que a votação majoritária fora, de alguma forma, contaminada pelos interesses ou motivos pessoais de eleitores da maioria ou simplesmente porque estava errada.[5] Pela doutrina do *maior et sanior pars*, uma minoria composta de pessoas com capacidade superior de julgamento, como as dotadas de maior experiência e saber, poderia vencer uma maioria — uma forma de votação com pesos diferentes, que discutiremos com mais detalhes adiante.[6]

Nesses primeiros anos, a democracia teve um avanço limitado por várias razões. Os dirigentes não queriam ceder poder para a população; as tradições religiosas e políticas favoreciam a monarquia ou a aristocracia; a ameaça constante de guerras intestinas e estrangeiras exigia a presença de líderes fortes. Mas os limites intrínsecos das instituições democráticas também tiveram seu papel, como ficaria claro na época moderna.

A ascensão e os limites da democracia

A democracia levou muito tempo para se desfazer da fama de governo da plebe. Em meados do século XVII, Thomas Hobbes sustentou que a monarquia absolutista era a única solução secular para a "guerra de todos contra todos" que predominaria no "estado de natureza".[7] Muito embora Hobbes defendesse a monarquia, sua justificativa secular e instrumental dessa forma de governo contrastava com os argumentos anteriores baseados no direito divino dos reis e podia ser usada contra eles. Isso abriu caminho para que os britânicos exigissem limitações ao poder real, o que fizeram na Revolução Gloriosa no final daquele século. Essa revolução derrubou o rei Jaime II, que teria extrapolado os limites do poder monárquico, assim confirmando o ideal de uma monarquia limitada ou constitucional.

A defesa de John Locke em favor da revolução ajudou a instaurar a concepção moderna da democracia liberal. O rei agora tinha de dividir o poder com um Parlamento que representava, ainda que imperfeitamente, os interesses do povo. Locke e outras figuras do Iluminismo, incluindo Voltaire e Jean-Jacques Rousseau, desenvolveram a teoria secular da soberania e a situaram coletivamente no povo. As obras desses pensadores influenciaram Thomas Jefferson, que escreveu na Declaração de Independência dos Estados Unidos que "os governos são instituídos entre os homens, derivando seu justo poder do consentimento dos governados".[8] As ideias do Iluminismo também estão por trás da Revolução Francesa e da drástica ampliação do direito de voto na Inglaterra.

Esses pensadores liberais se uniam contra o privilégio monárquico e a favor de colocar a autoridade nas mãos do povo, mas tinham dificuldade em explicar como o povo utilizaria esse poder. Democracia, sim — mas o que significa democracia? E como evitar os efeitos caóticos e autodestrutivos do governo da plebe, que conheciam pela história clássica?

Os Estados Unidos

Os formuladores e intérpretes pioneiros da Constituição americana, ao se lançarem na primeira experiência democrática em grande escala, tiveram de enfrentar os riscos do governo da maioria. Queriam permitir que as maiorias governassem, mas seu temor era que elas violassem os direitos das minorias. "Se uma maioria estiver unida por um interesse comum, os direitos da minoria estarão inseguros", observou James Madison.[9]

Assim, eles dividiram o governo nacional em três ramos para se regularem e se equilibrarem mutuamente, e limitaram o poder de voto da maioria colocando as decisões finais da presidência nas mãos de eleitores intermediários e de senadores com legislaturas estaduais. Também criaram várias regras de supermaioria. Para ratificar um tratado, o presidente precisa de uma supermaioria de dois terços no Senado.[10] Para superar um veto presidencial, um projeto de lei precisa de dois terços dos votos das duas casas parlamentares.[11] Para fazer uma emenda constitucional, é preciso ter supermaioria.[12]

Esses dispositivos ajudavam a proteger as minorias, como os dissidentes religiosos, a aristocracia rural do Sul, os negociantes do Norte e os ricos de todo o país.[13] Mas os Pais Fundadores não queriam simplesmente proteger qualquer minoria a qualquer momento: procuravam proteger pessoas com interesses que consideravam legítimos e que não podiam depender de uma coalizão majoritária para defender seus interesses.

A preocupação dos fundadores da nação era que a sobrevivência da união estaria em risco se os interesses legítimos das minorias não fossem protegidos. Muitos cidadãos se encontram, num ou noutro momento, num grupo minoritário de pessoas com ideias parecidas: são os que têm preferências ou interesses muito importantes que não são compartilhados pelo resto da população. Os de preferências mais intensas, que são constantemente vitimados no processo político, têm fortes incentivos para a rebelião ou a secessão. As ameaças de tais rebeliões se tornaram tema central da história americana, e o receio de desunião inspirou muitas das escolhas dos formuladores da Constituição. A regra da supermaioria institucionalizou o poder das minorias com preferências intensas, de forma que ele pudesse passar por canais políticos pacíficos.

Mas os fundadores também estavam cientes do problema contrário: a obstrução. Antes da Constituição, os estados operavam pelas diretrizes de um documento chamado "artigos da Confederação". O governo nacional só podia agir com o apoio dos estados e a maioria das iniciativas precisava de votação unânime ou supermajoritária. A regra da unanimidade e outros patamares altos de votação na política é vulnerável ao mesmo problema criado pelos direitos de propriedade nas relações econômicas (ver capítulo 1): a possibilidade de barganhar o voto em troca de concessões pouco razoáveis, levando à obstrução ou a um resultado injusto. Esse problema do *holdout* levou à paralisia, ao declínio na estatura internacional e quase ao colapso da cooperação entre os estados. Mesmo em plena guerra revolucionária, o governo nacional não conseguiu arrecadar receita suficiente. Depois da guerra, não foi capaz de sufocar as revoltas e não conseguiu arrecadar a receita necessária para proteger a marinha comercial contra piratas. Sempre havia algum estado levantando alguma objeção às iniciativas ou, o que era ainda mais comum, querendo apenas pagar menos em troca de seu apoio. Assim, os fundadores americanos criaram uma solução de compromisso entre os dois extremos — a paralisia e a tirania da maioria.

A história tem mostrado que esse equilíbrio perdura razoavelmente bem, apesar de uma Guerra Civil sangrenta. Mas os americanos continuam a se debater com os limites do sistema de supermaioria e pesos e contrapesos. O país evitou a instabilidade de muitas democracias europeias, mas a tirania da maioria nas mãos de um grupo conservador ou a paralisia política induzida por interesses conservadores se tornou o tema central da história política americana. As minorias raciais, étnicas e religiosas que sofriam vários tipos de abusos não conseguiam auxílio legislativo por serem voto vencido.

Na segunda metade do século XX, os tribunais federais intervieram para corrigir o problema das tiranias conservadoras, reconhecendo os direitos das minorias à efetiva representação política, ao ensino igualitário e a outros recursos e benefícios. Numa fórmula sucinta, os integrantes de "minorias avulsas e insulares" — grupos minoritários que haviam sido historicamente excluídos da política — não poderiam ser alvo de legislação que os visasse ou que não tivesse sólida justificativa pública. Enquanto os tribunais ampliavam o leque dos direitos das minorias juridicamente protegidos, o Congresso intervinha com leis referentes aos direitos civis. Essa viria a ser a maior contribuição do pensamento jurídico e político americano aos problemas do governo da maioria.

Mas, tal como o planejamento central que vimos no capítulo anterior, os direitos impostos por via judicial se baseiam amplamente na benevolência, na discrição e na legitimidade de uma elite respeitada. Os juízes federais não são eleitos e não respondem à população: foi isso, em primeiro lugar, que lhes permitiu promover os direitos das minorias, mas também os colocou numa posição precária num país com sólidas normas democráticas. Os tribunais, além disso, depois de derrubarem uma primeira geração de leis visivelmente discriminatórias que privavam os negros do direito ao voto, à educação e outros, passaram a enfrentar leis bem mais complexas que pareciam solidamente justificadas pelo interesse público, mas que também pesavam sobre as minorias de uma maneira que muitas vezes parecia injusta. Vejam-se alguns exemplos conhecidos:

- A lei de abordagem e revista policial na rua, que reduz a crimina-

lidade, mas afeta sobretudo a vida de indivíduos que integram minorias.[14]
- Projetos baseados no domínio eminente, em que o poder municipal obriga a venda de várias propriedades privadas, podendo pagar aos donos um valor inferior, para construir um parque ou revitalizar o centro.
- Uma lei contra o casamento entre pessoas do mesmo sexo, como a Proposição 8 da Califórnia, que reinstitui concepções tradicionais do casamento apoiadas (na época) por muitos americanos, mas que priva gays e lésbicas dos benefícios usufruídos por casais heterossexuais.
- Controle de armas tipicamente presentes em contextos militares, mas que também podem ser usadas para caça e treinamento de milícias, com vista a reduzir a violência.
- Leis de saneamento e antidrogas que interferem nos rituais de grupos religiosos minoritários.

Há opiniões fortes e divergentes sobre essas leis, mas todas elas impõem o mesmo dilema. Cada uma delas ajuda (ou acredita-se que ajude) a maioria e talvez a população em geral, inclusive alguns integrantes da minoria atingida. Mas a lei também impõe um peso à minoria, que pode parecer injusto e, em alguns casos, suficientemente grande para tornar questionável se essa lei é desejável ou não. No entanto, esses esquemas de compensação são tão complicados que a intervenção judicial muitas vezes parece arbitrária. Em diversos casos, os juízes parecem colocar suas preferências políticas no lugar da legislação que decretou a lei — prática que não encontra justificava na teoria democrática ou constitucional e que é uma forma quase indisfarçada de governo de uma elite.

A França e o continente europeu

Ainda que os Estados Unidos tenham sido pioneiros na prática da democracia liberal, grande parte da teoria surgiu na Europa, em especial durante a Revolução Francesa. Um revolucionário francês em particular, o marquês de Condorcet, foi o primeiro a realizar o estudo matemático da votação.[15] Seu clássico "Essai sur l'application de l'analyse à la probabilité des décisions rendues à la pluralité des voix" [Ensaio sobre a aplicação da análise à probabilidade de decisões submetidas à pluralidade de votos], de 1875, não só ressaltou as virtudes da democracia, como também revelou seus paradoxos.

Abordando as preocupações dos gregos antigos com a ignorância das massas, o "Teorema do Júri" de Condorcet tratava de uma situação em que todos os integrantes de uma comunidade têm o mesmo interesse, mas detêm informações diferentes. Segundo ele, em termos estritamente estatísticos, se é mais provável que as pessoas estejam certas sobre seu interesse coletivo, tomem decisões independentes e possam votar, uma grande população terá desempenho melhor do que a pequena elite governante, uma vez que sua superioridade numérica prevalecerá sobre os erros. O Teorema do Júri acalma em certa medida o antigo temor de que o povo não seja capaz de governar a si mesmo por lhe faltar a sabedoria das elites.

Mas Condorcet, embora visse o potencial da democracia, também percebeu que ela não tinha a capacidade dos mercados de gerar resultados (políticos, em vez de econômicos) que refletissem com coerência as preferências conflitantes dos cidadãos. Para entender isso, imaginem que três pessoas (Antoine, Belle e Charles) vão votar em três desfechos possíveis: Luís XVI será decapitado, retornará ao trono ou será posto em liberdade como cidadão privado. Suponham que cada votante classificará os desfechos de maneira diferente. Para Antoine, cujo maior receio é que Luís comande uma contrarrevolução: decapitado, restaurado, libertado. Para Belle, monarquista: restaurado, libertado, decapitado. Para Charles, que detesta a monarquia, mas não aprova violência: libertado, decapitado, restaurado. Primeiro pedimos a eles que votem entre a decapitação e a restauração. A decapitação ganha por dois votos a um, porque Antoine e Charles lhe dão preferência sobre as demais alternativas, e somente Belle vota contra. A seguir, pedimos que votem em restauração × libertação. A restauração ganha por dois votos a um, porque Antoine e Belle lhe dão preferência sobre as demais alternativas, e somente Charles vota contra. Por fim, os votantes escolhem entre decapitação e libertação. A libertação ganha por dois votos a um. Mas isso significa que, no agregado, não há um desfecho determinado: a execução vence a restauração, a restauração vence a libertação, mas a libertação vence a execução.

O desfecho parece irremediavelmente ambíguo. O problema é que Antoine, Belle e Charles não podem votar baseados na intensidade de suas expectativas sobre cada proposta. O sistema de votação é uma camisa de força que elimina a informação. O voto pode nos dizer se a pessoa prefere tal ou tal desfecho, mas não o quanto ela prefere um ou outro. Se pudéssemos medir diretamente o quanto cada desfecho afeta o bem-estar de cada pessoa de nosso trio, poderíamos selecionar o desfecho mais favorável ao conjunto dos três. Por exemplo, se a restauração de Luís XVI custasse a cabeça do *próprio* Antoine, ao passo que a execução do rei causaria uma revolução altamente lesiva aos três votantes, embora em graus diversos, então a libertação de Luís XVI seria o melhor desfecho do ponto de vista dos três votantes. A votação normal não leva a esse desfecho.

O prêmio Nobel Kenneth Arrow, aluno de Vickrey e talvez o economista mais importante do século XX, iria mais tarde formalizar e generalizar esse argumento em seu famoso "teorema da impossibilidade", mostrando que nenhum sistema de votação em que os indivíduos classificam os candidatos é capaz de superar tais tipos de problemas.[16] Note-se, em contraste, que nas transações do mercado as pessoas podem sinalizar a intensidade de suas preferências de bens e serviços — propondo pagar menos ou mais. Esta é uma razão importante pela qual muitos economistas creem que o sistema de preços permite resultados eficientes, ao contrário do sistema de votação.[17]

Antecipando as percepções de Arrow, Condorcet acabou concluindo que não havia solução. Ao lhe pedirem no começo dos anos 1790 que elaborasse uma Constituição para o governo revolucionário, ele defendeu uma série de pesos, contrapesos e regras de supermaioria para limitar a democracia popular e proteger as liberdades individuais, de maneira muito similar ao que haviam feito seus predecessores americanos.[18] A preocupação de Condorcet com os paradoxos da votação prevaleceu claramente sobre sua confiança no Teorema do Júri. Seu pensamento e outras ideias correlatas se difundiram por toda a Europa continental e ajudaram a lançar as bases da democratização europeia ao longo do século XIX. No entanto, as democracias europeias padeciam de paradoxos ainda mais incômodos do que os descobertos por Condorcet.

Um deles é a votação estratégica, a ideia de que nos sistemas democráticos usuais, sobretudo aqueles como o sistema americano baseado na regra da pluralidade, os eleitores, ao decidir como votar, tendem a levar em conta o desejo de que "seu voto conte".[19] Por exemplo, nos Estados Unidos, predominam dois partidos e os eleitores em geral são obrigados a apoiar o vencedor das primárias de um ou do outro partido, mesmo que detestem os dois candidatos.[20] Como veremos adiante, esse problema se mostrou especialmente grave na eleição de 2016.

O exemplo mais alarmante, porém, foi a ascensão dos nazistas. Em seu livro *The Coming of the Third Reich* [*O Terceiro Reich no poder*], o historiador Richard Evans observa que os firmes defensores da extrema direita jamais ultrapassaram os 10% do povo alemão.[21] No entanto, na eleição de 1930, Hitler ganhou outros 10% de pessoas que votaram em protesto contra um sistema político que consideravam corrupto e insensível às suas necessidades, catapultando o partido nazista a uma posição de liderança como o principal partido de centro-direita no Parlamento alemão. Na eleição seguinte, em 1932, muitos alemães de classe média votaram nos nazistas como única possibilidade de impedir que o Terror Vermelho stalinista chegasse à Alemanha, dobrando a participação nazista e permitindo que Hitler se tornasse chanceler. Ao mesmo tempo, a aversão a Hitler levou muitos judeus, operários, minorias e esquerdistas a votar nos comunistas, reforçando assim o medo da classe média de que, caso Hitler perdesse, os comunistas dominariam. No ano seguinte, esse turbilhão de medo mútuo, violência e desconfiança desaguou na ditadura nazista.

Mesmo antes de eliminar todas as instituições democráticas, Hitler pôde esmagar os dissidentes, ao mesmo tempo fortalecendo seu respaldo popular. Como? Muitas de suas medidas iniciais para restringir a dissidência e os direitos da esquerda e dos grupos minoritários foram recebidas positivamente nessa atmosfera, e assim ajudaram Hitler a atrair para uma aliança os dois principais partidos da direita alemã dominante. Afinal, esses grupos eram *minorias,* e minorias impopulares e até perigosas. Mas o que a direita alemã mais tradicional não previu foi que, depois que comunistas e socialistas fossem eliminados do cenário político, o próximo alvo seriam os católicos de centro, com os quais ela se alinhava.[22] Depois disso, Hitler suprimiu seus aliados da direita tradicional e, em seguida, até mesmo grupos dissidentes dentro do partido nazista.

Em cada fase, Hitler gozava de apoio majoritário efetivo daqueles que restavam na política, de forma que, em certo sentido, cada expurgo era "democrático", mesmo minando a base universalista da democracia. Esta é a lógica da teoria do "ciclo majoritário" do cientista político Richard McKelvey: o governo da maioria que não tem um freio para a capacidade das maiorias de explorar e reprimir as minorias pode facilmente degenerar no governo de um pequeno grupo ou até na ditadura de um só.[23] Na famosa formulação do teólogo protestante alemão Martin Niemöller:

> Primeiro vieram buscar os socialistas, e não falei nada — porque eu não era socialista. Então vieram buscar os sindicalistas, e não falei nada — porque eu não era sindicalista. Então vieram buscar os judeus, e não falei nada — porque eu não era judeu. Então vieram me buscar — e não havia sobrado ninguém para falar por mim.[24]

A experiência da Europa continental com a democracia legou sérios alertas contra a regra da maioria e o voto per capita, quando não vêm acompanhados por sólidas proteções para as minorias ou para quem tem seus interesses desproporcionalmente atingidos por determinadas políticas. No entanto, assim como nos Estados Unidos, os europeus não descobriram nenhum caminho fácil para inserir essas proteções nos sistemas democráticos.

A Inglaterra

Ao contrário da Europa continental e dos Estados Unidos, a Grã-Bretanha se democratizou por meio de reformas graduais e não por convulsões repentinas. A Revolução Gloriosa e outros desdobramentos políticos instauraram no Reino Unido a supremacia do Parlamento sobre o monarca, na era do Iluminismo. O direito de voto ficou restrito a adultos do sexo masculino que tivessem renda fundiária mínima de quarenta xelins — menos de 1/30 dos britânicos.[25]

Mais ou menos na época da Independência americana, os Radicais Filosóficos ingleses começaram a pressionar para uma ampliação do direito de voto. O grupo, criado pelo político William Beckford e pelo filósofo Jeremy Bentham, defendia políticas públicas baseadas no princípio "utilitário" de "maior felicidade para o maior número". O trabalho deles levou à Lei da Reforma de 1832, que dobrou o direito de voto, incluindo todos os homens com bens no mesmo patamar anterior, mas eliminando a exigência de que fossem bens fundiários, e também redistribuiu os assentos no Parlamento para torná-los mais representativos. Os Radicais, porém, embora lutassem por representação mais ampla, estavam indecisos e divididos quanto à maneira de encaminhar esse avanço.

Para Bentham, a representação mais ampla deveria aproximar a política governamental de seu princípio utilitarista, mas, na defesa definitiva de suas doutrinas, em 1829, ele já previa o problema do ciclo majoritário que mencionamos antes, receando que uma maioria pudesse considerar vantajoso expropriar ou mesmo escravizar uma minoria.[26] Esse resultado, argumentava ele, não promoveria a maior felicidade do maior número porque as perdas dos escravizados seriam maiores do que os ganhos da maioria.

O legado de Bentham teve continuidade com seu colega mais próximo, James Mill, e seu filho John Stuart Mill. Pai e filho defendiam a ampliação do direito de voto, mas tinham sérias ressalvas quanto ao sufrágio universal a curto prazo. James acreditava que era necessária alguma restrição baseada nos bens, para evitar demasiada influência daquelas parcelas da sociedade para as quais a prosperidade da nação não guardasse nenhum interesse, mas defendia a extensão do voto à maioria dos homens.

John Stuart foi além, tornando-se o primeiro parlamentar a defender o voto das mulheres e, por fim, o voto universal. Mas também tinha receios quanto ao jugo da maioria, pois temia que as massas incultas exercessem uma influência política irrefletida. Defendeu por algum tempo um número maior de votos para os que tivessem longa formação ou grande interesse numa questão, mas logo abandonou essa proposta, considerando-a inviável devido à impossibilidade de determinar quem tinha esses conhecimentos ou interesses.[27] Sugeriu vários outros mecanismos para permitir que os de interesses e conhecimentos especiais tivessem maior influência, por exemplo dificultando e onerando o ato de votar em termos de tempo e viagem, de forma que somente os profundamente interessados pudessem exercer seu direito. Também defendia mandatos longos para dar maior independência a uma elite eleita e parcialmente representativa. Mas, ao fim e ao cabo, Mill se sentiu frustrado ante seus esforços de encontrar uma solução adequada para evitar a "mediocridade coletiva" que parecia se espalhar com o avanço da democracia no Reino Unido.

Radicalizando a democracia

Os criadores das democracias modernas, assim, construíram uma nova ordem política, mas ficaram um tanto preocupados com o resultado. A incapacidade de proteger os direitos da minoria, a tirania da maioria, as paradoxais vitórias dos maus candidatos, o uso repetido da regra da maioria para instaurar uma ditadura, a tendência da democracia em ignorar as posições dos mais instruídos — tudo isso refletia a incapacidade da democracia de atender à intensidade dos interesses e necessidades dos indivíduos e ao maior conhecimento ou preparo de determinados eleitores. Para pessoas com necessidades e interesses mais fortes, existe uma maneira melhor de alocar recursos e recompensar os que demonstram talentos ou percepções especiais: os mercados.

Mercados de decisões coletivas

A política cuida da criação de "bens" (que os economistas chamam de "públicos" ou "coletivos") que afetem amplas parcelas da população ou toda ela — em oposição aos "bens privados" trocados nos mercados tradicionais, para consumo próprio. Exemplos de bens públicos são o ar puro, a defesa militar e o saneamento básico. Os bens privados são correntemente alocados por meio dos mercados. Os bens públicos não podem se valer dos mercados usuais, pelo menos não com bons resultados. Como o lendário economista e prêmio Nobel Paul Samuelson explicou em seu artigo "A teoria pura do gasto público", de 1954, os mercados-padrão são concebidos para alocar bens privados para os que os valorizam mais.[28] Onde isso fica mais claro é no leilão — em que o lance mais alto é dado, imagina-se, pela pessoa que dá mais valor ao bem —, entretanto, o sistema de preços como um todo funciona como uma espécie de leilão descentralizado.

Mas a lógica dos bens públicos tem fundamento diverso: em vez de serem alocados ao indivíduo que mais os valoriza, o nível geral dos bens públicos precisa ser determinado de maneira a maximizar o bem total de todos os membros da sociedade. Para que as decisões coletivas sobre esses bens públicos tragam "a maior felicidade para o maior número", como propunha Bentham, é preciso que a voz de cada cidadão seja ouvida *em proporção* à importância daquele bem para aquele cidadão. Os mercados-padrão não são capazes disso porque os que mais se importam sempre estarão dispostos a pagar mais do que os outros.

Nos mercados convencionais, o custo de mais de um bem, como a comida, é proporcional à quantidade que se deseja daquele bem. Se você quer o dobro de hambúrgueres, normalmente pagará o dobro. Imagine tentarmos decidir dessa mesma maneira sobre os bens públicos. Suponha que todo cidadão fosse capaz de aumentar ou diminuir a quantidade de poluição pagando um preço proporcional à quantidade dessa alteração. A menos que esse preço fosse bastante alto, muitos cidadãos submeteriam demandas conflitantes para mudar a política; esse "excesso de demanda", num mercado normal, aumentaria o preço da influência. Ao fim, somente os poucos mais interessados na questão (de ambos os lados) terão alguma voz. Um mercado nesses moldes substituiria a tirania da maioria pela tirania do cidadão mais motivado — ou mais rico — a pagar mais que qualquer outra pessoa.

Esse argumento tem sido extremamente importante na explicação de muitos problemas da política moderna. Baseando-se nas ideias de Samuelson, o economista e cientista político Mancur Olson sustentou que pequenos grupos de interesses específicos organizados podem usar verbas, fazer lobbies e recorrer a outras formas de ação política para persuadir o governo a agir no interesse deles e não pelo bem público.[29] Grande parte do público desconhece questões complexas, como a regulação do sistema bancário, enquanto os bancos que podem lucrar com o governo financiam organizações lobbistas que controlam a agenda governamental. Muitos economistas são céticos quanto à tomada coletiva de decisões porque parece muito fácil de manipular.

Mas nem todos pensam assim. Aqui volta nosso herói, William Vickrey. Ele percebeu que o problema de aplicar o princípio do leilão à política não residia no leilão em si, mas na interpretação equivocada desse princípio. Como vimos, a venda de decisões políticas àquele que dá o lance mais alto leva a resultados terríveis, porque trata um bem público como se fosse privado. Vickrey percebeu que a ideia por trás de um leilão *não é* alocar o bem a quem deu o lance mais alto. Pelo contrário, é que *cada indivíduo deve pagar um montante igual ao custo que suas ações impõem a outros*.[30] Num leilão normal de bens de propriedade privada, essa "externalidade" da minha vitória é negar o bem a outro licitante, de modo que quem deu o lance mais alto vença ao preço igual ao lance perdedor do segundo lugar. Mas, como Edward Clarke e Theodore Groves perceberam separadamente nos anos 1970, uma década após o trabalho de Vickrey, esse princípio também sugere uma maneira de organizar decisões *coletivas* que produzam bens públicos, e não só mercados econômicos envolvendo bens privados.

No caso de decisões coletivas, as pessoas afetadas pelo possível bem público teriam o direito de votar o quanto quisessem, mas todos teriam de pagar o custo que seus votos impõem aos outros. Quando você compra cereal numa loja, o preço representa o valor do cereal em seu segundo melhor uso social. Assim, para comprá-lo, você precisa indenizar a sociedade por aquilo de que ela abre mão ao alocar o cereal a você. Quando você atropela alguém com seu carro, a lei determina que você indenize a pessoa pela lesão, pela dor e pelo sofrimento que lhe infligiu. Da mesma forma, ao votar, dever-se-ia pagar pelo dano que ganhar um plebiscito causa às pessoas (ou em outros tipos de eleição) em que se toma uma decisão coletiva. O que você paga equivale ao valor que seus concidadãos obteriam com o outro resultado de sua preferência, mas que lhes foi negado com o seu voto.[31]

Então, até que ponto esse esquema haveria de funcionar? Como calculamos o dano que uma pessoa causa a outras ao mudar uma eleição com seu(s) voto(s)? Um caminho possível foi dado poucos anos depois, pelo trabalho de Groves com o economista John Ledyard e em outro correlato, porém inédito, de Aanund Hylland e Richard Zeckhauser.[32] Eles perceberam que o preço que os indivíduos teriam de pagar para influenciar os bens públicos não deveria ser proporcional ao grau de influência de um indivíduo, mas *a seu quadrado*.

Vejamos um exemplo para entender o motivo disso. Uma usina elétrica beneficia todos os residentes de uma cidade ao fornecer energia a baixo custo, mas também emite poluição. Os benefícios da usina estão bem refletidos no preço que os moradores pagam pela energia, mas os danos causados pela poluição são incertos: entre eles estão possíveis efeitos negativos sobre a saúde, que dependem das condições de saúde dos moradores preexistentes, e maus odores, que podem incomodar algumas pessoas mais que outras. O governo pode emitir regulamentações que obriguem a usina a instalar maquinários para diminuir o grau de poluição, mas não sabe se ela irá mesmo fazê-lo. O governo pode emitir regulamentações cada vez mais rigorosas; quanto mais rigorosas elas forem, maior será a redução da poluição, mas também as contas de luz serão mais altas. A pergunta, então, diz respeito ao grau de preocupação das pessoas com a poluição. Para respondê-la, o governo pode fazer um plebiscito a fim de que o povo diga que nível de poluição acha tolerável.

Mas essa ideia padece do problema do jugo da maioria. A questão é que a maioria pode não se importar muito com a poluição e seu voto vencerá, mas haverá outras pessoas, provavelmente uma minoria, que se importam, e muito. Esse grupo pode incluir asmáticos, idosos e outras pessoas com problemas de saúde; naturalistas e pessoas que vivem ao ar livre e são sensíveis às condições naturais; donos de certos negócios, lavanderias ou perfumarias, por exemplo, que talvez precisem instalar equipamentos isolantes para proteger suas operações contra a poluição atmosférica. Se dermos importância ao bem-estar agregado ou geral de todos na cidade, precisaremos encontrar uma maneira de determinar se as fortes preferências da minoria ultrapassam as fracas preferências da maioria. Um plebiscito com base na regra da maioria não serviria a essa função.

Imaginemos que, em vez de realizar um plebiscito, a cidade fizesse uma experiência ambiciosa. Ela pede que cada cidadão informe o preço que cada unidade extra de poluição custará em dólares. (Em outros termos: quanto o cidadão estará disposto a pagar por aquela unidade extra?) A maioria pode estar disposta a arcar com um pouco de poluição que mal chega a ser perceptível, mas, quanto mais poluição houver, mais perigosa se torna cada unidade adicional. Os cidadãos preenchem um formulário indicando quanto valeria para eles impedir que a poluição aumentasse de uma para duas partes por milhão, de duas para três, de três para quatro, e assim por diante. Os economistas chamam esses números de "tabela de custo marginal". Para calcular, a cidade sabe qual é o valor da poluição: é apenas o preço de mercado (menos o custo) para a energia que seria produzida gerando tal poluição. Para determinar o melhor padrão, o governo compara essa tabela de benefícios da poluição com o custo total arcado por todos os cidadãos. O padrão ideal está no ponto em que o benefício da unidade seguinte de poluição é exatamente igualado pelo custo total para todos os cidadãos da unidade seguinte.

A figura 2.1 mostra essas relações como função da quantidade de poluição em partes por milhão.[33] A linha decrescente mostra o valor da atividade econômica que gera poluição, que diminui na medida em que a usina elétrica tem capacidade limitada e a cidade precisa apenas daquele tanto de energia, de forma que, quanto mais energia se produz, menos valor líquido ela tem. A primeira linha ascendente representa o custo marginal para um determinado cidadão, Nils, que tem uma lavanderia e por isso sofre os danos da poluição numa dimensão desproporcional. A linha ascendente do meio é o custo marginal total para outras pessoas, tirando Nils. A linha ascendente de cima é o custo marginal total da poluição para todos os cidadãos, que é a soma vertical das duas outras linhas ascendentes.

Se Nils não morasse na cidade, a quantidade ideal de poluição estaria no ponto mostrado pela base da linha tracejada da direita (ponto A), que é o ponto de interseção do custo dos outros, excluindo Nils, com os benefícios da poluição. Mas, considerando-se Nils, a poluição fica um pouco mais onerosa devido ao dano imposto a ele, e assim seu nível ideal cai para a base da linha tracejada da esquerda (ponto B).

Assim, quanto Nils teria de pagar para reforçar o padrão de ar puro que inclua seu bem-estar? Segundo Vickrey, Clarke e Groves, ele teria de pagar o tanto que sua almejada redução na poluição custa aos outros moradores da cidade (que, com isso, teriam os benefícios líquidos daquelas últimas unidades de energia elétrica negados). Esse custo adicional consiste no valor líquido que os outros teriam recebido se a poluição ocorresse em A em vez de B, isto é, num nível em que (para os outros) a poluição adicional valeria a pena para aumentar a produção de energia elétrica. Em outras palavras, como Nils tem uma lavanderia que é prejudicada pelo excesso de poluição, é preciso aumentar o preço da energia. Isso desencoraja a usar a quantidade de energia que beneficiaria mais aos outros do que a poluição prejudicaria a todos *com exceção de Nils*. A chegada de Nils altera a balança e esses usos passam a não valer a pena, eliminando assim o benefício líquido dessa produção de energia elétrica anterior à sua chegada. Nils teria de pagar o valor além do custo

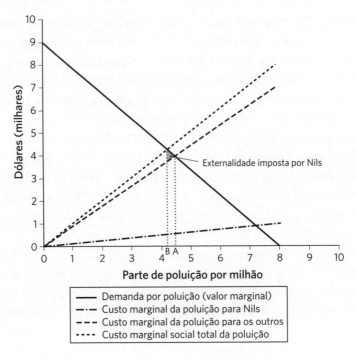

Figura 2.1. Determinando o nível ideal de poluição e quanto Nils deve pagar por sua solicitação.
Fonte: Adaptado de N. Tideman e F. Plassmann, *Public Choice*, 2017.
Disponível em: <https://doi.org/10.1007/s11127-017-0466-4>.

de produção que os outros teriam ganhado com a energia elétrica, caso não reivindicasse menos poluição. Essa quantidade é dada pelo triângulo sombreado da figura.

Como é um triângulo, sua área total aumenta ao *quadrado* da distância entre B e A. É a isso que chamamos crescimento "quadrático" — baseado, isso mesmo, naquela mesma função quadrática que vimos no capítulo 1. Para entender melhor esse aumento quadrático, imaginemos que, além de ter uma lavanderia, Nils sofresse de uma asma terrível e sua tabela de custos fosse o dobro. A distância entre as tabelas de custo com e sem Nils seria o dobro do que era. Claro que isso levaria a distância entre A e B a aumentar (a dobrar, para sermos exatos). No entanto, levaria a distância vertical em B entre as linhas a dobrar também. Como a área de um triângulo é a metade do produto de sua base pela altura, isso significa que registrar duas vezes o dano e causar uma redução dobrada na poluição custaria o quádruplo a Nils. De modo mais geral, o efeito proporcional sobre a altura e o comprimento do triângulo implica um aumento quadrático dos pagamentos na quantidade de influência de um indivíduo. Nils, assim, teria de pagar na distância entre B e A *quadraticamente*, ou seja, o pagamento teria de ser proporcional à *área* do triângulo com dois lados do comprimento (proporcional) à distância de B a A, e não apenas proporcional ao *comprimento* de B a A.

Outra maneira de exprimir isso é que, quando Nils procura maiores reduções na poluição, suas demandas se tornam mais onerosas para os outros, e de duas maneiras diferentes. Primeiro, ele está querendo uma redução maior na poluição, o que prejudica diretamente os outros ao impedir que consumam a energia elétrica cujo custo (para todos, tirando Nils) estariam dispostos a pagar. Mas, em segundo lugar, ele está pedindo que se elimine a atividade econômica geradora de poluição que é *crescentemente benéfica*. Enquanto os custos e benefícios de uma ligeira redução abaixo de A estão perfeitamente equilibrados para os outros, com exceção de Nils, uma vez que a poluição tenha sido ligeiramente reduzida, começamos a nos aproximar de usos da energia mais produtivos, em que os benefícios superam significativamente os custos. Assim, ao procurar uma maior redução da poluição, Nils está reivindicando não só isso, mas também uma diminuição maior de custo marginal. O custo dele em sua solicitação teria de aumentar não linearmente, mas quadraticamente. Se imaginarmos um triângulo assim (◄), teremos uma representação quase perfeita do efeito da decisão de Nils. Com cada redução incremental na poluição (na horizontal), o dano aos outros se torna mais "largo" (na vertical).

Descrevemos uma forma altamente idealizada de como a cidade poderia tomar uma decisão coletiva que agregasse o bem-estar de todos, em vez de permitir que uma maioria ditasse resultados que a beneficiassem em detrimento dos demais. Mas poderiam de fato as pessoas fornecer tabelas de custo tão complexas? É uma pergunta válida — as intuições de Vickrey, Clarke e Groves não levaram a reformas práticas. Iriam se passar mais trinta anos antes de os economistas enxergarem como empregar essas ideias na elaboração de um sistema de votação.

Votação quadrática

Um de nós, voltando da viagem ao Rio de Janeiro em 2007, mencionada no prefácio, ficou fascinado com a questão de agregar uma área. Enquanto imaginava como se daria uma votação em que os donos dos imóveis decidiriam aceitar ou não a proposta de um incorporador sem prejudicar os poucos donos que realmente quisessem ficar com suas casas, em 2009 ele se deparou com uma solução que permite a aplicação prática da ideia Vickrey-Clarke-Groves a uma votação concreta.[34]

Para ver como ela funciona, retomemos o exemplo apresentado no começo deste capítulo. Vamos supor que o Japão realiza plebiscitos periódicos sobre questões importantes, como o controle de armas ou a reforma da imigração. Todo cidadão recebe a cada ano uma provisão de "créditos de opinião", que pode gastar nos plebiscitos daquele ano ou economizar para o futuro, como fez Kentaro. Para converter os créditos em votos, o votante pode devassar seu estoque e gastar o quanto quiser para comprar votos — mas o custo do número de votos é o quadrado do número de créditos de opinião. Assim, chamamos esse sistema de "votação quadrática" (vQ). Um voto custa um crédito de opinião, que a partir de agora designaremos como Q1. Com Q4, você compra dois votos (raiz quadrada de quatro), com Q9 você compra três, e assim sucessivamente. A raiz quadrada também é conhecida como "radical" (outro termo para raiz), daí a "democracia radical" — que é uma espécie de mercado radical, só que para bens públicos, em vez de privados. Vence-se o plebiscito se os votos a favor superarem os votos contra.

Consideremos o plebiscito sobre o controle de armas em que Kentaro votou. Todos os japoneses têm direito de votar contra a proposta ou a favor dela. Eleitores rurais como Kentaro são vigorosamente favoráveis à proposta. Em nossa historieta, ele gasta Q400 para vinte votos; outros votantes rurais gastam Q81 para nove votos, Q121 para onze, e assim por diante. A maioria da população japonesa mora em cidades e desaprova o porte de armas. Mas os citadinos têm, em sua maioria, outras prioridades, e não se preocupam tanto com o controle de armas, em vista do baixo índice de criminalidade no Japão e porque a reforma proposta isenta as áreas urbanas; eles compram um voto por Q1 ou dois votos por Q4. O governo faz a contagem; se o número de votos favoráveis ao direito de armas superar o de votos contrários, a reforma será adotada. Na historieta, a intensidade do apoio de Kentaro e outros votantes de áreas rurais é suficiente para prevalecer e superar a morna oposição dos moradores urbanos.

Esse sistema permite que as pessoas votem de uma maneira que reflita a intensidade de sua preferência. Elimina-se o principal defeito do sistema atual, que consiste em cada um só ter três opções a seu dispor: *sim, não* e *indiferente*. Isso possibilita duas coisas importantes. Primeiro, uma minoria fervorosa pode vencer uma maioria indiferente, resolvendo o problema da tirania da maioria. Segundo, o resultado da votação maximizará o bem-estar do grupo inteiro, e não apenas o bem-estar de um subconjunto em detrimento de outro.

Mas lembremos que, para que isso se verifique, pela regra de Samuelson, todo cidadão deve votar *proporcionalmente* à importância que confere à questão. Como é que a VQ consegue isso, evitando os aproveitadores?

Tenhamos em mente que o problema de um modelo-padrão de precificação dos bens públicos, em que a influência se baseia numa relação um para um com o valor que se paga, é que os mais interessados numa questão querem comprar todos os votos, enquanto os que se importam pouco não compram nenhum. A questão é que os votos são baratos demais para quem se importa muito, mas caros demais para quem se importa pouco. A maneira de resolver o impasse é tornar o *voto seguinte* mais caro para os que já compraram muitos votos do que para os que estão comprando seu primeiro voto. Isso pode levar os que se importam pouco a comprar pelo menos alguns e impedir que os que se importam muito comprem demais. É exatamente isso o que faz a VQ, como ilustramos na tabela 2.1, que mostra o custo total dos votos e o custo marginal (o custo do voto seguinte).

O que importa não é tanto o custo total de cada montante de votos, mas o fato de que o custo *marginal* de dar o *próximo* voto aumenta proporcionalmente ao número de votos dados. A tabela mostra o custo marginal de dar um voto como função do número de votos dados, e que é sempre (dentro de Q1)[35] proporcional ao número de votos dados. O custo marginal de quatro votos é o dobro do de dois votos (Q7 em vez de Q3); o de oito é o dobro do de quatro (Q15 em vez de Q7), e assim por diante. Por isso, essa regra quadrática é a única que leva os indivíduos racionais a comprarem votos em proporção ao interesse e ao conhecimento que têm sobre a questão, conforme explicado.

Se com todas as outras variáveis iguais o valor que Kentaro dá a um resultado favorável é o dobro do valor que sua vizinha Meiko daria para que fosse favorável a ela (que é contrária aos direitos de armas), Kentaro pagará marginalmente o dobro do que Meiko pagaria. Por exemplo, ele compra dezesseis votos, enquanto ela compra oito. O número exato de votos comprados por Kentaro e Meiko depende de suas estimativas quanto à probabilidade de que seus votos sejam cruciais ou de outras razões que os motivam a votar. Assim, se Kentaro compra dezesseis por Q256 (16^2), isso não significa que o valor que ele deposita no projeto seja igual ao valor de Q31. Mas, supondo que Kentaro e Meiko tenham graus semelhantes de motivação para votar em proporção a o quanto se importam com a questão, isso realmente significa que Kentaro sempre votará o dobro de Meiko.

A VQ alcança um equilíbrio perfeito entre os problemas do aproveitador e do jugo da maioria. Se o custo de votar aumentasse mais agudamente — digamos, como o quarto poder dos votos dados —, os indivíduos com preferências fortes votariam muito pouco e voltaríamos a uma tirania parcial da maioria. Se o custo da votação aumentasse mais devagar, os indivíduos com preferências fortes teriam voz demais, e prevaleceria um problema parcial do aproveitador.

Votos	Custo total	Custo marginal
1	Q1	Q1
2	Q4	Q3
3	Q9	Q5
4	Q16	Q7
5	Q25	Q9
6	Q36	Q11
7	Q49	Q13
8	Q64	Q15
16	Q256	Q31
32	Q1024	Q63

Tabela 2.1. Votos e respectivos custos com a vq.

Assim, com a vq, as comunidades podem determinar qual é o grupo de pessoas — de apoio ou de oposição — disposto a ceder mais voz total em favor do projeto, embora não saiba quanto cada indivíduo (ou o grupo) valoriza o projeto. O fundamental é que a vq dá peso tanto aos números quanto à intensidade dos interesses. Um grupo grande de pessoas com preferências fracas poderia vencer um outro muito pequeno com preferências fortes, mas não um grupo um pouco maior de pessoas com preferências fortes.

A vq não alcança perfeitamente a plena felicidade do maior número de pessoas, a que chamaremos "idealidade", só o faz de maneira aproximada. A qualidade dessa aproximação varia conforme os diferentes indivíduos tenham ou não o mesmo grau de motivação para votar proporcionalmente ao valor que atribuem à mudança do resultado. Para os indivíduos perfeitamente racionais e egoístas, que só se importam com o resultado da votação, a única motivação para votar é a chance de que seu voto mude o resultado. Para esses indivíduos, as condições em que a VQ alcança a idealidade estão estreitamente ligadas às condições para a concorrência perfeita numa economia de mercado.[36]

Mas, quando os cidadãos não são perfeitamente racionais e egoístas, a VQ pode incorrer em problemas maiores. Se os cidadãos votam por razões diferentes de seu estreito desejo de influir no resultado que mais almejam, a VQ funcionará bem desde que essas outras motivações não estejam, em larga medida, correlacionadas (em proporção aos valores individuais) com a forma como esses indivíduos são afetados pela questão em pauta. Se, por exemplo, os defensores do controle de armas não se importam realmente com a questão, mas são induzidos por motivos sociais a lhe dar muitos votos favoráveis, ela pode ser aprovada embora fosse apropriado que falhasse, a menos que motivos sociais similares levassem os proponentes a votarem mais.[37] Também é possível que surja um problema semelhante devido a mancomunação, a compra de votos ou a fraude, assim como nos sistemas per capita.[38] Tal como o voto per capita, as precauções contra tais possibilidades exigirão a aplicação rigorosa da lei contra fraudes e abusos, a prevalência de normas sociais contra pressões, compras de votos e mancomunações, e um senso de dever cívico para que o indivíduo participe em proporção a seu conhecimento sobre o assunto.

Uma questão mais fundamental levantada pela VQ se refere à noção de valor ou "felicidade" que ela maximiza ou deveria maximizar. Isso nos leva a um problema essencial: como podemos medir a "plena felicidade do maior número de pessoas"? Como é possível comparar a felicidade de um indivíduo com a felicidade de outro? Muitos economistas afirmam que essa tarefa é inexequível. Sugerem que o máximo que podemos esperar é garantir uma condição em que não seja possível aumentar a felicidade de alguém sem diminuir a de outro, condição esta chamada de *eficiência de Pareto*, e que a felicidade total seja distribuída de maneira justa.

Assim como os mercados, a VQ assegura (de maneira aproximada) a eficiência de Pareto. Uma noção natural de justiça é dividir igualmente a influência sobre os bens públicos: conceder a todo indivíduo uma dotação igual de influência ou voz, medida em unidades dessa voz.[39] Se os mercados com rendas iguais constituem um modelo natural de distribuição justa de bens privados, sustentamos que a VQ com voz igual é um modelo natural de escolhas justas em decisões coletivas.[40]

A VQ atende ao problema das intensidades variáveis das preferências, concedendo aos que têm preferências mais fortes uma maneira de influir no resultado proporcionalmente à força dessas suas preferências. Ainda podem perder para a maioria, mas não perderão para uma maioria de preferências fracas (a menos que seja esmagadora). As maiorias prevalecem sobre as minorias — como de fato devem — quando as intensidades de todos são semelhantes. Mas, quando as minorias têm interesses de suficiente intensidade, elas podem proteger seus interesses diante da dominação da maioria. Além disso, como voltaremos a ver, a VQ oferece uma solução satisfatória aos paradoxos da democracia que abordamos no começo deste capítulo.

A VQ na real

Os sistemas políticos demoram a mudar. Por que alguém iria querer adotar a votação quadrática sem ter nenhuma prova de que funciona de verdade? Para solucionar essa dúvida, criamos uma empresa, QDecide (pronuncia-se Q-Decide, e antes se chamava Collective Decision Engines), a fim de comercializar a VQ para finalidades práticas do cotidiano. Essa iniciativa nos tem possibilitado testar, aprender e aperfeiçoar a VQ. Esperamos que essas investigações lancem as bases para a VQ no âmbito político. A seguir, algumas utilizações que fizemos até agora.

Pesquisas de opinião e de mercado

As pesquisas de intenção de voto começaram como uma forma de prever resultados eleitorais, e de fato a apuração frenética das apostas nos páreos continua a ser o sustentáculo do setor. Muito mais útil para ajudar os líderes políticos a moldar suas políticas de governo, porém, é a saraivada de pesquisas de opinião que procuram medir as posições do eleitorado e a intensidade delas. O método mais comum é a "técnica de medição das atitudes", proposta pelo psicólogo Rensis Likert em 1932.[41] Num levantamento de Likert, pede-se aos participantes que classifiquem uma série de questões numa escala que vai de "discordo totalmente" a "concordo totalmente", ou algo semelhante. Os participantes podem escolher qualquer ponto que quiserem dentro dessa escala.

Na prática, a maioria dos participantes em pesquisas Likert se concentra nos extremos, o que não chega a surpreender. A figura 2.2 nos dá um exemplo. "Totalmente contra" equivale a menos três pontos, e "totalmente a favor" equivale a três, com as opiniões mais moderadas distribuídas no intervalo entre elas. A distribuição das respostas tem o formato típico de um W, com muitos participantes se concentrando nos extremos, alguns expressam indiferença e poucos estão entre esses dois intervalos. A maioria dos pesquisadores concorda que o formato em W não mostra a real distribuição das preferências, que na verdade é mais parecida com uma curva normal ou senoidal. No caso do direito ao aborto, por exemplo, a maioria se situa no meio e há um número pequeno de participantes extremamente pró ou contra. Mas, como o teste Likert não obriga os consultados a mostrarem a verdadeira intensidade de suas preferências, eles tendem a exagerar — a "gritar" suas posições, dizendo-se "totalmente" a favor ou contra, em vez de "só um pouco". Constatamos o mesmo padrão nas avaliações registradas na Amazon: praticamente todos dizem amar (cinco estrelas) ou detestar (uma estrela) um produto, enquanto o provável é que a maioria fique no meio. E, mesmo quando as pessoas tentam responder com precisão, o teste Likert revela muito pouco. Quando uma pessoa diz que se opõe "totalmente" ao aborto, isso significa que ela votará contra qualquer candidato que apoie a prática ou esse é apenas um entre muitos fatores que levará em conta?

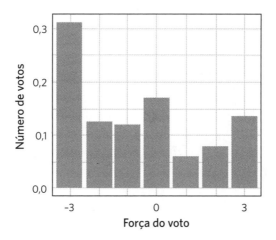

Figura 2.2. Frequência das posições de manifestação dos participantes, que vai de forte discordância a forte concordância em relação à proibição nacional do aborto nos Estados Unidos.
Fonte: Adaptado de David Quarfoot, Douglas von Kohorn, Kevin Slavin, Rory Sutherland, David Goldstein e Ellen Konar, "Quadratic Voting in the Wild: Real People, Real Votes". *Public Choice*, v. 172, pp. 283-303, 2017, p. 6.

A votação quadrática oferece uma solução para esse problema. Em vez de permitir que os participantes expressem livremente qualquer posição, uma pesquisa baseada na VQ concede um pacote de créditos de opinião para cada um, que pode gastar como quiser no leque de questões disponíveis. Patenteamos o uso da VQ e métodos correlatos de solicitar digitalmente as opiniões. A figura 2.3 mostra a interface do programa, chamado weDesign, desenvolvido por nosso colega Kevin Slavin e outros em QDecide, para possibilitar essa implementação.

Os participantes começam com um conjunto de créditos e podem usá-los para "comprar" quantos votos quiserem a favor ou contra cada assunto. O custo nos créditos de votos é, evidentemente, quadrático. Embora essa relação pareça abstrata e complicada ao ser descrita matematicamente, ela é simples e intuitiva para a maioria dos usuários ao lidarem com essa maneira tátil e visual: os par-

Figura 2.3. Um usuário interagindo com o programa weDesign da QDecide num iPhone. Foto: CDE.

ticipantes veem seus créditos minguarem cada vez mais depressa à medida que expressam suas opiniões. Mesmo quem detesta matemática navega com tranquilidade pelo sistema.

Os participantes são convidados a usar seus pacotes fixos para comprar votos sobre um amplo leque de questões: aborto, assistência médica, salário mínimo etc. Se um participante se importa realmente com uma única questão (o que é muito improvável), ele gastará todo o seu pacote de créditos para comprar um número relativamente pequeno de votos para tomar posição em apenas uma questão. Se várias o interessam, terá de decidir como distribuir seus votos entre elas. Por exemplo, pode descobrir que, embora se importe bastante com a descriminalização do aborto, não quer gastar tantos créditos para votar a favor a ponto de não conseguir comprar sequer um único voto para expressar uma posição sobre assistência médica ou salário mínimo.

Em geral, os participantes (sobretudo os que têm menos instrução formal em matemática) logo se veem tolhidos, com os créditos se acabando, e depois retomam o curso correto. O economista Sendhil Mullainathan e o psicólogo Eldar Shafir mostraram em seu livro de 2013 que, ao incorrerem nesse tipo de "escassez", os participantes rapidamente concentram a atenção e concluem a pesquisa com prudência.[42] Na prática, o programa também parece suscitar nos usuários um envolvimento profundo: em geral se gasta um terço a mais de tempo com pesquisas VQ do que numa Likert, muito embora a mesma porcentagem tenha completado a pesquisa em ambos os casos. Os participantes de pesquisas VQ também se comportam mais ativamente, sendo muito mais costumeiro que revejam suas respostas de forma a refletir suas preferências com acerto e muitas vezes fornecendo feedback e comentando como a pesquisa os ajudou a conhecer suas próprias preferências com maior clareza, ao obrigá-los a fazer escolhas difíceis e até frustrantes.

Para testar se a pesquisa VQ consegue resolver os problemas da pesquisa Likert, o cientista-chefe de dados da QDecide e agora professor de educação matemática David Quarfoot, junto com vários coautores, realizou em 2016 um levantamento de representatividade nacional com milhares de participantes, tomando versões de uma mesma pesquisa usando Likert, VQ ou de ambas, dependendo do grupo para o qual eram designados.[43] A figura 2.4 mostra um conjunto representativo de respostas sobre acabar com o Obamacare, apresentando a pesquisa Likert à esquerda (com seu típico formato em W) e os resultados da VQ à direita.

Dois pontos merecem atenção. Primeiro, a VQ produz uma distribuição mais ou menos senoidal, o tipo de distribuição de respostas que caracteriza a maioria das preferências individuais. Assim, os resultados da VQ, como representação das preferências da população, são muito mais plausíveis do que a forma artificial em W da Likert.[44] Segundo, a Likert oculta o leque de intensidade das preferências ao agrupar todas ou quase todas as respostas nos extremos, ao passo que a VQ revela essas gradações. A VQ mostra, por exemplo, a maior intensidade das preferências em acabar com o Obamacare, em comparação às favoráveis em manter o sistema de assistência médica, o que ajudou no sucesso dos republicanos na eleição de 2016.

Uma boa ilustração desse segundo ponto é a figura 2.5, que mostra os padrões de voto para dois votantes diferentes que expressaram a mais extrema preferência em quase todas as questões na Likert. A pesquisa envolvia dez questões de política pública, e os participantes nos dois casos cederam à tentação, possível na Likert, de dizer que se importavam ao máximo (fosse contra ou a favor) em quase to-

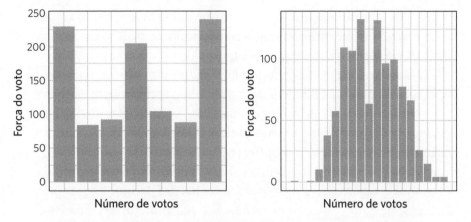

Figura 2.4. Opiniões dos participantes sobre o Obamacare numa pesquisa Likert padrão (à esq.) e numa pesquisa VQ (à dir.). A "força do voto" nos dois gráficos representa o grau de apoio (à esq.) ou de oposição (à dir.) ao Obamacare.
Fonte: Adaptado de David Quarfoot, Douglas von Kohorn, Kevin Slavin, Rory Sutherland, David Goldstein e Ellen Konar, "Quadratic Voting in the Wild: Real People, Real Votes", op. cit., p. 6.

das elas. Isso não é possível na VQ. Nela, o participante da esquerda mostrou que de fato tinha um interesse razoavelmente forte numa série de questões, mas em graus variáveis. Já o votante da direita se importou apenas com três questões, e em graus variáveis. Toda essa riqueza de preferências individuais fica oculta na Likert, mas é revelada pela VQ. Quarfoot e seus coautores mostram que esses detalhes adicionais previam a disposição dos participantes em proceder a ações que lhes eram potencialmente onerosas, indicando que suas descobertas eram significativas e não ilegítimas. Perguntaram aos participantes se queriam receber e-mails com questões variadas, e descobriram que a probabilidade de que um participante se inscrevesse para receber os e-mails era prevista pela variação na intensidade das preferências revelada nos resultados da VQ e ausente nos resultados da Likert. Outra pesquisa VQ mostrou uma estreita correlação entre os votos na VQ e as intenções de presença nos plebiscitos.[45]

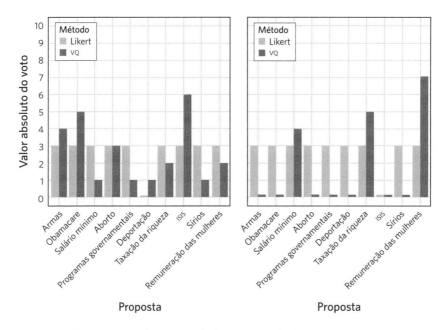

Figura 2.5. As distintas preferências na vq de dois participantes que votaram nos extremos em quase todas as questões na Likert.
Fonte: CDE.

Dirigentes, campanhas políticas e cientistas políticos têm começado a examinar se o uso da VQ para suscitar opiniões públicas lhes permite responder com mais precisão às questões tão fundamentais para suas atividades: como montar uma plataforma e chegar a soluções conciliatórias que respeitem as opiniões fortemente defendidas por um amplo conjunto de cidadãos? Nos próximos anos, as experiências com a VQ oferecerão um campo de provas de sua utilidade prática.

Classificação e agregação social

Os sistemas de classificação e agrupamento social alimentam a economia digital de hoje. Os sistemas de reputação são os mecanismos de confiança mais importantes, que permitem a serviços da "economia compartilhada", como Airbnb, VRBO, Uber e Lyft, conquistar a aceitação do consumidor, além de oferecer aos provedores segurança para adotar o sistema.[46] Eles desempenham um papel central nos serviços de busca oferecidos pela Amazon, pelo Google, pela loja de aplicativos da Apple e pelo Yelp. No entanto, há um volume crescente de indicações de que esses sistemas têm falhas graves. Como notamos anteriormente, quase todas as avaliações se concentram em cinco estrelas e poucas em uma estrela, de forma que o feedback obtido é distorcido e "com ruídos", como dizem os estatísticos, ou seja, não é muito preciso.[47] Outras plataformas on-line, como Facebook, Reddit, Twitter e Instagram, reúnem informações limitadas porque permitem apenas o botão "curtir" e outras reações restritas, em vez de possibilitar que os participantes mostrem entusiasmo ou aversão excepcionais por determinado conteúdo.

Com a VQ, os usuários receberiam créditos de opinião pela participação (digamos, uma certa quantidade para cada permanência, passeio ou postagem), que então poderiam usar para avaliar o desempenho de outros no sistema. O custo dos votos a favor e contra aumentaria quadraticamente e os participantes poderiam poupar seus créditos para interações futuras ou usar a poupança de créditos naquelas que, no momento, despertam com mais força seus sentimentos. Tal sistema reúne o melhor das dicas de recomendação e do sistema de classificação, criando um custo real para expressar entusiasmo, mas também desencorajando que apenas se aproveite o embalo e permitindo que outros participantes se beneficiem com o feedback dado.

Uma versão desse sistema está em fase de implantação numa rede social chamada Akasha, baseada na criptomoeda Ethereum, que tem conquistado uma importância cada vez maior.[48] A VQ se adapta bem à estrutura das criptomoedas, que exigem regras formais de governança para a gestão descentralizada em que se baseiam, de modo que é natural usá-la para a agregação social nesse contexto. No entanto, sua exata implementação ainda não é clara e não está disponível ao público no momento em que escrevemos; muitas coisas no mundo das criptomoedas são secretas. Mas confiamos que o uso mais amplo da VQ nesses contextos fornecerá um teste mais poderoso do que as pesquisas de opinião política para mostrar como a VQ funcionaria se fosse adotada em cenários sociais em que as normas e valores se adaptassem a seu uso.

Aplicações mais amplas

As aplicações comerciais da VQ, porém, não se encerram aí. As decisões coletivas permeiam toda a nossa sociedade e economia. As corporações são governadas por grupos de acionistas e precisam responder às demandas dos grupos de funcionários.[49] Os imóveis residenciais e comerciais são muitas vezes governados por cooperativas, em que os coproprietários votam em questões de interesse comum. Os grupos de leitura, as guildas de guerreiros em games on-line com grande número de jogadores, associações, clubes, amigos escolhendo um restaurante, empresas iniciantes contratando novos funcionários, patronos universitários alocando doações, vaquinhas virtuais patrocinando novos produtos, cidadãos financiando campanhas e colegas de trabalho marcando um encontro — todos eles precisam tomar frequentes decisões coletivas que envolvem todos os membros.

A maioria das pessoas compartilha sua vida dessas e de outras maneiras. Mas, como não existe nenhum bom mecanismo para tomar decisões coletivas, esses aspectos da vida com frequência são altamente frustrantes, levando muita gente a evitá-los sempre que possível. Uma solução inconveniente, mas muito comum, para o tormento de ficar discutindo com os outros condôminos se vão reformar o teto do edifício neste ano ou no ano que vem é ter casa própria. Se fosse possível inventar um mecanismo melhor e usá-lo como método-padrão para ajudar as pessoas a tomar decisões de grupo em diversos âmbitos da vida, os aspectos compartilhados se expandiriam e os privados se reduziriam. A VQ, baseada numa plataforma que permite que as pessoas votem em escolhas coletivas em muitas áreas da vida, seria um passo nessa direção.

Mas o verdadeiro objetivo é estender a vq às decisões políticas. Como seria um sistema assim?

Democracia elevada ao quadrado

Eleições com múltiplos candidatos e um vencedor

Lembremos que, em muitos sistemas de voto per capita, os eleitores podem se encontrar na posição de ter de votar no mal menor, levando à possibilidade da vitória de um candidato que ninguém aprecia, devido a um ciclo de medo frente a outros candidatos na liderança.[50] Um exemplo recente é a eleição presidencial americana de 2016, em que os dois candidatos dos principais partidos eram amplamente detestados, enquanto outros membros de seus partidos tinham grande apoio público. A vq, quando devidamente aplicada a eleições com múltiplos candidatos, elimina essa possibilidade.[51] Em tal sistema, os eleitores podem dar quantos votos quiserem a favor ou contra qualquer candidato. O custo total em créditos de opinião seria a soma dos quadrados de todos os votos nos candidatos individuais: o custo quadrático incide no nível do candidato, não no da eleição.

Por que esse sistema de vq evitaria as armadilhas criadas pela votação estratégica? Lembremos que a força motriz por trás dela é o fato de que os eleitores se sentem levados a votar num dos dois principais candidatos para evitar "desperdiçar" seu voto. Propomos um sistema em que os votos poderiam ser a favor ou *contra* os candidatos, e a pessoa poderia votar a favor ou contra quantos candidatos quisesse. Em decorrência da precificação quadrática, sai mais barato dividir os créditos entre votos no candidato que se quer e votos contra seu(s) adversário(s) do que gastar os créditos apenas no candidato desejado. Isso significa que qualquer eleitor propenso a votar no péssimo candidato A só para prejudicar o pavoroso candidato B também poderia registrar sua oposição a B em medida ainda maior. Esses votos estratégicos, assim, anulariam e afundariam os dois candidatos objeto de amplo desprezo — quaisquer que fossem —, permitindo a ascensão de candidatos menos detestados. Com efeito, para ter votos positivos, qualquer candidato teria de ser mais estimado do que a maioria.[52]

No exemplo americano de 2016, podemos arriscar um palpite sobre o que aconteceria na VQ com base nas pesquisas Likert feitas durante a campanha acerca da intensidade de preferência pelos candidatos. Entre os principais candidatos considerados na pesquisa, o que teria maior probabilidade de vencer na VQ seria um candidato republicano moderado consensual.[53] O vencedor da eleição, Donald Trump, estaria em último lugar.

Mas, para além desse resultado específico, essa lógica sugere que a VQ não se limita a plebiscitos binários nem a decisões contínuas sobre bens públicos. Para praticamente qualquer problema de decisão coletiva, existe alguma forma de VQ que atinge o resultado socialmente ideal. Desse modo, a VQ oferece uma base coerente para um sistema democrático completo.

Democracia representativa

A elaboração de um sistema representativo não está entre os objetivos deste livro, mas apresentamos aqui algumas ponderações. A votação de representantes num sistema da VQ poderia assumir várias formas. Considere-se, entre muitas abordagens possíveis, um sistema o mais similar possível ao sistema político dos Estados Unidos, mas com eleições conduzidas com o uso da VQ. O sistema VQ operaria no nível do cargo — distrital para representantes locais, estadual para senadores e nacional para presidente. Em cada eleição, o eleitor poderia gastar qualquer montante de seu pacote de créditos em quantos votos lhe fosse possível, distribuídos entre todos os candidatos em todos os níveis — a favor, contra ou zero. Isso permite que os eleitores se concentrem no nível de governo que mais lhes importa — talvez mais local no caso de pessoas com raízes em sua comunidade, talvez mais nacional para pessoas jovens e de maior mobilidade. A teoria por trás da VQ se aplica aos representantes da mesma maneira que se aplica aos plebiscitos. No sistema da VQ, será escolhido o representante do qual se espera um desempenho que maximize o bem-estar agregado dos eleitores. Sabendo disso, os candidatos escolherão posições que maximizem o bem-estar de seus eleitorados — assim como, sob a regra da maioria, escolhem posições que incluam as preferências dos eleitores indecisos.

Com o tempo, a VQ poderia ser aplicada ao próprio órgão representativo. Todo legislador, ao ser eleito, receberia uma certa quantidade de créditos de opinião e poderia alocá-los entre as questões mais importantes para seu eleitorado. As instituições representativas enfrentam o mesmo problema do agrupamento de preferências que se constata nas votações de tipo plebiscitário. Cada representante serve a um grupo específico de eleitores com interesses específicos. Uma determinada lei afetará esses grupos de maneiras diversas — alguns serão afetados em grande medida, outros praticamente nada. Isso significa que os representantes que querem ser reeleitos também terão interesses variados na aprovação do projeto de lei.

No sistema atual, os líderes dos partidos precisam subornar, bajular e ameaçar os parlamentares. A Lei de Estabilização Econômica de Emergência de 2008, necessária para socorrer a crise financeira, foi inicialmente reprovada na Câmara. Os líderes só conseguiram a aprovação do projeto de lei depois de uma série de concessões, inclusive uma redução na tabela de depreciação para reformas em imóveis de restaurantes, a ampliação de créditos tributários para instalações de energia solar e subsídios ou isenções fiscais para uma série de entidades, como produtoras de cinema e televisão, fabricantes de rum em Porto Rico e nas Ilhas Virgens, instalações de autódromos, fabricantes de artigos de lã e flechas de madeira de brinquedo. No entanto, em cada "história de sucesso" feia como essa, há sempre uma negociação corrupta que prejudica o país e gera anos de obstrução. Com a VQ, os parlamentares cujo eleitorado se importa pouco com certas leis pouphariam seus créditos para uma votação futura, enquanto aqueles cujo eleitorado se importa muito teriam papel decisivo contra ou a favor.

Embora seja uma base melhor para decisões coletivas, a vq, como o voto per capita, é mais um paradigma fundador do que uma regra literal para a tomada de decisões coletivas. Muitas instituições surgiriam em torno da vq e iriam incorporá-la numa tal variedade de maneiras que é até difícil de imaginar. Mas confiamos que o potencial da vq é evidente.

A natureza da moeda e a abrangência da troca

A aplicação da vq em pesquisas de opinião não permite uma plena expressão da intensidade de preferências porque os participantes que se importam com *todas* as questões mais intensamente do que outras pessoas não dispõem de nenhuma maneira de revelar isso. Alguns não se interessam muito por política, outros se interessam bastante. Este segundo grupo poderia estar disposto a ceder algo que lhe importa — dinheiro, por exemplo — a fim de ter maior influência do que o primeiro. Mas a pesquisa não o permite.

Considere-se uma analogia econômica com bens particulares. Se a única troca possível é, digamos, a troca de frutas, todos terão suas frutas preferidas, mas as pessoas que produzem frutas não terão como vendê-las para adquirir outros produtos de necessidade. A divisão do trabalho e os benefícios do comércio dependem da ampliação da abrangência da troca. O mesmo se aplica à vq: quanto mais usos os créditos de opinião tiverem, mais benefícios a vq trará, ao dar mais liberdade aos indivíduos para escolherem como e onde usar sua influência.

Evidentemente, tal liberdade traz riscos. Assim como algumas pessoas precipitadas esbanjam suas poupanças em bens e serviços, a possibilidade de poupar e gastar a poupança (ou talvez até o empréstimo) de créditos votantes poderia deixar alguns indivíduos vulneráveis. Mas no geral cremos que, com as regulamentações apropriadas, quanto maior for a abrangência de uso dos créditos de opinião, melhor será.

Um mercado radical para uma conciliação racional

Quanto valor a VQ geraria? O efeito das instituições políticas sobre a desigualdade e o crescimento é, em geral, muito mais difícil de ser estimado do que o das instituições econômicas. A única tentativa séria que conhecemos nesse sentido estima o efeito da democracia sobre o crescimento e mostra que a introdução da democracia num país gera em média um aumento de 20% na renda nacional.[54] Embora não existam razões para esperar que a VQ traga em relação ao esquema de voto per capita esses mesmos ganhos que a democracia trouxe em relação a formas pré-democráticas de governo, parece um marco de referência razoável. Como ressaltamos, a democracia tal como é exercida nos dias de hoje é de todo imperfeita. Parece plausível supor que a VQ trará melhorias, pelo menos em seus efeitos sobre a produtividade econômica, em relação à democracia existente, assim como a democracia trouxe melhorias em relação ao sistema de média que veio a substituir.

Mas isso pouco diz sobre os benefícios econômicos. Apesar de séculos de progresso, os mercados de bens públicos são de uma deficiência irremediável. Se estivermos corretos quanto à VQ, ela alinhará os mercados de bens públicos com os mercados de bens privados, trazendo benefícios incalculáveis para todos os cidadãos.

Todavia, assim como ocorre com o COST, algumas das formas mais poderosas de remodelação de nossa sociedade possibilitadas pela VQ são as mais difíceis de quantificar: seus efeitos sobre as instituições sociais e o imaginário cultural. Mesmo que os resultados eleitorais distorcidos, as votações legislativas obstruídas e os protestos contra o "ativismo judicial" sejam as manifestações mais visíveis de nossa política disfuncional, talvez não sejam as mais importantes. Ainda mais insidiosos em nosso sistema político são a polarização, o discurso político infestado de agressões e trivialidades (ou, pior, o discurso de ódio), a sensação de impotência entre grande parte do público, fronteiras políticas rígidas que não se alinham com as posições efetivas do público, o ressentimento das elites políticas e o declínio da confiança pública.[55]

A influência da VQ sobre esses problemas seria indireta e difícil de prever. Mas há razões para sermos otimistas. A VQ capacita os cidadãos a expressarem suas posições de uma maneira essencialmente mais rica e mais profunda do que é possível com o voto per capita. Ela incentiva os cidadãos e políticos não só a tentarem conquistar os eleitores indecisos pouco informados ou motivar os integrantes indiferentes de suas próprias bases, mas também se engajar com pessoas de posições diferentes. Ela permitiria que os cidadãos concentrassem seus votos em temas que realmente conhecem e lhes interessam, em vez de obrigá-los a votar em questões sobre as quais se sentem mal informados e, portanto, sujeitos a seguir estereótipos e identificações partidárias.

A VQ, na medida em que penaliza as posições extremadas aumentando o custo de expressá-las, estimula a moderação e a conciliação. Ao oferecer uma liberdade mais ampla, sujeita a um limite de restrições orçamentárias, ela concede aos cidadãos maior responsabilidade e controle sobre as decisões coletivas. Assim como a participação em protestos públicos costuma dar aos cidadãos a sensação de que têm poder sobre as escolhas políticas, a VQ ofereceria aos cidadãos a chance de sentir que suas vozes foram ouvidas, ajudando-os a vencer nas questões que lhes são mais importantes e, também, reconciliando-os com as derrotas que sofrerem. Essas características são muito parecidas com os efeitos sociais das economias de mercado de bens privados. Na medida em que os cidadãos tendem a se sentir indignados e reprimidos com o racionamento nas economias planejadas, para eles o abandono do planejamento é como o florescer da liberdade, coisa que ficou muito clara com a queda do comunismo nos anos 1980 e 1990. Quando as pessoas têm liberdade de escolher em quê vão gastar seu dinheiro, adquirem um senso de dignidade e responsabilidade pelo que têm e pelo que decidem se abster de ter. Uma cultura política baseada nessa mentalidade de mercado conferiria às pessoas um maior senso de dignidade e responsabilidade na política.

Tal como se dá com o COST, os potenciais benefícios mais fascinantes da VQ são os mais especulativos e se referem às mudanças que ela acarretaria na relação que temos com nossos concidadãos. A maioria da população mora em áreas urbanas e interage com os outros por redes de telecomunicações, o que significa que o bem-estar das pessoas está estreitamente vinculado e é intimamente influenciado pelos outros ao redor. Nessas grandes sociedades conectadas, em geral é mais fácil prover benefícios a grupos do que aos indivíduos em separado. É fácil compartilhar a informação entre muitos; os aplicativos de interação social têm pouco valor se são usados apenas por uns poucos; o transporte público usado por muitos é em geral mais econômico do que os veículos individuais. No entanto, esses serviços em grande escala são hoje prestados por corporações monopolistas ou por autoridades públicas disfuncionais. O receio de que esses provedores falhem muitas vezes nos leva a um lamentável afastamento da vida pública, recolhendo-nos a nossos lares, condomínios fechados, provedores privados e carros próprios.

Já nos anos 1950, o economista John Kenneth Galbraith chamou isso de paradoxo da "pobreza pública" em meio à "prosperidade privada": as crianças estavam "admiravelmente equipadas com aparelhos de televisão", enquanto "as escolas muitas vezes eram superlotadas e subequipadas".[56] E lamentava que uma "família que sai em seu automóvel com ar-condicionado [...] para uma viagem passa por cidades que são mal pavimentadas, enfeadas pelo lixo, prejudicadas por construções e postes que há muito já deviam ser subterrâneas".

A VQ oferece uma outra via, voltada para um equilíbrio da prosperidade entre o público e o privado em todos os níveis. Ela mostra que os bens públicos partilhados por todos nós podem ser fornecidos com a mesma eficiência e facilidade com que o mercado nos fornece colchões e smartphones. Ela nos oferece uma via para termos uma vida de fato colaborativa e compartilhada em nossas comunidades locais, nossas redes sociais on-line e nossos governos nacionais. Ela permite um mundo onde nossas escolhas entre a vida privada e os níveis ricamente variados da vida pública são determinadas pelo desenvolvimento natural das relações sociais, e não pelo nosso medo da incompetência ou corrupção das instituições coletivas.

CAPÍTULO 3

Unindo os trabalhadores do mundo

Reequilibrando a ordem internacional em favor da força de trabalho

A cidade de Amiens não correspondia à imagem que Delphine tinha da França. Em sua infância no Haiti, o acesso à televisão era intermitente. Ia algumas noites por semana até o barraco dos vizinhos, onde se amontoavam para assistir à tevê. As imagens dos cafés parisienses ou da vida chique na Côte d'Azur traziam um pouco de brilho à desolação de sua vida. Então veio o pavoroso terremoto que obrigou sua família, como muitas outras, a ir para Porto Príncipe. Lá, uma televisão era mais um espetáculo para a multidão do que uma fuga diária.

A infância de Delphine terminou aos doze anos de idade. O trabalho era puxado, as responsabilidades pesadas e o medo de passar fome nunca sumia naquela cidade difícil e superpovoada. Mas aquelas imagens da tevê com belas mulheres fumando cigarros, homens carregando flores em vez de armas, croissants fresquinhos e fumegantes — aquelas imagens nunca a abandonaram.

Voltando para casa do lixão que vasculhava diariamente, ela conheceu Fabiola. Fabiola era uma espécie de rainha no acampamento de refugiados. Falava um francês perfeito, trabalhava no hotel francófono do centro da cidade e era temida mas respeitada no acampamento. Delphine, porém, não tinha medo dela. A única coisa que queria era se sentar todas as noites, durante quinze minutos, aos pés de Fabiola e treinar seu francês. Ela sabia que um dia conseguiria igualar a pronúncia daquelas atrizes da TV. Um dia ela cumprimentaria um desconhecido com um "bonjour" impecável e pensariam que ela era da África, não do Haiti.

Assim, quando os agentes franceses de recrutamento começaram a vistoriar seu acampamento, procurando os poucos que falassem um francês compreensível, Delphine abriu caminho até o começo da fila. Os agentes a avisaram dos perigos e dificuldades que a esperavam, mas não eram nada em comparação ao que ela já vivera. Explicaram que só conseguiria mandar para casa alguns milhares de euros por ano, depois de descontar o pagamento da comida e do quartinho em que ficaria. Alguns milhares de euros? Era mais do que Delphine tinha recebido nos últimos dez anos.

Mas Amiens não era Paris. Sim, a cidade transbordava de um encanto rústico, mas quase ninguém se parecia com aqueles personagens glamorosos em *Plus belle la vie*, sua novela preferida. Em todo caso, Delphine procurava evitar as tentações do centro: em uma só noite acabaria torrando o dinheiro que, como sabia muito bem, daria para que a mãe e o irmão comprassem roupas, uma casa, um negócio. Ela passava grande parte do tempo na fábrica reativada, no limite da cidade. Fabian, sujeito taciturno da família que alugava acomodações para Delphine e outros três haitianos, levava-os de carro até a fábrica, todos os dias de manhã.

A chegada dos haitianos foi quase tão importante para Fabian quanto tinha sido para eles. Agora era gerente da fábrica, quase vinte anos depois de perder o emprego, quando ela fechou. Os custos trabalhistas eram altos demais para ficarem com trabalhadores como ele, com os salários vigentes na França, e as operações tinham sido transferidas para o Vietnã. Fabian sempre detestara os imigrantes e votava na

Frente Nacional. Quando o governo reformista de Emmanuel Macron adotou uma nova política de imigração, que Fabian tinha certeza de que seria uma catástrofe, não viu outra maneira de sobreviver a não ser recebendo imigrantes. Os 15 mil euros que a família recebia por hospedar os haitianos, depois de pagar pela casinha apertada no fundo do terreno da família e de lhes oferecer o jantar, finalmente compensaram a renda que Fabian perdera quando foi trabalhar como garçom. Os imigrantes chegaram inclusive a ajudá-lo com conselhos para melhorar os pratos do restaurante onde ele era garçom. A banana-da-terra dava um toque cremoso e adocicado ao patê de fígado de pato, que era um dos pontos fortes da casa, e ajudava a diferenciar o restaurante da cozinha regional comum.

Mas o que realmente mudou a vida de Fabian foi o novo emprego na fábrica. Com o novo suprimento de mão de obra haitiana, os empresários que haviam comprado a antiga fábrica se animaram a reativá-la, e Fabian, devido à sua familiaridade com os haitianos, era o gerente ideal. Era também um emprego mais seguro, mais asseado, com mais dignidade, poder e respeito. Detestava os imigrantes muçulmanos por achar que estavam transformando a cultura do país, mas veio a sentir um afeto paternalista e condescendente pelos haitianos que gerenciava e hospedava. O amor que sentiam pela França, a gratidão, o esforço em se adaptarem e aprenderem... tudo isso derretia o coração empedernido de Fabian.

Assim, ele ficou muito mais triste do que aparentava quando Delphine decidiu voltar para casa, dez anos depois. Tendo recebido o suficiente nesse período para finalmente abrir o hotel com que Fabiola sempre sonhara, Delphine decidiu construir um pedaço da França no Caribe. Tinha aprendido muito e se sentia feliz por tantas viagens que pudera fazer, mas a França não era seu lar, e o Haiti, com as oportunidades que estavam surgindo, era o local ideal para ela.

A globalização transformou muitos aspectos da sociedade, mas deixou outras partes praticamente intocadas. Estamos rodeados de produtos estrangeiros. Vejam os bens e serviços que a maioria dos americanos usa: nossas roupas são feitas no Vietnã, nossos financiamentos hipotecários vêm de empresas chinesas, nossos artigos de luxo são importados da Europa, nossos carros são fabricados na América Latina. Nossas cidades enxameiam de turistas estrangeiros; nossas universidades, bancos e novas empresas estão povoados de imigrantes talentosos e trabalhadores estrangeiros. A globalização aumentou o comércio exterior, o fluxo de capital, o turismo e a migração de trabalhadores altamente qualificados.

No entanto, apesar de todas as controvérsias sobre os refugiados e a imigração ilegal (nos Estados Unidos), a entrada de pessoas pouco qualificadas prossegue num gotejamento contínuo. Do ponto de vista da teoria econômica, esse "desequilíbrio migratório", como o chamaremos, é intrigante. Os economistas creem que a riqueza global aumenta quando *todos* os fatores de produção — bens, serviços, capital, trabalho — podem atravessar as fronteiras até o local onde são empregados com eficiência máxima. O que a migração — termo que usaremos para designar a migração de trabalhadores comuns, e não de trabalhadores altamente qualificados e de turistas — tem de especial?

As origens do livre-comércio

A movimentação de bens e instrumentos por longas distâncias é uma característica da civilização humana desde o início da agricultura. O comércio mediterrâneo foi fundamental para o desenvolvimento ateniense, cartaginês e romano. Maomé era comerciante, e as rotas comerciais do mundo muçulmano e para a Ásia pela Rota da Seda ajudaram a manter acesa a luz da civilização durante a Idade Média no Ocidente.[1]

As migrações em massa também foram uma característica da história em seus primórdios. Muitos dos grandes impérios foram criados e depois destruídos por tribos nômades, que afluíam das estepes do norte asiático para o sul, o leste e o oeste. Os germanos, os hunos, os mongóis, os turcos e outros grupos percorriam, muitas vezes com violência, civilizações estabelecidas a fim de encontrar, conquistar e por fim se assentar em terras mais férteis e civilizadas, apenas para virem a ser atacados pela onda seguinte de nômades.

O advento do poderio naval de longo alcance na Europa, no século XV, representou o fim dessa era. Àquela altura, a maior parte do planeta era ocupada por sociedades agrícolas sedentárias. Os europeus descobriram rotas terrestres e marítimas cobrindo grande parte do mundo e colonizaram regiões ocupadas por civilizações que eram tidas como fracas ou "inferiores". O comércio que atravessava países e a pilhagem colonial se expandiram com o aperfeiçoamento das habilidades marítimas dos navegadores. O comércio se tornou, assim, uma das principais questões de Estado.

Nos séculos XVI e XVII, a filosofia dominante que unia colonialismo e comércio era o *mercantilismo*. Segundo os mercantilistas, os soberanos deviam vender produtos no exterior e importar o mínimo possível, permitindo-lhes acumular capital, idealmente na forma de moeda forte. Para estimular a acumulação de riqueza, os mercantilistas defendiam o controle estatal da economia, incluindo subsídios às exportações e taxas sobre as importações. Alguns mercantilistas, como Daniel Defoe, autor de *Robinson Crusoé*, defendiam a imigração irrestrita, na esperança de que os imigrantes concorressem com os trabalhadores nativos para reduzir os salários.[2] Pela mesma razão, temiam a emigração, que reduzia o tamanho da força de trabalho nacional e, portanto, a capacidade de produzir bens de exportação.[3]

O mercantilismo refletia os interesses das classes dominantes da época.[4] As políticas mercantilistas oneravam o povo comum, mas geravam poupanças para o Estado, as quais os governantes podiam usar para garantir a superioridade militar e manter a ordem pública. Para esses governantes, a população era um recurso a ser explorado, e não um conjunto de cidadãos aos quais serviam.

Na segunda metade do século XVIII, muitos dos pensadores radicais que mencionamos em capítulos anteriores desenvolveram uma nova teoria do comércio. Bentham, Smith e David Hume mudaram o foco da análise econômica, passando do interesse dos soberanos em acumular riquezas para o desejo das pessoas comuns de ter prosperidade. Para eles, era fundamental que houvesse liberdade econômica de vários tipos (de praticar o comércio internacional, de tomar e fazer empréstimos, de dar novas finalidades e vender terras e outros capitais etc.) a fim de maximizar o bem-estar total que a economia nacional poderia garantir a seus cidadãos. Concentrando-se nos benefícios dos mercados, esses pensadores defendiam o livre-comércio internacional e eram contrários aos monopólios e às restrições impostas pelo governo aos mercados internos, como o controle dos preços. O mercado radical da época se estendia além das fronteiras nacionais.

Quando a migração não era importante

Embora os primeiros Radicais defendessem com ardor o livre-comércio, pouco discorreram acerca da migração.[5] Pode parecer estranho: a lógica da livre migração é igual à lógica do livre-comércio, qual seja, a ampliação da abertura econômica gera riqueza para quase todos. Alguns desses pensadores mencionaram, de passagem, ser favoráveis ao livre movimento das pessoas, não só dos bens. Tanto Smith quanto David Ricardo, por exemplo, defendiam a livre mobilidade dos trabalhadores do campo para a cidade e entre as diversas atividades, e comentaram, de forma indireta, que o mesmo se aplicaria para além das fronteiras. Também ressaltaram a importância do livre trânsito de ideias. Mas o livre-comércio, em suas teorias, superava com grande folga a livre migração.

Uma razão para a ênfase maior no comércio do que na migração consistia em que os ganhos com o comércio, nos séculos XVIII e XIX, eram muito mais importantes do que os auferidos com a migração. Isso porque, embora as diversas nações passassem por períodos de relativa prosperidade e declínio, até o final do século XIX não havia diferenças abismais permanentes entre os padrões de vida das massas dos diversos países. Mesmo as diferenças mais extremas, como entre a China e o Reino Unido, eram apenas um fator de três, o que contrasta fortemente com a distância de um para dez que se iniciou nos anos 1950.[6]

Uma maneira natural de medir a desigualdade é determinar a porcentagem em que a renda média individual aumentaria caso a renda fosse distribuída igualmente.[7] Suponham-se, por exemplo, dois indivíduos, um com renda de 1 milhão de dólares e outro com renda de mil dólares. Se equalizássemos a renda, a do primeiro cairia para 500 500 dólares, ou seja, quase 50%. A renda do segundo subiria para 500 500 dólares, um aumento de quinhentas vezes, ou 50 000%. Assim, a equalização das rendas causaria um grande aumento percentual médio na renda, apenas ligeiramente abaixo de 24 975%.[8] Por outro lado, essa medida da desigualdade daria zero numa sociedade em que todos tivessem renda igual. Quanto maior é o número, mais desigual é a sociedade.

A figura 3.1 mostra a evolução da desigualdade total, dentro dos países e entre eles, de 1820 a 2011. A desigualdade internacional aumentou de cerca de 7% em 1820 para cerca de 70% em 1980. Desde então, retraiu para cerca de 50%, graças ao rápido desenvolvimento da China e da Índia. Por outro lado, a desigualdade média intranacional teve uma mudança progressiva durante o período. Aumentou de cerca de 35% em 1820 para cerca de 38% em seu pico de alta logo antes da Primeira Guerra Mundial, e então diminuiu até um pico de baixa de 27% nos anos 1970. Depois disso, caiu um pouco mais, para 24%. A média da desigualdade interna diminuiu porque o aumento da desigualdade nos países ricos, como apontamos na introdução, foi compensado pela redução da desigualdade dentro de muitos países pobres.

Tomados em conjunto, esses padrões indicam que a desigualdade entre os países deixou de ser um fenômeno relativamente insignificante no grande esquema da desigualdade global, respondendo apenas por pouco mais de 10% dela nos anos 1820, e se tornou a sua fonte principal, respondendo por dois terços ou mais na segunda

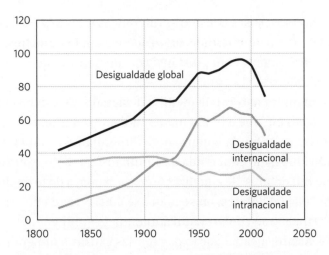

Figura 3.1. Desigualdade global, no total (em preto) e decomposta em desigualdade entre (em cinza-escuro) e dentro (em cinza-claro) dos países componentes de 1820 a 2011.
Essa série se baseia numa fusão dos dados de François Bourguignon e Christian Morrisson ("Inequality Among World Citizens: 1820-1992", *American Economic Review*, v. 92, n. 4, 2002) e de Branko Milanovic ("Global Inequality of Opportunity: How Much of Our Income Is Determined by Where We Live?", *Review of Economics & Statistics*, v. 97, n. 2, 2015), que Branko Milanovic gentilmente fez para nós.

metade do século XX, e ainda hoje por 60-70%, dependendo das medições adotadas.[9]

Isso nos permite ver, numa perspectiva quantitativa, como é diferente o mundo que enfrentamos hoje em comparação ao mundo que os economistas políticos do século XIX encaravam naquela época. Era um mundo no qual um agricultor ou um operário de um país tinha um padrão de vida semelhante ao de um agricultor ou operário em qualquer outro país, e todos estavam em situação muito pior do que a dos aristocratas. Em nosso mundo, uma criança que nasce numa família média da Índia ou do Brasil enfrenta uma vida muito mais empobrecida do que uma criança nascida numa família nos Estados Unidos ou na Alemanha. Além disso, nas economias desenvolvidas modernas, uma família de renda média tem um padrão de vida semelhante ao das famílias mais ricas dos países pobres. No mundo deles, a migração não trazia grandes benefícios a quase ninguém; em nosso mundo, a migração pode ser uma via fundamental para o bem-estar e a prosperidade de inúmeras pessoas do planeta.

Isso não significa que, naquela época, não se conhecesse a migração, mesmo em grande escala. Mercadores e aristocratas viajavam, mas raramente migravam para se estabelecer em caráter permanente em outro país. Mas conheciam estrangeiros, aprendiam línguas estrangeiras e se casavam com pessoas estrangeiras. Nasceu uma atitude cosmopolita que até hoje distingue as classes altas das classes baixas. As famílias importantes também faziam casamentos internacionais a fim de criar alianças, pois não raro havia reis e rainhas que nem sequer eram nativos e às vezes nem mesmo falavam bem a língua do país que governavam.

Na base da pirâmide, havia o sequestro de escravos na África e o transporte para países no Oriente Médio e as colônias americanas. Europeus mais pobres, sem propriedades ou oprimidos pelo governo, migravam para colônias rústicas, buscando uma oportunidade de ingressar na classe proprietária. Muitas vezes se vendiam em contratos de servidão pelos quais, em troca da passagem, trabalhavam para um senhor durante anos. O trabalho pesado nas fazendas coloniais não constituía propriamente uma grande atração, e essa é uma das razões pelas quais os fazendeiros recorriam ao tráfico de escravos.

Nesse mundo, era natural que os Radicais defendessem a libertação dos mercados de bens e capitais dos privilégios aristocráticos, como, por exemplo, com o término das Leis do Trigo na Inglaterra ou o fim da migração compulsória na forma do tráfico escravo, em favor da livre migração.

Primeiro, com a exceção — importante, mas limitada — da migração para as colônias (que começara com o Novo Mundo, séculos antes), a livre migração não aumentaria significativamente o bem-estar da população comum. Ninguém se beneficiaria com a mudança de um país para outro, se fosse para continuar como proletário ou lavrador sem terras. Segundo, a migração entre os países não tinha muitas restrições e não era sujeita a muito controle, pois havia pouca demanda migratória e as dificuldades de transporte na época, que era primitivo e arriscado, só não dissuadiam os mais desesperados ou ambiciosos.[10] Terceiro, o livre-comércio entre os países poderia romper o controle monopolista dos latifundiários sobre recursos naturais de primeira importância, fortalecendo em grande medida a riqueza nacional e transferindo sua distribuição da aristocracia feudal para capitalistas e trabalhadores.

Somente no final do século xix e começo do xx é que se iniciou um importante debate intelectual sobre migração. Nos Estados Unidos, esse debate foi estimulado pelas enormes ondas migratórias geradas pela fome e pelo conflito na Europa, ademais motivadas pelo ouro recém-descoberto e pelo rápido desenvolvimento econômico, que atraía milhões de pessoas não só da Europa, mas também da Ásia. A essa altura, as posições entre os economistas diante da migração tinham ficado mais complicadas, em parte como reação ao sentimento público.

A preocupação de Karl Marx, por exemplo, era que o uso estratégico da migração irlandesa pelos capitalistas britânicos dividia o proletariado internacional e enfraquecia as bases do socialismo.[11] Essa preocupação era partilhada por radicais e progressistas de muitos países, inclusive John Stuart Mill e Henry George, que às vezes se respingavam com desagradáveis argumentos racistas e eugenistas.[12] No começo do século xx, ocorreu uma mudança decisiva nas atitudes diante da migração. Com as condições cada vez mais acessíveis de transporte entre continentes e oceanos e o aumento das diferenças salariais entre os países, as vantagens econômicas da migração melhoraram muito, inclusive para as populações deslocadas após a Primeira Guerra Mundial. Os Estados Unidos fecharam suas portas no final dos anos 1910 e nos anos 1920. Na Europa, com a ascensão de sentimentos etnonacionalistas, os países tentavam manter à distância indivíduos e grupos que, segundo eles, conspurcariam sua herança cultural ou sua carga genética racial.

A globalização

Esses sentimentos etnonacionalistas atingiram o auge com a eclosão da Segunda Guerra Mundial, a qual, por sua vez, transformou a ordem global. Após a guerra, os líderes ocidentais procuraram construir um sistema internacional que gerasse prosperidade e impedisse que o caos econômico e os conflitos nacionalistas levassem a outra guerra. Entre os países ricos, renovou-se um compromisso com o comércio desimpedido e as instituições regionais e internacionais de governança. Esses compromissos internacionais, iniciados nos anos 1980 e 1990, difundiram-se para abranger a China, outras partes da Ásia, a América Latina e a África. Mas, enquanto se aplicavam vultosos recursos intelectuais e políticos para construir instituições comerciais e financeiras, a migração foi objeto de pouca atenção.

O sistema econômico do pós-guerra se assentava em três pilares: o comércio internacional, a estabilização monetária e macroeconômica, e o financiamento do desenvolvimento. Cada pilar era representado por uma instituição: o Acordo Geral de Tarifas e Comércio (AGTT), o Fundo Monetário Internacional (FMI) e o Banco Mundial. O AGTT procurou estabelecer uma base equitativa de comércio entre todos os participantes, que suplementaria a rede de acordos comerciais bilaterais e as políticas aduaneiras unilaterais do período anterior à guerra. A instituição se fortaleceu gradualmente com as sucessivas rodadas de negociações, culminando na Rodada do Uruguai, que resultou na criação da Organização Mundial do Comércio (OMC), no começo dos anos 1990.

Essa rede de cooperação internacional se reproduzia no nível regional, e, no caso da Europa, essas instituições regionais adquiriram grande força. Os acordos comerciais se difundiram por todo o continente e aos poucos se consolidaram numa rede de regulação econômica, que culminou na criação da União Europeia (UE), seguida da criação da Zona do Euro, unificando a moeda e abarcando a maioria dos Estados participantes da UE. A integração europeia, embora nunca tenha formado uma estrutura governamental federativa, avançou muito além das instituições puramente comerciais da ordem global e criou uma governança substancial em muitas áreas da política econômica e social europeia.

Ao longo desse período, as amplas desigualdades crescentes entre países ricos e pobres, aliadas a grandes avanços na tecnologia de transportes e de informação, levaram os cidadãos dos países pobres a migrar para os mais ricos. Essas aspirações eram especialmente visíveis onde as áreas eram próximas ou contíguas: no Rio Grande, que separa os Estados Unidos e o México; entre a Europa Ocidental e a Oriental; nos dois lados do Mediterrâneo. Na Europa, os governos incentivaram a migração em vista da reconstrução do pós-guerra; nos Estados Unidos, o governo permitia que os mexicanos atravessassem a fronteira na época das safras agrícolas. Mas, devido à oposição política a essas medidas, elas eram temporárias e muitas vezes envolviam manobras para contornar os impedimentos e davam brecha à imigração ilegal. Na Alemanha, por exemplo, o governo permitia que os trabalhadores turcos se estabelecessem no país, mas não lhes concedia cidadania; nos Estados Unidos, os programas de imigração legal eram substituídos pela imigração ilegal, visto que não havia controle na fronteira. Mas, legal ou ilegal, a migração nunca atingiu o nível que atenderia à demanda dos países hospedeiros e à oferta dos indivíduos dispostos e capazes de migrar.[13]

Na Europa, a migração entre os Estados membros da UE foi institucionalizada. Os cidadãos podiam ir a qualquer país-membro, em busca de emprego. Mas a lei não gerou o volume esperado de migração. Muitas pessoas se mantinham em seus países devido às barreiras linguísticas e culturais, e as diferenças de renda entre os países europeus eram modestas pelos padrões globais, o que reduzia o incentivo à migração. Quando chegava a ocorrer, a migração em geral consistia na transferência de países da Europa Oriental, de salários mais baixos, como a Polônia, para países ocidentais de salários mais altos, incluindo a França e o Reino Unido, o que levou a reações de revolta nos países hospedeiros. Somaram-se novas tensões em 2015 e 2016, quando a Europa, apesar de relutante, aceitou um enorme fluxo de refugiados da Síria, dilacerada pela guerra, e de outros países do Oriente Médio e do Sudoeste Asiático. Os sistemas de trabalhadores estrangeiros temporários em outras partes do mundo, incluindo os Estados do Golfo Pérsico, tiveram êxito muito maior, como veremos adiante, mas, de modo geral, o volume de migração global se manteve limitado em comparação a seu potencial de ganhos.

Esses desenvolvimentos institucionais criaram, em conjunto, uma ordem global desequilibrada. O capital, os bens e a mão de obra altamente qualificada fluem rapidamente entre as fronteiras, gerando riqueza significativa, enquanto os trabalhadores menos instruídos tendem a permanecer em seus países. Essas fragilidades na globalização já foram identificadas há tempos pelos ativistas "antiglobalização", embora nem sempre expressas em termos econômicos precisos.[14] Como disse Eduardo Galeano, jornalista latino-americano de esquerda: "É importante não confundir internacionalismo com globalização [...]. Uma coisa é a liberdade do dinheiro, outra coisa é a liberdade das pessoas. Isso se vê [...] na fronteira entre o México e os Estados Unidos, que praticamente inexiste para o fluxo de dinheiro e de produtos. Mas funciona como uma espécie de Muro de Berlim [...] para impedir que as pessoas atravessem".[15] Os que promovem a globalização, com foco no capital e não nas pessoas, não conseguiram assegurar a ampla repartição dos ganhos do bem-estar.

O imperativo da migração

Existe um consenso de que o ganho econômico com uma maior abertura do comércio internacional de bens é mínimo. Estudos do Banco Mundial e de importantes economistas da área comercial mostram que a eliminação de todas as barreiras restantes do comércio internacional de bens traria à produção global apenas um pequeno aumento, de 0,3 a 4,1%. Quanto ao investimento global, a estimativa mais otimista na bibliografia pertinente aponta um aumento de 1,7% na renda global decorrente da eliminação de barreiras à mobilidade do capital.[16] Muitos creem que a liberalização dos mercados internacionais de capital já foi longe demais. Três altos economistas do FMI afirmaram recentemente que mesmo a liberalização já ocorrida trouxe ganhos limitados às economias e gerou desigualdade e instabilidade.[17]

Ao mesmo tempo, os benefícios da liberalização migratória aumentaram expressivamente. Com a grande redução nos custos dos transportes, as barreiras naturais à migração se tornaram *de minimus* em comparação aos ganhos potenciais. Por outro lado, os benefícios econômicos potenciais da migração tiveram um aumento explosivo. Um migrante mexicano típico que vai para os Estados Unidos aumenta sua renda anual de cerca de 4 mil dólares para cerca de 14 mil dólares, e o México é um país bastante rico pelos padrões globais. Os ganhos potenciais da migração de países pobres para a Europa e os Estados Unidos, principalmente se há poucas barreiras linguísticas (como no caso do Haiti e da França), envolveriam ganhos até dez vezes maiores, com dezenas de milhares de dólares por migrante.

Para darmos um exemplo extremo, mas esclarecedor, imagine-se que os países da Organização para a Cooperação e Desenvolvimento Econômico (OCDE), o clube dos países ricos, aceitassem um número de migrantes que dobrasse a população deles, atualmente em 1,3 bilhão. Com isso, cerca de 20% da população mundial se transferiria para a OCDE. Suponha-se também que cada migrante gerasse em média uma renda de 11 mil dólares. Isso constituiria um aumento médio de cerca de 2200 dólares para cada habitante do planeta. Como a renda global per capita é de aproximadamente 11 mil dólares, isso significa um aumento de cerca de 20% na renda global. Se a experiência histórica serve como guia, os ganhos para os que ficam nos países pobres também seriam expressivos, na medida em que a maioria dos migrantes remete uma boa parcela de sua renda para o país de origem.[18] Em agudo contraste com o comércio, esses ganhos têm um potencial transformador para o bem-estar global, se forem devidamente canalizados e compartilhados.[19]

Por que simplesmente não expandir a migração existente?

Alguns estudiosos cientes desses números declararam que a única resposta moralmente aceitável é abrir as fronteiras. Se os países permitissem uma imigração irrestrita, os trabalhadores pobres dos países carentes de capital migrariam para países ricos como os Estados Unidos, onde receberiam salários muito mais altos. Embora a onda colossal de migração viesse a reduzir os salários dos trabalhadores nos países ricos, o bem-estar global aumentaria enormemente.

A ideia não é tão exagerada quanto possa parecer. As fronteiras dos Estados Unidos estiveram abertas por mais da metade de sua história, e os efeitos foram os previstos pela teoria. Os migrantes se beneficiaram com salários mais altos e os americanos se beneficiaram com os migrantes, que ajudaram a construir ferrovias e canais, trabalharam em minas, fazendas e fábricas. Os problemas sociais gerados pela migração eram, muitas vezes, bastante graves — inclusive consideráveis conflitos civis — mas administráveis, e no longo prazo o país prosperou. Hoje, porém, as fronteiras livres são inviáveis tanto econômica quanto politicamente.

No famoso ensaio "Protection and Real Wages" [Proteção e salários reais], de 1941, Wolfgang Stolper e Paul Samuelson (que vimos no capítulo anterior) examinaram o efeito do comércio internacional de bens ou de mão de obra sobre a renda de várias pessoas em diversos países.[20] Embora o comércio entre dois países sempre aumente a riqueza agregada de ambos, ele pode gerar efeitos redistributivos importantes. O comércio tende a beneficiar os fatores de produção que são mais ou menos abundantes numa nação e a prejudicar os que são relativamente escassos. Nos países ricos, por definição, a abundância relativa de capital em comparação à força de trabalho é maior do que nos países pobres. Assim, é natural que o comércio e a migração beneficiem tanto os capitalistas dos países ricos quanto os trabalhadores nos países pobres, em detrimento dos trabalhadores nos países ricos e dos capitalistas nos países pobres.

Embora a lógica do Teorema Stolper-Samuelson seja amplamente aceita entre os economistas, o grau exato em que as várias categorias de trabalhadores são prejudicadas ou beneficiadas pela imigração é mais complexo. Existem indicações significativas de que a imigração reduz os salários dos trabalhadores nativos com formação semelhante à dos migrantes. Por exemplo, a imigração ilegal do México e da América Central para os Estados Unidos tende a lesar os trabalhadores nativos com pouca instrução e pouca capacidade linguística.[21] No entanto, os efeitos da migração nos mercados de trabalho mais amplos são menos claros. Alguns estudiosos creem que os trabalhadores nativos são prejudicados como conjunto, embora apenas em grau limitado.[22] Outros sustentam que os efeitos são mínimos ou mesmo que, em sua maioria, os trabalhadores podem se beneficiar porque os migrantes compram mais bens produzidos por trabalhadores nativos ou ocupam as funções mais baixas na escala de empregos, levando alguns nativos a ascender a funções de supervisão mais bem remuneradas.[23]

Esses efeitos mistos e reduzidos são superados, de longe, pelos grandes benefícios que a migração traz para os próprios migrantes e seus empregadores.[24] Além disso, a estrutura fiscal da migração impede uma distribuição significativa desses benefícios por meio do governo e pode até impor custos aos trabalhadores nacionais. A natureza e as razões desse sistema são diferentes nos Estados Unidos e na Europa.

Nos Estados Unidos, o sistema tributário, com sua progressividade, estabelece limites e, na prática, exclui uma quantidade imensa de imigrantes — aqueles que não têm documentos. Os migrantes legais instruídos e altamente qualificados, embora sejam contribuintes líquidos no sistema fiscal americano, devido às baixas alíquotas sobre a renda dos salários e do capital nos Estados Unidos, não fazem contribuições significativas que beneficiem de forma direta os trabalhadores nativos por meio do sistema fiscal. Muitos abrem empresas que geram oportunidades de emprego,[25] mas essas oportunidades ficam em setores empresariais de alto crescimento da economia, que estão geograficamente concentrados em regiões metropolitanas prósperas, distantes dos locais onde mora a maioria dos trabalhadores nos Estados Unidos. Essas considerações, tomadas em conjunto, significam que poucos trabalhadores nativos veem grandes benefícios diretos decorrentes da migração altamente qualificada.

Quanto aos migrantes não qualificados, a maioria trabalha fora dos canais de emprego formal. Tendem a pagar poucos impostos. Além disso, como vêm, na maioria, de países pobres e suas famílias vivem na indigência na terra de origem, esses migrantes remetem grande parte de seus vencimentos para os países de onde vieram, reciclando um percentual menor de seus ganhos nas economias locais do que os trabalhadores nativos com níveis similares de renda. Assim, os migrantes dão, no máximo, uma contribuição muito modesta aos cofres públicos, em comparação aos benefícios que eles e seus empregadores obtêm com a migração, e alguns estudos chegam a sugerir que os migrantes podem constituir um pequeno escoamento fiscal líquido para o Estado.[26] Os padrões no Reino Unido são semelhantes aos dos Estados Unidos, com migrantes pouco qualificados da Europa Oriental desempenhando o mesmo papel que os mexicanos nos Estados Unidos, embora em números e ganhos menores.[27]

Em contraste com os Estados Unidos, os países europeus, com exceção do Reino Unido, aplicam uma tributação de alta progressividade sobre o capital e o trabalho, que permite que o público em geral se beneficie com o sucesso dos migrantes. Mas, por causa desses sistemas tributários, e porque o continente europeu não abriga mais as maiores universidades do mundo e não consegue fomentar o empreendedorismo tanto quanto os Estados Unidos, o número de migrantes altamente qualificados que vai para a Europa é menor do que o que vai para os Estados Unidos.

Na base da distribuição de qualificações, a migração ilegal em grandes números para a Europa é um fenômeno relativamente recente, apenas alguns anos anterior à crise de migração desencadeada pela Guerra Civil na Síria. Grande parte da migração legal de trabalhadores pouco qualificados provém da Europa Oriental. Muitos dos não europeus pouco qualificados na Europa ou provêm de ex-colônias distantes ou são refugiados recebidos por razões basicamente humanitárias, não tanto econômicas. Esses migrantes tendem a ser significativamente mais pobres do que os que vão para os Estados Unidos. Além disso, os países europeus continentais oferecem um conjunto de benefícios sociais, transferências e serviços públicos mais generoso do que os Estados Unidos. Como os migrantes em geral têm direito ao mesmo acesso a esses benefícios, os migrantes pouco qualificados drenam de maneira significativa as finanças públicas na Europa, o que não acontece nos Estados Unidos.

Esse subfinanciamento dos serviços públicos na Europa contribuiu para alimentar as tensões. Muitos europeus estão não só cientes da probabilidade de que os migrantes sobrecarregam os serviços sociais, como também veem com os próprios olhos como eles disputam o acesso a tais serviços. Devido à homogeneidade histórica de muitos países da Europa continental, essa disputa é visualmente marcante porque os migrantes são logo identificáveis pela cor da pele ou pelos costumes religiosos. Em poucas palavras: a impressão que os trabalhadores têm — em certa medida confirmada pela realidade — é de que os migrantes representam um fardo adicional aos serviços públicos de uma economia fraca.

Embora se possa supor que os nativos que moram em áreas de maior densidade de migrantes sejam mais contrários à migração do que outros, as informações apontadas pelas ciências sociais não são inequívocas. Muitas vezes, é nas regiões rurais e economicamente atrasadas, com pequeno número de moradores migrantes, que se tem a oposição mais intensa à migração.[28] Os trabalhadores nessas áreas veem a migração contribuindo para o dinamismo econômico em outras comunidades, mas não nas suas. Não ganham nenhum dos benefícios sociais e culturais suplementares dos habitantes da cidade, a maior variedade alimentar, o colorido na vida urbana, o contato com outras culturas que pode ampliar as oportunidades profissionais. Ao contrário: veem todo o resto do país avançando em direções que se distanciam de suas vidas, aumentando seu isolamento e deixando-os entregues à periferia cultural.

Recapitulemos. A migração oferece enormes vantagens aos migrantes e a suas famílias na terra natal, aos empregadores e donos do capital e aos trabalhadores altamente qualificados com quem colaboram e convivem, mas oferece poucos benefícios e impõe alguns custos a muitos trabalhadores dos países ricos, que já ficaram para trás por conta das forças do comércio, da automação e do poder crescente da concentração financeira. Acoplada aos instintos tribalistas naturais dos seres humanos, atiçados por políticos nativistas, instaurou-se uma ampla e crescente oposição política à migração. É improvável que as maiorias apoiem políticas migratórias que não beneficiem um grande número de cidadãos. Nos Estados Unidos, as elites que controlavam o governo e apoiavam a migração conseguiram escapar à oposição política abstendo-se de aplicar as leis de imigração, mas, com isso, municiaram uma reação populista.[29] Nesse sentido, slogans como "América em primeiro lugar" e "*On est chez nous*" [Aqui é nossa casa], embora ofensivos para muita gente, expressam um aspecto incontornável da realidade política.

Leilão de vistos?

A maior parte da migração para países da OCDE é controlada por órgãos do governo ou por empregadores da iniciativa privada, que podem solicitar vistos para trabalhadores altamente qualificados que queiram contratar. Outra parte do sistema permite a imigração de familiares próximos de cidadãos (especialmente nos Estados Unidos) e de pessoas da linhagem étnica nacional (sobretudo em países europeus). Esses sistemas são, em larga medida, estatistas e impostos de cima para baixo ou controlados por interesses econômicos concentrados, como os dos empregadores. Assim, não surpreende que beneficiem ao máximo empregadores e migrantes. Em suma, o sistema migratório padece dos mesmos problemas de nossa economia e nossa democracia: uma combinação de desigualdade e poder decisório governamental muitas vezes arbitrário.

Nos dois capítulos anteriores, vimos que os leilões oferecem um modelo simples para substituir esses sistemas, ainda que precisem ser adaptados a considerações de ordem prática. O mesmo vale para a imigração. Numa sagaz apresentação em 2010, o finado prêmio Nobel Gary Becker propôs um sistema simples para a migração, baseado no leilão: estabelece-se uma cota e leiloam-se os direitos de entrar no país, concedendo-os a quem der o lance mais alto.[30] A receita obtida com esse mercado radical poderia ser usada para financiar bens públicos ou como dividendo social universal, conforme vimos na propriedade comum de bens no capítulo 1.

Como nas ideias mais simples baseadas em leilão que apresentamos nos capítulos anteriores, esse esquema tem várias limitações, de que em breve trataremos. No entanto, cabe notar que ele já corrige, logo de saída, vários pontos fracos do atual sistema de migração.

Primeiro, ele assegura que uma grande parte dos ganhos com a migração se destine aos indivíduos comuns e não às empresas. Assim, promoveria a igualdade. Segundo, e em decorrência disso, atenuaria a oposição política à migração. Terceiro, o programa reduziria muito o papel dos burocratas do governo e, em seu lugar, empregaria o conhecimento dos migrantes que melhor entendem as perspectivas econômicas oferecidas a eles. Todo um conjunto de pesquisas econômicas recentes tem mostrado que os sistemas de migração baseados essencialmente nas avaliações burocráticas dos méritos dos migrantes (os chamados sistemas de pontuação, em que os migrantes com credenciais educacionais e similares recebem prioridade) tendem a falhar.[31] Os sistemas que ficam a cargo dos empregadores parecem funcionar melhor do que aqueles baseados em pontuação, mas, como observamos, alocam os ganhos sobretudo para eles próprios. Um sistema baseado em leilão evitaria esses dois perigos.

Um sistema baseado em leilão poderia gerar um volume considerável de receita para melhorar os padrões de vida dos cidadãos comuns nos países ricos, além de render enormes benefícios para os migrantes. Vamos supor que os países da OCDE aceitassem um volume de migração que aumentasse suas populações em um terço.

Suponha-se também que os migrantes dessem em média um lance de 6 mil dólares anuais por um visto. Esse valor parece plausível, já que mesmo os migrantes mexicanos ilegais nos Estados Unidos ganham mais de 11 mil dólares por ano no sistema atual, que é de uma ineficiência notável. O PIB médio per capita nos países da OCDE é de 35 mil dólares, de modo que essa proposta aumentaria a renda nacional de um país da OCDE típico em quase 6%, comparável a seu crescimento na renda real per capita dos últimos cinco anos.

Imaginem que os ganhos com esse crescimento sejam distribuídos igualmente entre todos os cidadãos. Isso traria uma redução efetiva de 6% na parcela do 1% mais rico, enquanto apenas uma pequena parte desses ganhos iria para esse 1%. Isso equivale a uma redução de cerca de 1%, avançando um oitavo do caminho rumo à restauração do pico de baixa da desigualdade na metade do século XX nos Estados Unidos. A renda média de uma família de quatro pessoas nos Estados Unidos é de cerca de 50 mil dólares. Essa família receberia cerca de 8 mil dólares nesse sistema, e assim veria sua renda aumentar em cerca de 15%, equivalente aproximado de todos os ganhos ajustados pela inflação que essas famílias tiveram desde os anos 1970.

Os ganhos para os migrantes seriam ainda mais expressivos. Dependendo do migrante, um aumento de 5 mil dólares (o ganho de 11 mil dólares menos o lance de 6 mil dólares) aumentaria várias vezes sua renda, visto que a maioria vem de países com rendas anuais de poucos milhares de dólares ou menos que isso. Nesse cenário, cerca de metade dos ganhos em dólar caberia aos países da OCDE e o restante a migrantes e a quem remetem dinheiro. Como a OCDE representa metade da renda global, a economia global também cresceria cerca de 6% e 7%.

Apesar disso, o sistema de leilão em sua forma mais pura tem vários pontos fracos. Evidentemente, o dinheiro não é a única coisa que importa na migração. Outros componentes fundamentais do valor social do migrante são a adequação cultural às comunidades locais, a probabilidade de cometer crimes ou de desobedecer aos termos de um visto de permanência e a disposição dos empregadores e dos cidadãos do país recebedor em lhes dar boa acolhida. Um leilão, em sua forma pura, ignora tais fatores. E o dinheiro tampouco é o único fator importante para a defesa do apoio político à migração. As interações culturais, sociais e econômicas positivas dos migrantes com os nativos são de fundamental importância. Um simples leilão pouco faria para garantir esse aspecto. Mas, inspirando-nos no leilão e em traços importantes da atual lei de migração, podemos formular uma solução.

A democratização dos vistos de trabalho

Nos Estados Unidos, o programa H1-B assegura que os empregadores "patrocinem" os trabalhadores migrantes. O Google pode contratar um engenheiro de programação de outro país (da Índia, por exemplo) obtendo um visto que permite ao trabalhador residir nos Estados Unidos por três anos, prazo renovável para o mesmo período, sujeito a várias restrições (inclusive o número limitado de vistos disponíveis). Os parentes também podem patrocinar vistos pelo programa de reunificação familiar. Nossa proposta, que chamaremos de Programa de Vistos entre Indivíduos (VIP, em inglês), estenderia esse sistema de forma que qualquer pessoa pudesse patrocinar um trabalhador migrante, ainda que com alguns ajustes que reflitam as diferentes circunstâncias, e por um período indeterminado, em vez dos três anos renováveis. Permitiríamos que as pessoas patrocinassem um trabalhador migrante a qualquer momento. Isso criaria um conjunto rotativo de trabalhadores temporários (um por vez), como na historieta que abre este capítulo, ou um migrante permanente pela vida toda.

A grande diferença, claro, é que os patrocinadores não são mais obrigatoriamente empregadores ou parentes. Ao patrocinar um trabalhador migrante, o Google lhe fornece um escritório e (provavelmente) o ajuda a encontrar uma casa e se estabelecer na comunidade. O trabalhador contribui para o faturamento do Google escrevendo programas, e a empresa remunera o trabalhador a partir desse excedente. O Google também emprega uma burocracia experiente para preencher uma grande parte da papelada exigida e lidar com as autoridades de imigração, e também para procurar e avaliar os trabalhadores estrangeiros que possuam as qualificações desejadas. O trabalhador prospera inserido no conjunto multicultural da força de trabalho do Google, em que as pessoas são avaliadas pelo mérito e não por raça, etnia ou nacionalidade de origem.

Em contraste, Anthony é um trabalhador da área de construção demitido recentemente, que mora em Akron, em Ohio. Completou o segundo grau, tem uma pequena poupança e suas perspectivas são limitadas. Não conhece muitos estrangeiros e tem certo ressentimento de um grupo oriundo do Oriente Médio, que se mudou pouco tempo atrás para seu bairro e abriu restaurantes que servem uma comida que Anthony não aprecia muito. (Mas Anthony reconhece que eles trouxeram vida nova à área e que muitos aceitaram empregos que ele jamais aceitaria.) Anthony fica sabendo de um novo programa oferecido pelo Departamento de Estado que lhe permite patrocinar um trabalhador migrante e faturar com isso. Anthony se interessa, mas como fazer? Ao contrário do Google, ele não pode simplesmente colocar o trabalhador num escritório e esperar que ele lhe gere receita.

Usando um site operado por uma empresa que mantém contratos com o Departamento de Estado, Anthony descreve o tipo de trabalhador que está disposto a patrocinar. É obrigatório que saiba inglês. Anthony pede alguém na casa dos vinte anos de idade, que trabalhe no setor de construção e não tenha antecedentes criminais nem problemas de saúde. Anthony sabe, por meio de seus contatos profissionais, que estão sendo planejados vários novos projetos de construção nos arredores de Akron, e pretende colocar um trabalhador estrangeiro num deles. Caso dê certo, também quer criar uma empresa de serviços gerais, na qual poderia empregar esse trabalhador. O site coloca Anthony em contato com um nepalês chamado Bishal, que trabalhou como temporário nos Emirados Árabes Unidos, onde melhorou seu inglês um tanto precário. Anthony faz com ele uma entrevista on-line, expondo seu plano, e os dois combinam que Bishal trabalhará um ano para Anthony nos Estados Unidos, recebendo 12 mil dólares (provavelmente o quíntuplo do que Bishal receberia no Nepal, se tivesse sorte de conseguir um emprego). Anthony terá de usar suas economias para comprar uma passagem aérea para Bishal. Combinam que o rapaz vai morar no quarto de hóspedes de Anthony.

Claro que poderíamos contar uma historinha otimista sobre o desfecho disso tudo, como nossa historieta de abertura, mas não temos a menor ilusão de que toda história precisa ter final feliz. Na versão que termina bem, Bishal chega aos Estados Unidos trazendo apenas a roupa do corpo. Mas, tendo passado por dificuldades que poucos americanos seriam capazes sequer de imaginar, se dá muito bem. No primeiro mês, faz serviços gerais para a vizinhança. Anthony cobra dos clientes apenas dez dólares por hora pelos serviços de Bishal e assim, depois de lhe pagar mil dólares por mês, Anthony mal consegue empatar. Mas então Bishal consegue o serviço na construção. A construtora vê que ele tem uma qualificação bem razoável, adquirida no setor de construção civil dos Emirados, e resolve lhe pagar 20 mil dólares pelos onze meses restantes. Anthony embolsa o saldo de 8 mil dólares. Enquanto isso, Anthony e Bishal se conhecem melhor e talvez até virem amigos. Bishal ajuda na casa e Anthony passa a gostar da cozinha nepalesa.

É claro que não necessariamente será assim. E se Bishal não conseguir encontrar trabalho? E se ficar doente e precisar ir para o hospital? E se cometer algum crime ou simplesmente desaparecer? (Vai para outra parte do país e trabalha ilegalmente.) Nesse caso, é preciso que Anthony seja responsabilizado, para que os patrocinadores tenham um bom incentivo para eliminar, no processo de seleção, os migrantes que não contribuam. Tais regras existem em nosso sistema atual de imigração. Por exemplo, os patrocinadores nos programas de reunificação familiar precisam dar apoio financeiro aos migrantes que não conseguem se sustentar sozinhos.

No nosso caso, Anthony terá de contratar um seguro-saúde básico para Bishal, antes de sua entrada no país (embora o valor saia do pagamento). Se Bishal não conseguir encontrar trabalho, Anthony terá de sustentá-lo enquanto permanecer no país. O rapaz não tem direito a verbas de assistência. Se Bishal cometer algum crime, será deportado após cumprir a pena, e Anthony terá de pagar uma multa. Se ele desaparecer, Anthony também será multado. Não cremos que a multa precise ser alta, mas deve doer um pouco. Além disso, pode acontecer de Anthony e Bishal não suportarem um ao outro. Talvez Anthony consiga encontrar um lugar para Bishal morar e pagar o aluguel. Ou podem combinar que o trabalhador volte para o Nepal depois de receber pelo tempo que passou nos Estados Unidos. E Anthony também poderia transferir Bishal, de comum acordo, para outro patrocinador (como uma família nepalesa que mora na mesma rua).

Para que esse sistema funcione, a legislação precisa de dois ajustes adicionais. Primeiro, os trabalhadores migrantes têm de ser autorizados a trabalhar por valores abaixo do salário mínimo. Na legislação atual, o trabalhador com salário mínimo federal receberia quase 15 mil dólares ao ano. Em comparação, a renda anual média no Nepal não chega a mil dólares e o nepalês típico recebe algo mais próximo de quinhentos dólares; o Haiti tem padrões de vida semelhantes. O pagamento do salário mínimo federal aos trabalhadores migrantes impediria os enormes ganhos de bem-estar que, de outro modo, o sistema VIP geraria. Mas todas as demais regras de proteção ao trabalhador — por exemplo, sobre a segurança no local de trabalho — se aplicariam a eles.

Segundo, a aplicação das leis de imigração teria de ser mais rigorosa. Se Bishal desaparecer na economia informal, precisa haver uma boa probabilidade de que seja apanhado e deportado. Os migrantes ilegais existentes teriam de se integrar ao sistema por meio de uma combinação entre uma anistia única e providências para a cidadania, encontrando patrocinadores, ou seriam deportados. A aplicação da lei contra migrantes ilegais futuros teria de ser mais firme para evitar prejuízos aos direitos tanto da nova e ampla classe de migrantes legais quanto de seus hospedeiros. Nenhuma reforma jurídica pode ser eficaz se não for aplicada. No entanto, a aplicação do sistema VIP seria mais fácil do que a do sistema atual, porque os migrantes desesperados para entrar no país teriam mais facilidade de encontrar patrocinadores e assim evitariam os riscos da ilegalidade.

Muitos podem objetar a esse sistema. A alguns leitores talvez ele pareça perturbadoramente similar ao sistema de servidão por tempo determinado, embora os migrantes possam ir embora a qualquer momento. Ou talvez pareça pura e simples exploração. Mas nosso objetivo observa alguma continuidade com programas existentes que contam com ampla aceitação.

Tomemos a título de comparação o programa de vistos H1-B, o principal mecanismo para a migração de trabalhadores qualificados para os Estados Unidos. Nesse programa, um empregador patrocina um trabalhador, certificando que ele atenda a vários critérios e que será pago pelo salário vigente. Depois de sua chegada, o trabalhador será empregado por quem o patrocinou. Se o empregador o demite, o trabalhador (salvo algumas exceções) deve voltar para seu país de origem. A grande diferença entre o programa H1-B e o que propomos é que permitiríamos o patrocínio de pessoas comuns. O programa H1-B não é controverso. O risco de exploração é mínimo porque os trabalhadores estrangeiros têm a proteção das mesmas leis trabalhistas, de segurança, emprego e saúde que beneficiam os americanos, e os trabalhadores estrangeiros podem voltar a seus países de origem se sofrerem maus-tratos do empregador.

Poderíamos acreditar que os empregadores — ou, pelo menos, grandes empresas como o Google — tratariam os trabalhadores estrangeiros com mais benevolência do que as pessoas comuns ou, pelo menos, de maneira burocrática e não de exploração direta. Pode-se esperar que pessoas comuns "gerenciem" um empregado estrangeiro? Sim, pode-se. Existe outro programa ainda mais próximo ao que estamos propondo. No programa de vistos J-1, os americanos podem patrocinar pessoas, geralmente moças, que trabalhem como au pair por um ou dois anos, morando na casa. O programa de vistos J-1 de início se destinava a intercâmbios culturais, mas o Congresso permitiu que fosse usado para serviços de babá, de baixa remuneração. O programa é muito usado. Assim, americanos comuns atuam como empregadores e patrocinadores, baseando-se em agências intermediadoras — que são empresas privadas —, as quais ajudam a encontrar trabalhadores estrangeiros para patrocinadores americanos, fornecem treinamento para as au pairs e monitoram as condições de trabalho e moradia após a chegada, sempre sujeitas às regulamentações e supervisão do Departamento de Estado.

O programa para au pairs, embora seja nominalmente de intercâmbio cultural, na prática é igual ao programa de trabalho temporário que propomos, com a ressalva de ser mais restrito e mais regulamentado do que nos parece necessário. Mesmo havendo quem sustente que as au pairs são exploradas, não encontramos nenhum estudo que documente abusos.[32]

O programa au pair também oferece pistas quanto ao funcionamento prático do sistema VIP. As instituições intermediárias desenvolveram sites de fácil navegação que permitem o contato entre as famílias e as au pairs (em geral do sexo feminino). A família hospedeira pode registrar suas preferências, por exemplo se a jovem tem carteira de motorista, qual seu grau de proficiência em inglês, de que parte do mundo ela vem, qual sua experiência, quais seus interesses e assim por diante. A candidata também registra suas preferências. A instituição então envia às famílias um pequeno número de perfis, que traz informações detalhadas sobre a formação, os interesses, as capacitações etc. da candidata. A família hospedeira pode entrevistar algumas ou todas elas, ou rejeitá-las, e nesse caso a agência enviará à família outro lote de perfis. A entrevista é feita por Skype.

Depois de escolhida uma candidata, ela passa por uma semana de treinamento — em que aprende a maneira americana de fazer as coisas — e então é enviada para a família hospedeira. Periodicamente, a agência manda alguém para verificar a família e a au pair. Entre outras coisas, o diálogo com as partes é feito em privado. Se um ou os dois lados estiverem insatisfeitos, a agência tentará encaixar a au pair na casa de outra família, para que não precise voltar ao país de origem.

Embora o VIP conceda o direito básico a indivíduos de patrocinar migrantes, as comunidades também poderiam ter o direito de regular sua entrada. As localidades teriam autorização de impor certos limites ao uso do sistema entre os moradores, a exemplo das normas de zoneamento. Podemos prever que algumas comunidades irão preferir um nível maior de abertura e impor poucas ou nenhuma restrição, oferecendo facilidades para atrair trabalhadores estrangeiros. Essas comunidades podem querer uma vida pública vibrante e culturalmente heterogênea. Outras irão preferir a homogeneidade e vão usar restrições de zoneamento e tributação para limitar o influxo de migrantes. Os nativos podem se deslocar entre as comunidades, em busca de oportunidades oferecidas por cidades mais abertas. Nesse espírito, seria natural aplicar o VIP numa comunidade que atuaria como "zona econômica especial", utilizando o sistema como modo de animar uma área atualmente estagnada e de examinar suas vantagens e falhas potenciais sem transtornar uma comunidade inteira.

O VIP traria praticamente todos os benefícios do leilão de vistos de Becker, mas também corrigiria suas falhas primárias. O leilão de Becker é comandado pelo governo, não por indivíduos ou comunidades. Atrairá migrantes dispostos a dar o lance mais alto, sem levar em conta se alguns deles podem causar danos sociais ou culturais às comunidades em que se estabelecem. O VIP coloca a escolha nas mãos dos nativos, sujeita à regulação da comunidade. As pessoas e as comunidades se preocupam com dinheiro e, assim, o VIP provavelmente faria com que os preços prevalecentes que os migrantes teriam de pagar aos hospedeiros fossem bastante similares aos que predominassem no leilão. Mas, como sabem todos os que trabalharam ou ofereceram emprego a alguém, o dinheiro raramente é o único fator a determinar o sucesso nessas relações. Ao encarregar as pessoas e as comunidades pelo processo, o VIP permite que elas incluam outros fatores nas decisões sobre quem deve ser aceito.

Também à diferença do leilão de Becker, o VIP incluiria o contato pessoal entre nativos e migrantes e a responsabilidade dos nativos pelo êxito de um migrante. Esse contato mutuamente benéfico tem na média, embora certamente não em todos os casos, a probabilidade de construir o tipo de relação positiva entre hospedeiros e migrantes necessário para atenuar a oposição política à migração.

Ao fortalecer o papel das comunidades na decisão sobre composição de sua vida cultural, o VIP evitaria as reações negativas que vemos quando as pessoas se sentem sob a imposição de rápidas transformações vindas do alto.

Apoios institucionais

Com importantes vantagens sobre o atual sistema de migração e sobre o método de leilão, o VIP traz também alguns problemas. Anthony pode estar ocupado demais e não dispor das qualificações pessoais ou administrativas ou das informações sobre a economia local necessárias para lidar com o sistema VIP. Chamemos isso de "problema de competência".

Anthony também pode maltratar ou explorar Bishal. Ainda que Bishal tenha o direito formal de ir embora a qualquer hora, talvez não se disponha a exercer esse direito, nem mesmo em circunstâncias extremas. Vamos imaginar que sua família dependa de suas remessas ou que ele saiu do Nepal para escapar ao crime e à corrupção. Aguentará muita coisa nos Estados Unidos antes de voltar ao seu país de origem, e isso significa que é vulnerável a abusos. Sabendo disso, Anthony pode reter ilegalmente os pagamentos de Bishal, privá-lo de alimentação e moradia adequada e até obrigá-lo a se envolver em atividades criminosas. Chamemos isso de "problema de exploração".

Questões como o problema de competência aparecem em praticamente todos os aspectos das economias de mercado. Os indivíduos precisam administrar suas pensões, hipotecas, cartões de crédito, busca de emprego e outras relações econômicas complexas. Existem dezenas de instituições criadas para ajudar as pessoas a transpor esses obstáculos. Alguns aprendem sozinhos e se tornam especialistas; outros recorrem ao mercado procurando assistentes ou serviços pessoais; outros ainda usam plataformas on-line criadas para a navegação. Na pior das hipóteses, alguns se absterão de participar como patrocinadores. Mas nosso palpite é que a maioria usará instituições que ajudarão a trafegar pelo sistema VIP.

A exploração é um problema bem mais grave. Existem leis trabalhistas e contra o tráfico de seres humanos para impedir que os empregadores prendam trabalhadores em relações coercitivas. À exceção do pagamento de um salário mínimo que comentamos antes, essas leis vigorariam plenamente no sistema VIP.

É importante reconhecer o grau e a intensidade com que a estrutura do VIP reduziria os riscos de exploração referentes ao atual sistema de migração. Os trabalhadores ficam extremamente vulneráveis à exploração quando têm poucas opções de emprego ou quando operam como imigrantes ilegais, sem a proteção da lei. Quando os potenciais empregadores são obrigados a concorrer, os trabalhadores tendem a prosperar. É precisamente essa concorrência que o VIP promove: hoje, somente um pequeno número de grandes corporações pode patrocinar vistos de trabalho. Com o VIP, todo cidadão terá essa possibilidade. Quanto mais países adotarem o sistema VIP e mais cidadãos patrocinarem, mais opções haverá para os migrantes.

O VIP funcionaria?

Propomos aqui uma reestruturação radical da migração — outro mercado radical, dessa vez o da força de trabalho. Será que conseguiria atrair o apoio popular necessário ou se sustentar? Algumas experiências recentes são animadoras.

Os sistemas de migração nos Emirados Árabes Unidos, no Qatar, no Kuwait, em Bahrein, em Omã e na Arábia Saudita (países do Conselho de Cooperação do Golfo, CCG) são criticados com muita frequência, mas apresentam aspectos interessantes. Nos Estados Unidos, há cerca de nove nativos para um residente nascido no estrangeiro; nos Emirados, a proporção é inversa.[33] Bahrein e Omã têm cerca de um migrante por nativo. Na Arábia Saudita, o país do CCG com menor número de migrantes por nativo, tem-se um migrante para dois cidadãos.

Os países do CCG não são os únicos bem-sucedidos com tais amplas populações sem cidadania. Singapura hospeda dois migrantes para cada três nativos. A Austrália e a Nova Zelândia têm cerca de um residente estrangeiro para dois nativos. Algumas cidades prósperas e bem-sucedidas, como Toronto, têm números de residentes de origem estrangeira (50%) similares aos do CCG.

Mas, apesar dessas grandes populações migrantes — em todos os casos envolvendo trabalhadores migrantes geralmente pouco qualificados —, nenhum desses países (à possível exceção da Austrália) teve uma reação popular contra a migração tão ampla como a existente nos países da OCDE, com número muito menor de migrantes.

Todos esses países têm sistemas de migração expressamente *concebidos* para que os benefícios da migração tenham ampla distribuição entre os nativos, em vez de se concentrar apenas num pequeno grupo de capitalistas, empresários e trabalhadores de alta qualificação com restrita abrangência geográfica. Mesmo com essa ampla distribuição, os benefícios totais produzidos pela migração por nativo para os migrantes e os países que os enviam são muito maiores do que nos países mais fechados da OCDE, pois o volume de migração é muitíssimo maior. Para além dessas características, os sistemas de migração desses países apresentam grandes diferenças.

No CCG, os trabalhadores migrantes gozam de poucos direitos civis, são rigidamente vigiados pelo governo e, com exceção da grande população de empregados domésticos, vivem segregados dos nativos. No entanto, nesses países, a maioria dos nativos se beneficia da riqueza pública, distribuída de maneira razoavelmente igualitária, e o Estado tem firme controle sobre a organização social dos migrantes, para prevenir crimes e revoltas. Além disso, como no sistema VIP, os nativos podem patrocinar migrantes para tarefas que os beneficiem. Assim, essa migração em escala maciça tem tido amplo e constante apoio político ao longo dos anos.

Sem dúvida, um custo importante desses sistemas é ignorar os direitos da força de trabalho migrante. Afinal, os países do CCG são monarquias e muitos observam com rigor a lei islâmica tradicional. Em alguns casos, certos países do CCG permitem que os nativos explorem migrantes que não podem sair do país, porque tiveram seus passaportes confiscados por seus empregadores. Por todas essas razões, os países do CCG não são modelo para os países da OCDE. Por outro lado, Singapura mantém uma migração perto dos níveis do CCG, com muito menos problemas de violação dos direitos dos migrantes.

Não queremos imitar os sistemas vigentes nesses países, mas cabe descrevê-los porque guardam uma lição importante. Uma reação política contra a migração em massa não é algo inevitável. Mesmo em sociedades fechadas, a migração recebe apoio político desde que seus benefícios sejam distribuídos amplamente e de maneira clara e visível.

Um internacionalismo de pessoas

Existem cerca de 250 milhões de adultos nos Estados Unidos. Em princípio, pelo sistema VIP, eles poderiam patrocinar 250 milhões de migrantes por ano. Na prática, desconfiamos que muitos — principalmente idosos, gente atarefada no trabalho e estudantes — deixariam passar a oportunidade. Imaginemos, então, que 100 milhões de pessoas patrocinem trabalhadores migrantes. Atualmente, há cerca de 45 milhões de estrangeiros nos Estados Unidos. Entre eles, cerca de 13 milhões são não cidadãos legais e 11 milhões são estrangeiros ilegais. Se nosso programa substituísse os atuais vistos de trabalho, o número de trabalhadores migrantes teria um aumento drástico, passando de 24 milhões para 100 milhões, mas não de forma que perturbasse a ordem da sociedade e sobrecarregasse os serviços públicos. A proporção entre estrangeiros e nativos nos Estados Unidos ficaria abaixo dos números existentes até nos países mais restritivos do CCG.

Imaginemos que os que usam o programa correspondam a um setor da sociedade. Já sabemos que a classe média alta usa o programa J-1 para patrocinar au pairs. Nosso objetivo é incluir pessoas da classe trabalhadora, que seriam atraídas pelos benefícios financeiros desse modelo de imigração. Uma pessoa de baixa renda que pode ganhar 6 mil dólares líquidos patrocinando um trabalhador migrante pouco qualificado aumentará significativamente seu bem-estar; por outro lado, uma pessoa rica ou de classe média provavelmente não se sentiria atraída por uma oportunidade dessas.

Essa é a principal razão do programa. Se pessoas comuns como Anthony têm ganhos financeiros com a migração e aprendem algo sobre a humanidade e as necessidades dos estrangeiros, oferecerão menos oposição. Assim, se não se enfrentassem problemas sociais sérios e o programa fosse bastante usado, o número de migrantes poderia vir a crescer.

Sem dúvida, o aumento no número de migrantes provavelmente cortará os salários de alguns empregos. Nesse sentido, nossa proposta não se diferencia das que sugerem abrir fronteiras ou aumentar o número de vistos de trabalho. A diferença central é que muitas das pessoas que seriam atingidas pelo corte salarial também ganharão ao participar do programa como patrocinadores. Os benefícios da migração seriam distribuídos de maneira mais justa, reduzindo a oposição política a ela.

Além disso, com o grande aumento de migração, o provável é que certas atividades hoje desprovidas de grande interesse econômico em países da OCDE voltariam a ser viáveis, conforme ilustramos com o exemplo dos países do CCG e de nossa historieta de abertura. Se houvesse abundância de mão de obra migrante, fábricas que se transferiram para o exterior poderiam voltar ao país, oferecendo novos empregos aos nativos, como sustentou alguns anos atrás o partido político australiano liderado por Nick Xenophon. Atualmente, muitos dos receios quanto ao impacto dos migrantes nos níveis salariais se devem mais a nossos baixos níveis correntes de migração. Nos países do CCG, onde a migração é muito maior, os salários são tão baixos e a mão de obra é tão abundante que os migrantes se empregam em atividades claramente antieconômicas (serviços domésticos, tarefas industriais de baixa qualificação etc.) para utilizar trabalhadores nativos. Essas atividades em geral têm uma escala grande o suficiente para demandar empregadores e supervisores nativos, oferecendo benefícios diretos e, muitas vezes, até emprego para os nativos, como ilustramos na historieta de abertura do capítulo.

Sob alguns aspectos, os efeitos da migração em grande escala, como propomos aqui, seriam similares aos do ingresso das mulheres no mercado de trabalho na metade do século xx, como afirma Michael Clemens em *The Walls of Nations* [Os muros das nações], livro ainda no prelo.[34] Sim, é verdade que as mulheres concorriam com os homens no local de trabalho, gerando ressentimento e alguns afastamentos. Mas, uma vez que a maioria dos homens tinha relações próximas com as mulheres — na qualidade de pais, maridos, irmãos e filhos —, o benefício que obtinham com a expansão de oportunidades concedidas a elas era maior do que os prejuízos que poderiam vir a sofrer no emprego, e, assim, acabaram por se reconciliar com essa concorrência adicional. Ao mesmo tempo, enquanto o sexismo persistia, a presença profissional crescente das mulheres começou a romper os estereótipos e o patriarcado.

Da mesma forma, nossa proposta de vincular o destino econômico dos hospedeiros e o dos migrantes reduziria gradualmente o conflito entre trabalhadores do mundo desenvolvido e do mundo em desenvolvimento, beneficiando a ambos. O vip não afetaria tanto a identidade dos trabalhadores do país hospedeiro quanto o ingresso das mulheres na força de trabalho, porque não incidiria de forma direta sobre as hierarquias existentes na esfera extremamente íntima do lar.

Pode-se ver como o vip é mais justo comparando-o ao sistema atual. No programa H1-B, em termos práticos, somente empregadores grandes e sofisticados — os Googles da vida — podem patrocinar trabalhadores migrantes. Por que apenas eles desfrutam desse benefício? Por que não as pessoas comuns? É como se o governo permitisse o ingresso na força de trabalho apenas às mulheres ricas, enquanto impedisse as pobres "para o bem delas".

Um eventual receio é de que o Google tente se aproveitar de nosso programa, incentivando seus empregados e outros a patrocinar programadores e a contratá-los para a empresa. Mas aí, servindo de intermediários, os patrocinadores ficariam com uma parcela dos lucros. Se Anthony ficar sabendo que o escritório do Google em Akron precisa de programadores, ele poderá procurar programadores. Ainda ganhará com seu patrocínio, e o trabalhador migrante e a economia local também sairão ganhando.

Quem viria? Muito provavelmente, uma mistura de trabalhadores não qualificados como Bishal e de trabalhadores qualificados, como no exemplo do Google. Atualmente, a economia ilegal é dominada por trabalhadores pouco qualificados — colhedores de morangos, babás, jardineiros, operários de abatedouros. O VIP daria uma base legal a essa mão de obra e canalizaria uma parte dos lucros dos empregadores para o bolso dos trabalhadores nativos. Em nosso sistema, os migrantes qualificados seriam tratados como qualquer outro migrante. Receberiam uma remuneração muito maior do que os migrantes não qualificados, e assim haveria uma considerável concorrência entre os hospedeiros para ficar com uma parte de suas rendas. O programa também poderia permitir que um hospedeiro patrocinasse cidadania permanente em troca de ceder, em caráter definitivo, seu direito a novos patrocínios. De maneira que os migrantes qualificados também estariam em condições de negociar cidadania permanente ou de diminuir o percentual de rendimentos que transferem para seus hospedeiros.

A preocupação mais importante é, provavelmente, que o VIP aumentaria a desigualdade nos países anfitriões. A classe média e as classes trabalhadoras do país hospedeiro iriam se beneficiar, ao passo que uma nova classe de trabalhadores migrantes muito pobres (pelos padrões americanos) formaria um grupo subordinado, o que pareceria inaceitável pelas normas liberais.

No entanto, há três razões que nos permitem resistir a essa conclusão. A primeira e mais importante delas é que é fundamental reconhecer que tal migração não *criaria* desigualdade (na verdade, iria diminuí-la). Simplesmente tornaria mais visível a desigualdade que hoje fica obscurecida pelas fronteiras nacionais. Na medida em que isso ocorresse, cremos que traria efeitos salutares, visto que começaria a expor e abrandar um sistema global que oculta a extrema pobreza às vistas e ao entendimento das pessoas dos países ricos.

Em segundo lugar, esse processo desestabilizador por conta de uma maior consciência e proximidade da desigualdade será muito atenuado pela natureza provavelmente temporária da migração sob o VIP. A nova classe será composta de um fluxo sempre mutável de estrangeiros que vêm para cá por vontade própria, em busca de qualificação e riqueza, e depois regressam a sua terra natal, onde poderão levar uma vida melhor. Os estudos sociológicos e econômicos da migração indicam que os migrantes, tendo opção, costumam preferir uma migração temporária num padrão circular de trabalho, em vez da migração permanente.[35] A experiência nos países do CCG é muito condizente com esse padrão, com ondas de trabalhadores migrantes em grande rotatividade. Apenas quando não há essa possibilidade é que a maioria tenta uma mudança em caráter permanente. Esse tipo de migração circular não cria as patologias normalmente associadas a divisões de classe, em que a classe baixa é composta por pessoas que nascem numa condição involuntária da qual nunca conseguem sair.

Em terceiro lugar, embora a desigualdade *dentro* dos Estados Unidos possa aumentar (refletindo os níveis de renda mais baixos dos trabalhadores estrangeiros), tanto a desigualdade entre os nativos americanos quanto a desigualdade *global* diminuirão. Esta é, evidentemente, a lição dos países do CCG. Bishal verá sua renda anual aumentar cinco vezes ou mais. Enviará remessas de dinheiro para a família e, quando voltar para casa, poderá ter acumulado capital suficiente — e qualificações, inclusive a qualificação linguística de um inglês melhor — para abrir um negócio próprio ou ser treinado para um emprego de remuneração maior. Na época em que as fronteiras dos Estados Unidos estavam abertas, foi exatamente isso o que fizeram muitos trabalhadores migrantes vindos da Europa para cá. Ao reduzir a desigualdade global, esse processo também reduzirá pouco a pouco a demanda de migração e aumentará os salários dos trabalhadores em todo o mundo.

Em quarto lugar, cabe reconhecer que já temos nos Estados Unidos uma classe subordinada de trabalhadores de baixo salário — são estrangeiros ilegais. Os americanos exploram essa classe faz décadas, e há muito tempo ela é tolerada pelo governo americano por causa de sua importância para muitas indústrias. Ao pôr a nu essa economia clandestina, nossa abordagem permitiria que ela fosse regulamentada e monitorada. Teria uma base mais racional, e poderia haver melhor compatibilidade entre as necessidades da economia americana e os interesses dos trabalhadores estrangeiros. E seus benefícios, em vez de irem para os capitalistas, seriam partilhados entre todos os cidadãos.

A natureza e a extensão dessas preocupações dependerão do volume de migrantes. Se a maioria dos cidadãos, e não apenas um terço deles (como concebemos e expusemos anteriormente), decidisse participar, a migração poderia praticamente dobrar a população do país hospedeiro. No entanto, o VIP seria autorregulador. Conforme chegassem mais migrantes, os ganhos para os nativos diminuiriam, e diminuiria o número de nativos dispostos a patrocinar migrantes.

O programa VIP, se fosse adotado em diversos países, criaria um mercado internacional de mão de obra migrante de grande fluidez e enormes dimensões. Haveria imensos benefícios fluindo para os mais pobres nos países em desenvolvimento e para as classes trabalhadoras atrasadas, alienadas e ressentidas dos países desenvolvidos, onde há tantos conflitos políticos. Não é desarrazoado supor que, com a circulação de estrangeiros pelos países desenvolvidos, as populações locais não só obtenham benefícios financeiros, mas também criem algum conhecimento e simpatia por outras culturas. Essa diminuição do sentimento xenófobo poderia render dividendos para a cooperação internacional.

Isso não significa negar que há algo de inquietante na posição subordinada em que o VIP iria naturalmente colocar os trabalhadores migrantes. É improvável que o programa gerasse, pelo menos no curto prazo, uma atitude esclarecida e um respeito igualitarista em relação a esses trabalhadores. Pelo contrário, seria de esperar que alguns hospedeiros criassem um sentimento paternalista e condescendente em relação aos migrantes que hospedam, como ilustra nossa historieta.

Embora esteja longe de uma verdadeira igualdade, esse desfecho é o melhor que se pode esperar no curto prazo. Muitos integrantes das elites culturais sofisticadas, as mais propensas a objetar a esse tipo de relação desigual, deviam reconsiderar sua própria relação com os migrantes. De acordo com nossa experiência, as pessoas que moram em cidades ricas e se consideram solidárias com as dificuldades dos migrantes em geral nada ou pouco sabem da língua, das culturas, das aspirações e valores desses indivíduos com os quais dizem se solidarizar. Beneficiam-se enormemente dos serviços baratos que esses migrantes oferecem e raramente se preocupam com a pobreza em que vivem. A solidariedade dessas elites cosmopolitas, portanto, é pura superficialidade. Mas é melhor do que a franca hostilidade que muitos cidadãos comuns dos países ricos sentem em relação aos migrantes.

O programa VIP, assim, tiraria das sombras o desespero dos miseráveis do mundo, ofereceria meios reais para terem oportunidades e converteria a indiferença e o ódio do mundo rico em condescendência benevolente (na pior das hipóteses) e, em muitos lugares, em verdadeira solidariedade (assim supomos). Este é um ganho moral frente à hipocrisia de nosso sistema atual, e talvez o único caminho plausível para uma ordem internacional mais justa.

CAPÍTULO 4

Desmembrando o polvo

Rumo a um mercado radical no controle corporativo

"Desculpe, senhor, é seu compromisso das três da tarde."
Oblomov se soergueu no sofá e olhou em volta com ar incerto. O escritório entrou em foco quando ele retirou do crânio a ponta do eletrodo. A volta à superfície ainda precisa ser melhorada, pensou ele. Suspirou ante a lembrança da campina tranquila e do riacho cantante. O som estava um pouco descompassado, mas o departamento de arte tinha se superado.

"É Hajjar", estralou a voz em tom de urgência pelo viva-voz. "Ele parece um pouco irritado. O senhor o deixou esperando."

Hajjar? Por um instante Oblomov se sentiu confuso, e então o coração disparou. *Aquele Hajjar?*

Fazia dez anos que não via Hajjar. Oblomov devia tudo a ele. Tinha deixado a faculdade aos dezenove anos para trabalhar como escritor de rotinas de programação, surpreendendo todo mundo. Ele era um gênio, sim, mas não um Jobs ou um Zuckerberg. Era mais sonhador do que empreendedor. E assim, embora fosse um dos primeiros codificadores do Somnio, ninguém achou que o trabalho resultaria em alguma coisa.

Menos Hajjar. Ele também foi o primeiro a entender que os gamers preferem sonhos realistas. Todos os outros achavam que os clientes não iam querer abrir mão da ação, mas, afinal, a ação também não era uma ilusão? Foi Hajjar quem convenceu Oblomov a sair do Google, e foi Hajjar quem apostou todas as suas economias em Sleepscapes e o obrigou a ser o diretor executivo garoto-prodígio, quando menos para fazer as relações públicas. Hajjar entendia coisas que ele não entendia. Por que tinha de fazer reuniões constantes com investidores, por exemplo. Ou se reunir pessoalmente com diretores de departamento, mesmo que isso significasse viajar trezentos dias por ano. Ou fazer um enésimo TEDz Talk. Ou usar pulôver preto de gola alta. Curiosamente, tudo aquilo deu certo. Sleepscapes surgiu do nada e em cinco anos entrou para a lista das cem maiores empresas da *Fortune*. Foi nomeado Bilionário do Ano pelo presidente numa cerimônia de gala no Trump Center. E a empresa recebeu a atenção dos Institucionais.

Mas isso, lembrou Oblomov um tanto vagamente, não era uma coisa agradável. Certa vez, Hajjar atirou uma pedra na janela dele, quando estava atrasado para uma reunião com investidores. Levava ainda a cicatriz no braço. Hajjar o cumprimentou durante anos com a mesma frase: "*Meu dinheiro é que te fez*". Zombando, gritando, xingando, sem parar. Sentiu os ouvidos doendo só de lembrar. Mas tinha de admitir que foi isso que o manteve. Quase faliu duas vezes. Investidores furiosos. Processos judiciais. Casamento desfeito. Uma trapaça jurídica que Hajjar enfrentou por ele. Hajjar o protegia, mas sempre pressionando.

Então um dia aquilo acabou. Tinha passado anos reclamando de Hajjar, e por fim seu advogado-geral perguntou por que ele se dava ao trabalho de retornar as ligações de Hajjar. De repente Oblomov entendeu. Claro, Hajjar não era mais dono da empresa. Hajjar não era "o dono" já fazia muito tempo. A parte de Hajjar, embora valesse bilhões, tinha se diluído a menos de 1%. Então quem era o dono da empresa? Oblomov sabia que os cinco maiores acionistas eram os Institucionais, mas mesmo assim nunca teve nenhuma notícia deles. De vez em quando falavam com o advogado sobre questões jurídicas obscuras, ou assim pensava ele, mas, fora isso — nada.

    Hajjar sempre insistira que os outros dois concorrentes — Dreamland e Somniak — eram "o inimigo". Tinham de acompanhar cada novo produto dos concorrentes, e também ter preço mais baixo. Era isso o que não deixava Oblomov dormir à noite. Discutira com Hajjar. Admirava os *pornsoms* da Somniak, e pensava que havia espaço suficiente para três empresas num vasto mercado que substituíra os games, a televisão e o cinema. A Somniak que fique com pornô, educação e new age; vamos deixar que a Dreamland faça o que faz melhor — aventura e romance — e ficamos com o resto. "Não, não, não!", Hajjar gritava, com a veia da testa saltada, como sempre acontecia quando ficava furioso, coisa que ocorria com muita frequência. "Você simplesmente não entende. É matar ou morrer."

    Mas era Hajjar quem não entendia. Oblomov parou de atender aos seus telefonemas, e Hajjar foi excluído do conselho de administração. Oblomov se atribuiu o título de "neuromancer-chefe" e transferiu as operações de rotina para um bobão cujo nome não lembrava. Isso significava... dormir. Todas as tardes; às vezes, de manhã. Não precisavam diminuir os preços. O desenvolvimento podia ser mais lento. A mídia tecnológica não entendia; as coisas iam bem, melhor do que nunca. A empresa estava mais — e não menos — lucrativa, mesmo depois de abandonarem a educação e o romance.

    Ei, peraí. Oblomov, agora totalmente desperto, sentiu um ar gelado no rosto. Oblomov nunca acompanhou muito as finanças, mas tinha ouvido algo sobre o Ministério da Justiça obrigando os Institucionais a sair. Agora o único acionista era a Fidelity. Colocaram Hajjar de volta na chefia. "É um novo amanhecer", disse Hajjar à imprensa. "Sleepscapes vai vencer outra vez."

    "Diga a ele que estou fora", disse Oblomov.

BlackRock, Vanguard, Fidelity, State Street. Muita gente reconhece os nomes dessas empresas, mas quase ninguém sabe o que elas fazem. Algo relacionado com aposentadoria? São conhecidas como *administradores de ativos* ou *investidores institucionais*, o que não ajuda muito. Mantêm-se discretas, raramente são citadas fora da imprensa financeira especializada e, no entanto, são as empresas mais poderosas do mundo. Cada uma delas administra vários trilhões de dólares em ativos. Juntas, controlam mais de um quinto do valor do mercado de ações americano, e isso significa que controlam marcas conhecidas que costumamos imaginar como empresas autônomas — JP Morgan, United Airlines, Verizon, Google. Segundo a OCDE, todos os investidores institucionais detêm coletivamente cerca de um quarto do mercado de ações dos Estados Unidos. Os mesmos investidores institucionais dominam os mercados financeiros de outros grandes países.

Como esses administradores de ativos operam despercebidos com tanta segurança enquanto detêm um poder financeiro sem igual na história do mundo, talvez à exceção apenas dos imperadores romanos? As características centrais desses investidores, que os mantêm "avançando", é que são *diversificados* e muitos de seus investimentos são tratados um tanto *passivamente*. A diversificação significa que eles têm ações de um amplo leque de empresas, em vez de se concentrar numa empresa só ou num grupo de empresas semelhantes. A passividade significa que não operam comprando e vendendo ações com frequência, mas, pelo contrário, costumam conservá-las. Também é frequente que *administrem* os ativos que, tecnicamente, pertencem a trabalhadores e a outras pessoas comuns. O Vanguard tem sido com razão elogiado por seu papel pioneiro em fundos indexados de baixo custo, que permitem que os trabalhadores diversifiquem suas poupanças para a aposentadoria e evitem vicissitudes na escolha de ações. Características assim dão a impressão de que esses grupos não desempenham nenhum papel ativo na condução da economia.

Mas as pesquisas econômicas sugerem que os investidores institucionais diversificados prejudicam um amplo espectro de indústrias, elevando os preços, reduzindo investimentos e inovações e diminuindo os salários potencialmente.

Essas consequências, até onde sabemos, não resultam de nenhuma conspiração deliberada entre os administradores dos grupos de investimentos. Na verdade, as intenções por trás da criação do setor de investimentos institucionais eram admiráveis. Veremos também que a solução para restaurar a concorrência é surpreendente: com efeito, consiste em dar aos investidores institucionais um maior controle sobre as empresas — mas sobre empresas individuais, e não setores.

O monopolista de mil faces

A palavra "monopólio" foi cunhada por Aristóteles ao debater sobre o matemático e filósofo Tales de Mileto, que mostrou o valor da filosofia nos assuntos práticos ao tomar posse do mercado das prensas de azeite antes de uma colheita.[1] No começo da Idade Moderna, porém, a principal fonte de monopólio não era esse tipo de iniciativa individual, mas sim o Estado, que autorizava indivíduos ou grupos que dispunham de boas relações a dominarem várias áreas de atividades. Para Adam Smith e seus contemporâneos, esses arranjos legais constituíam a fonte primária do monopólio. O movimento pela independência americana foi, em parte, uma luta contra o controle monopolista da Companhia Britânica das Índias Orientais sobre o comércio de chá.

Na época de Smith, os negócios eram, na maioria, de pequeno porte e dependiam do capital da família ou dos bancos locais. Grandes projetos e empreendimentos, como a construção de canais, que exigiam mais capital, geralmente eram realizados ou coordenados pelos governos. Mas, como vimos no capítulo 1, os avanços tecnológicos e as mudanças legislativas acabaram permitindo que os empreendedores criassem empresas privadas de dimensões suficientes para executar grandes projetos industriais. Para obter capital para esses empreendimentos, os empresários vendiam títulos e ações em enorme escala a investidores anônimos, que os reembolsavam ao longo de vários anos.

Com o desenvolvimento desses grandes pools de capital, os economistas passaram a se inquietar com a possibilidade de que as empresas restringissem a concorrência, transformando-se em monopólios sem qualquer ajuda do Estado, a não ser a proteção à pessoa jurídica e aos direitos de propriedade. No século XIX, Antoine Augustin Cournot elaborou alguns dos primeiros trabalhos matemáticos em economia, para estudar o interesse dos monopólios em dificultar a comercialização e reduzir a produção, a fim de aumentar o preço que cobrariam. O engenheiro e economista Jules Dupuit desenvolveu a ideia do triângulo quadrático que apareceu com tanto destaque nos capítulos 1 e 2, para ilustrar o custo social ou o "peso morto" associado ao controle monopolista: quando os monopolistas cobram preços altos, as pessoas que dão aos bens um valor abaixo do preço, mas acima do custo de produção, não os compram. Esses pensadores iriam influenciar o grande economista Léon Walras, sobre quem comentamos no capítulo 1.[2] Para Walras, os monopólios privados (a par da propriedade privada da terra) constituíam o principal obstáculo ao funcionamento dos mercados livres e também a principal causa da desigualdade. Como escreveu ele nos anos 1890: "Procurem nos Estados Unidos as origens das enormes fortunas dos multimilionários [...] e encontrarão [...] empresas operando sem concorrência".[3]

Os americanos não precisavam dos economistas franceses para lhes explicar os riscos do monopólio. Enormes empresas surgiram num curtíssimo período de tempo — por volta dos últimos trinta anos do século XIX. Dominavam todos os principais setores: transportes, energia, indústria e finanças. De modo geral, resultavam de aquisições: uma empresa comprava outras. A Standard Oil Company começou como uma empresa de Rockefeller e alguns sócios. Então ela comprou os concorrentes. Para evitar os limites criados pelas leis estaduais, Rockefeller providenciou que várias empresas separadas pertencessem a um único truste nacional, que determinava as políticas de todas as várias empresas, que assim agiam como se fossem uma só. Outros trustes importantes eram o U.S. Steel e a American Tobacco Company. Muitas empresas cresceram tanto que a concorrência foi praticamente eliminada.

Os trustes preocupavam o público, os comentaristas e os políticos, devido a seu poder financeiro e político. Contribuíram para a desigualdade econômica e política dos Anos Dourados, imortalizados nos romances de F. Scott Fitzgerald. As charges da época mostravam a Standard Oil como um polvo, cujos tentáculos abraçavam mercados e legislativos estaduais (ver figura 4.1). Em 1890, o Congresso aprovou a Lei Sherman, que proibia (entre outras condutas) "combinações restringindo o comércio".[4]

De início, a aplicação da nova lei foi lenta, mas tornou-se um instrumento de grande força nas mãos do movimento progressista que então se formava. Henry George ia à frente,[5] valendo-se de argumentos semelhantes aos de Walras.[6] O primeiro grande presidente progressista, Theodore Roosevelt, prometeu desbaratar os trustes. Embora a lenda exagere seus feitos, o governo de Roosevelt de fato instaurou vários processos judiciais antitruste. O dilema básico era que os trustes, embora prejudicassem a concorrência do mercado, assim podendo aumentar demais o preço de bens e serviços, também podiam diluir os custos fixos de produção entre um número muito maior de consumidores, devido à alta escala, resultando em preços mais baixos, e eliminavam os monopólios locais comprando monopólios fundiários e empresariais locais naquilo que os economistas chamam de "integração vertical". Assim, jamais faria o menor sentido simplesmente abolir os grandes negócios. No entanto, a legislação antitruste podia alcançar bons resultados ao proibir a concentração "horizontal" entre concorrentes quando ela não gerasse economias de escala. O governo William Taft instaurou um número de ações judiciais ainda maior do que o governo Roosevelt. Em 1911, ele desmembrou o polvo de Rockefeller.[7]

Com Woodrow Wilson, foram aprovadas mais duas leis antimonopólio. A Lei Clayton, de 1914, reforçou a legislação antitruste, restringindo certos tipos de conduta tidos como intrinsecamente anticoncorrenciais e proibindo diretamente as fusões e outras aqui-

Figura 4.1. A acumulação de poder político e econômico dos "barões ladrões", que ocorria com a acumulação financeira, deu o impulso para as primeiras leis antitruste americanas.
Fonte: Udo J. Keppler, *Next!*, 1904. Disponível em: <http://www.loc.gov/pictures/item/2001695241/>.

sições de ativos que pudessem reduzir a concorrência. A Lei da Comissão Federal de Comércio (CFC), do mesmo ano, criou um novo órgão administrativo, com o poder de regular a concorrência, dividindo as responsabilidades de aplicação com a Divisão Antitruste do Ministério da Justiça.[8]

Essas novas intervenções, porém, não detiveram o poder crescente dos conglomerados. Como mostra o jurista e professor de direito Einer Elhauge, a concentração empresarial e a desigualdade de renda que muitos atribuíam a ela continuaram a aumentar nesse período.[9] Foi preciso que viesse uma Grande Depressão e surgisse o New Deal de Franklin Roosevelt para estabelecer uma política regulatória antitruste realmente ativa em relação aos monopólios privados. Os órgãos reguladores e os tribunais se mostraram mais enérgicos em rastrear e bloquear métodos usados pelas empresas para ampliar seu poderio econômico. O Congresso também se envolveu. A Lei Clayton original procurava impedir a concentração proibindo que as empresas comprassem os lotes de ações de outras firmas. As empresas perceberam que poderiam contornar esse dispositivo comprando os ativos subjacentes em vez do lote de ações.

Esse problema tem muitos nomes, mas nosso favorito provém da biologia. Ali ele se chama "fenômeno da Rainha Vermelha", em referência à Rainha de Copas de *Alice através do espelho*, de Lewis Carroll, que diz a Alice: "Ora, aqui, veja bem, você tem de correr o máximo que der para ficar no mesmo lugar".[10] Tal como a Alice na fábula, os órgãos reguladores têm de brincar de "pega-pega" — identificando as manobras usadas pelas empresas, avaliando os danos e então criando novas leis ou regulamentações para detê-las — só para evitar o ressurgimento do monopólio. Em 1950, o Congresso aprovou uma emenda à Lei Clayton, para que abrangesse também a aquisição de ativos.[11]

Devido a esse dinamismo, a legislação antitruste americana se tornou um modelo internacional: difundiu-se inicialmente para a Grã-Bretanha, depois para a Europa continental e, mais tarde, para todo o mundo.[12] Mas, tão logo ganharam a admiração do mundo, as autoridades americanas abandonaram a enfadonha rotina da Rainha de Copas. A partir dos anos 1970 e sobretudo dos anos 1980 em diante, as autoridades antitruste perderam os rastros das manobras adotadas pelos mercados de capital, que se reconfiguraram para manter o poder monopolista. A fim de entender as razões disso, precisamos examinar a evolução da sociedade anônima e da governança corporativa nos Estados Unidos durante o século XX.

Cefalópodes acéfalos

Durante o século XX, a sociedade anônima de capital aberto se tornou a forma jurídica padrão de se operar uma grande empresa. A maior vantagem de uma sociedade anônima é que seu capital e seu passivo são negociados numa bolsa de valores. Se você acha que uma empresa pode ser a próxima Standard Oil ou o próximo Google, pode comprar algumas ações dela na bolsa. Se depois você percebe que ela é mal administrada, pode vender essas ações com a mesma facilidade. A propriedade se tornou *líquida*: ficou mais fácil comprar uma parte acionária depois de estar convertida em ações de capital, negociadas numa bolsa pública. Foi precisamente essa liquidez que, no capítulo 1, propusemos para os usos de todos os ativos.

Mas a participação acionária líquida também criou um paradoxo, identificado por Adolf Berle e Gardiner Means em *The Modern Corporation and Private Property* [*A moderna sociedade anônima e a propriedade privada*], obra pioneira de 1933. As sociedades anônimas permitiam que os empresários reunissem grandes pools de capital para financiar projetos colossais como estradas de ferro e usinas siderúrgicas, atraindo milhões de acionistas do país e do mundo todo. Esses acionistas tinham direito aos lucros da sociedade — ou em forma de dividendos ou nos proventos da liquidação da sociedade após saldar suas dívidas com os credores. No entanto, pelo menos na teoria, supostamente eles também "controlariam" a sociedade anônima contratando seus diretores, os quais, por sua vez, nomeavam e monitoravam o diretor executivo e outros dirigentes da empresa, em suma, o pessoal com responsabilidade operacional no dia a dia. Os acionistas também exerciam o direito de voto em grandes decisões da corporação, como fusões.

Mas, como Berle e Means assinalaram, ser "dono" de uma sociedade anônima era muito diferente de ser dono de uma propriedade usual. Se você é dono de um carro, tem controle sobre ele (dirigindo e estacionando o veículo), bem como direito ao lucro se o carro for usado por terceiros (se você o alugar ou vender). No caso de uma grande sociedade anônima, são milhões de donos. Quem a controla de fato? O problema retorna à votação, tema do capítulo 2. Se você tem três ações do Google, pode votar à vontade, mas dificilmente seu voto fará alguma diferença. E, por causa disso, você nem vai se interessar muito, para começo de conversa, em saber como o Google opera, de modo que nem estará em condições de exercer seu direito de voto de maneira bem informada. Hoje, muita gente percebe que a única vantagem de ser acionista de uma corporação é que tem ganhos no mercado sem nem prestar atenção nisso.

Então quem controla as corporações? Geralmente os diretores. Em princípio, caberia aos membros do conselho de administração assegurarem que o diretor executivo e outros dirigentes atuem em favor dos interesses dos acionistas, mas geralmente eles têm uma dívida para com o diretor executivo que, para começar, foi quem os nomeou. Os membros do conselho de administração normalmente também são pessoas de fora, sem tempo, sem incentivo e sem informação necessária para garantir que a diretoria executiva atue no interesse dos acionistas.

A dissociação entre propriedade e controle gera aquilo que os economistas chamam de "custo de agência". O agente — aqui, o diretor executivo — não atua necessariamente no interesse do principal — o conjunto de acionistas. Em vez disso, pode usar a sociedade anônima para enriquecimento pessoal (por exemplo, com salários demasiado altos para si mesmo, ou fazendo com que a corporação compre um jatinho para seu uso e assim por diante), ou ser simplesmente relapso e preguiçoso. O desenvolvimento dos mercados de ações deu aos investidores a capacidade de obter liquidez, mas ao preço de perderem o controle — ou seja, o custo de agência.

Como podemos assegurar que os administradores atuem no interesse dos acionistas? Embora os economistas acreditem que é importante haver um mercado de aquisições — em que outra empresa ou grupo de investidores compra uma empresa de desempenho fraco e demite seu diretor executivo — que atemorize e induza os diretores executivos a maximizar os lucros, boa parte das reflexões atuais se concentra na forma de remuneração corporativa e na estrutura administrativa da sociedade anônima. Os diretores executivos, desse ponto de vista, deveriam ser remunerados em ações, de forma que são premiados quando o preço das ações sobe e são penalizados quando ele cai. O conselho de administração deveria ter relativa independência. Os acionistas deveriam ter amplas oportunidades de voto. E assim por diante. Os governos vêm tentando incentivar as empresas a adotar "melhores práticas" como essas, mas nenhuma soluciona realmente o problema básico identificado por Berle e Means.

Numa perspectiva ampla, podemos ver três coisas importantes que aconteceram quando a economia passou de uma propriedade de tipo pessoal — em que um indivíduo é dono de um moinho ou de uma fazenda — para o sistema moderno de mercados de capital, em que o valor líquido está disperso entre a população. Ficou muito mais fácil levantar capital para negócios e outros projetos. Mas também ficou muito mais fácil haver uma concentração no setor por meio de aquisições, resultando em preços de monopólio, achatamento salarial e corrupção política. E também se torna possível que os diretores operem as empresas em benefício próprio e não em benefício dos acionistas. O governo americano tem reagido esporadicamente com a aplicação da governança corporativa e das leis antitruste, mas há razões para pensar que existe uma tensão entre esses dois estilos de regulação. Essa contradição esteve oculta por muitos anos, mas aflorou com o surgimento do investimento institucional.

Capitalismo sem esforço

A lógica do capitalismo acionário sugere que os investidores querem ter o mínimo de trabalho possível com o máximo de retorno estável. A partir dos anos 1950, os economistas passaram a desenvolver ideias financeiras baseadas nesses princípios e que vieram a ser conhecidas como "teoria do portfólio".[13] A principal percepção é a de que, para o investidor médio, faz mais sentido comprar ações num grupo diversificado de sociedades anônimas, mimetizando a economia como um todo, do que escolher com base em hipóteses sobre quais são as empresas mais bem administradas. O investidor, ao comprar e conservar apenas uma ação, corre o risco de que o preço dela caia por razões específicas — incompetência ou fraude na gestão, por exemplo. Os investidores podem evitar esses riscos específicos de determinadas ações com ampla diversificação em toda a economia.

Outros desenvolvimentos teóricos reforçaram essas conclusões.

A chamada hipótese dos mercados financeiros eficientes ressaltava que o investidor que escolhesse uma ação "subvalorizada" estava iludindo a si mesmo. O mais provável é que ele seja derrubado por profissionais qualificados, que aumentarão o preço da ação antes que um investidor comum consiga chegar lá. Isso significa que, para começo de conversa, nem faz muito sentido escolher uma ação (certamente não para investidores amadores).[14] A "finança comportamental" sustenta que os investidores comuns costumam agir irracionalmente.[15] Toda essa teoria exortava os investidores simplesmente a diversificarem, pagando o mínimo possível a administradores financeiros desonestos, que dizem ser capazes de "derrotar o mercado".

O jeito mais barato de fazer isso é por meio dos fundos mútuos de baixo custo (em especial os fundos indexados), que seguem os indicadores de mercado. Um fundo mútuo é uma carteira de ações que pode ter um foco setorial (por exemplo, energia) ou estratégico (por exemplo, crescimento). Um fundo indexado (que é um tipo de fundo mútuo) tem uma carteira de ações que pretende refletir exatamente o índice de juros (por exemplo, S&P 500). A partir dos anos 1970, criou-se uma enorme demanda por esses fundos, em parte devido à transferência da poupança de aposentadoria para o mercado financeiro, motivada por várias reformas do governo, em parte incentivada pelo governo, que, persuadido pela teoria financeira, encorajava os investidores a colocar suas economias nesses fundos diversificados de baixo custo. Como efeito geral, os investidores institucionais que controlavam esses fundos se tornaram os maiores donos e, portanto, os maiores controladores (pelo menos na teoria) das principais sociedades anônimas.

Mas quem são os investidores institucionais? Entre eles estão empresas que administram fundos mútuos e fundos indexados, administradoras de ativos e outras empresas que compram e detêm patrimônios líquidos em nome de seus clientes. Os maiores nomes são os que citamos antes: Vanguard, BlackRock, State Street e Fidelity. As operações de fundos indexados são relativamente mecânicas, e assim seus custos são baixos; hoje, provavelmente respondem por menos de um quarto dos pacotes oferecidos pelos investidores institucionais.[16]

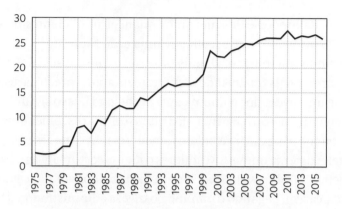

Figura 4.2. Holdings de fundos mútuos e fundos indexados ao longo dos anos, a partir de 1975.
Essa série foi criada usando dados do Institutional Investor Fact Book do Investment Company Institute, de 2016, e os Indicadores de Desenvolvimento Mundial de 2017 do Banco Mundial. A partir de 2000, calculamos a participação dos investidores institucionais nas ações ordinárias dos Estados Unidos como a soma de todos os ativos de fundos de ações ordinárias, excluindo o Mundial, mais metade dos ativos de fundos híbridos. No total, correspondem a cerca de 40% do total de ativos institucionais durante o período 2000-15. Antes de 2000, o Fact Book registra apenas ativos agregados; para extrapolar retroativamente nossa análise, supomos que 40% desses ativos são de holdings americanas. Então, dividimos esses números pelo total dos títulos públicos americanos registrados nos Indicadores do Desenvolvimento Mundial.

A figura 4.2 mostra o crescimento da parcela controlada por investidores institucionais do mercado financeiro público dos Estados Unidos. Seu controle aumentou drasticamente, começando por volta de 1980 com um controle de cerca de 4% e se estabilizando por volta da Grande Recessão em 26%. Embora a porcentagem de 26% ainda seja uma minoria do mercado como um todo, grande parte do patrimônio líquido das maiores corporações públicas se encontra espalhada difusamente em famílias individuais, que não têm capacidade de desempenhar um papel na administração dessas sociedades anônimas.[17]

Isso forma um acentuado contraste com o peso dos investidores institucionais. Desde o final dos anos 1980, BlackRock, Fidelity, Vanguard e State Street cresceram não só em termos absolutos: também se tornaram os maiores acionistas das principais sociedades anônimas americanas.[18] A tabela 4.1 mostra um exemplo típico do setor bancário americano. E essa tendência não se limita aos Estados Unidos: os números também são altos no Canadá, na Dinamarca, na França e na Suécia, entre outros países.[19]

JP MORGAN CHASE	%	BANK OF AMERICA	%	CITIGROUP	%
BlackRock	6,4	Berkshire Hathaway*	6,9	BlackRock	6,1
Vanguard	4,7	BlackRock	5,3	Vanguard	4,5
State Street	4,5	Vanguard	4,5	State Street	4,2
Fidelity	2,7	State Street	4,3	Fidelity	3,6
Wellington	2,5	Fidelity	2,1	Capital World Investors	2,4

WELLS FARGO	%	U. S. BANK	%	PNC BANK	%
Berkshire Hathaway	8,8	BlackRock	7,4	Wellington	8,0
BlackRock	5,4	Vanguard	4,5	BlackRock	4,7
Vanguard	4,5	Fidelity	4,4	Vanguard	4,6
State Street	4,0	State Street	4,4	State Street	4,6
Fidelity	3,5	Berkshire Hathaway	4,3	Barrow Henley	4,0

* Títulos de garantia sem direito de voto.

Tabela 4.1. Os cinco principais acionistas dos seis maiores bancos americanos. Fonte: José Azar, Sahil Raina e Martin C. Schmalz, *Ultimate Ownership and Bank Competition*. Manuscrito inédito, 23 jul. 2016. Disponível em: <https://papers.ssrn.com/sol3/papers.cfm?abstract_id=2710252>.

Com seu crescimento, essas instituições se tornaram as maiores proprietárias das empresas em que investiam. Nos anos 1990, os estudiosos começaram a ponderar que os investidores institucionais poderiam oferecer a disciplina de mercado que os acionistas dispersos da sociedade anônima de Berle-Means não eram capazes de fornecer.[20] Vanguard, por exemplo, tem mais de 6% da Delta Airlines, sendo, com isso, seu maior acionista individual. Embora esteja longe de ser uma participação majoritária, quando a Vanguard telefona, o presidente-executivo da Delta atenderá à ligação porque a Vanguard é seu maior acionista.

Além disso, muitos investidores institucionais (mas não a Vanguard) oferecem diversos fundos administrados que selecionam as ações e, assim, ameaçam vendê-las caso as empresas em que investem não sigam suas orientações. O tema em questão continua a ser o papel efetivo dos investidores institucionais na governança. Mas o debate não leva em conta a verdadeira importância do aumento de investidores institucionais, qual seja, se eles controlam as empresas que detêm, então podem usar esse controle para fins positivos, mas também para fins negativos.

Examinemos outra vez a tabela 4.1, que apresenta os padrões de propriedade no setor bancário americano.[21] Os maiores donos desses bancos são, de maneira quase uniforme, o mesmo grupo de investidores institucionais. BlackRock é o maior dono do JP Morgan, com 6,4% de participação. É também o maior dono do Citigroup e do U.S. Bank e o segundo maior dono do Bank of America, Wells Fargo e PNC Bank. Vanguard é o segundo maior dono do JP Morgan, do Citigroup e do U.S. Bank e o terceiro maior dono do Bank of America, do Wells Fargo e do PNC Bank. Isso também caracteriza muitos outros mercados. Somados, BlackRock, Vanguard e State Street constituem o maior acionista individual de pelo menos 40% de todas as empresas públicas nos Estados Unidos e de perto de 90% das empresas públicas no S&P 500.[22] A porcentagem de empresas públicas americanas que pertencem a investidores institucionais que, ao mesmo tempo, detêm grandes fatias de outras empresas do mesmo setor aumentou de menos de 10% em 1980 para cerca de 60% em 2010, e desde então continua a aumentar.[23]

Os investidores institucionais constituem a mais recente repetição do problema da Rainha Vermelha na aplicação das leis antitruste. A legislação antitruste tradicional visava impedir que uma só corporação viesse a dominar um mercado inteiro. Mas os investidores institucionais permitem que os investidores escapem a essas regras, unindo os interesses das maiores empresas que dominam qualquer mercado específico — e têm agido assim na economia como um todo. Com efeito, os investidores institucionais têm um comportamento muito similar ao dos trustes um século atrás, mas operando de maneira mais sutil e menos transparente. No entanto, esse seu controle é tanto mais pernicioso na medida em que essas instituições, além de operar de maneira muito obscura, têm o potencial de eliminar a concorrência não só num setor econômico, mas em toda a economia.

Assim, a aplicação das leis antitruste não está adaptada a essa mais recente forma de poder econômico concentrado. Os economistas por muitos anos se preocuparam com os potenciais efeitos desses padrões de propriedade, por uma série de razões. Mas foi apenas em 2012 que um jovem economista de grande inteligência, José Azar, juntou as peças do quebra-cabeça.[24]

O que há de errado com a indexação?

O que exatamente Azar vê de tão errado nas holdings diversificadas dos investidores institucionais? Para acompanhar o raciocínio, voltemos à teoria básica da concorrência que está por trás da legislação antitruste.

De acordo com essa teoria, a concorrência faz com que as empresas lutem para agradar aos clientes, reduzindo com isso os preços e melhorando a qualidade. Suponhamos que a GM e a Ford sejam as únicas duas fabricantes de automóveis nos Estados Unidos, cada qual controlando uma metade do mercado. A GM quer aumentar seus lucros entrando na fatia de mercado da Ford. Para tanto, cogita baixar o preço de seus carros. Pessoas que comprariam carros da

Ford passam a comprar da GM, aproveitando o preço mais baixo. O problema da GM é que, se diminuir o preço dos carros, também receberá um lucro menor do que com os que teria vendido mesmo sem reduzir o preço.

Assim, se a Ford sumisse e a GM se tornasse a única empresa automobilística no mercado, uma monopolista, ela aumentaria os preços e diminuiria a produção, pois não precisaria recear que os clientes se transferissem para a Ford. Por outro lado, se houvesse centenas de fabricantes de automóveis disputando clientes, a GM precisaria abaixar drasticamente os preços para evitar que os clientes fossem para outro fornecedor. A GM cobraria o suficiente apenas para cobrir os custos, o chamado "preço competitivo". Quando apenas duas empresas controlam o mercado, como no primeiro exemplo (o chamado duopólio), os economistas creem que elas concorrerão moderadamente, diminuindo os preços abaixo do que cobraria um monopolista, mas acima do preço competitivo. Conforme aumenta o número de empresas, a concorrência se intensifica e os preços caem, ao passo que a quantidade produzida aumenta.

O que determina o número de empresas num mercado — ou, em outras palavras, o grau de "concentração do mercado"? Em alguns casos, uma empresa pode crescer e vencer a concorrência simplesmente sendo o concorrente mais eficiente. Nesse caso, a legislação admite ou até incentiva a concentração de mercado. A empresa deve ser premiada por sua eficiência. A legislação antitruste geralmente é cética quando uma só empresa compra os concorrentes e, assim, a concentração de mercado se intensifica, como quando Tales de Mileto comprou as prensas de azeite dos produtores concorrentes. Mas, no mundo real, as questões podem ser mais complicadas. Imaginemos outra vez que existam dezenas de fabricantes de automóveis e dois deles — a Ford e a GM — resolvam se fundir. Aqui, o efeito da fusão sobre a concorrência provavelmente será pequeno — porque existem muitos concorrentes. Além disso, a fusão pode criar uma empresa mais eficiente, ao desobrigar a Ford e a GM de terem instalações industriais em dobro. Para avaliar uma fusão, é preciso comparar o efeito de poder de mercado (que é ruim para os consumidores) e as economias de escala (que são boas para produtores e consumidores).

O governo americano muitas vezes questiona as fusões por razões jurídicas. Para fornecer uma orientação às empresas que pensam em se fundir, os dois principais órgãos antitruste — o Ministério da Justiça e o FTC — publicaram as Diretrizes de Fusão Horizontal ("Diretrizes"), que estabelecem patamares numéricos sobre o grau de concentração nos mercados e a natureza das fusões mais capazes de desencadear uma investigação e uma intervenção.[25] Um de nós ajudou na elaboração das diretrizes mais recentes.[26]

A análise por trás dessas diretrizes parte do pressuposto de que as empresas são de propriedades independentes e concorrem de maneira autônoma entre si. Mas, como vimos, muitas empresas não são de propriedade independente — pelo contrário, são dominadas por investidores institucionais que têm grandes participações em empresas rivais. Para entender a importância disso, comecemos por imaginar que um único acionista tenha 100% da Ford e 100% da GM. Quando a Ford baixa os preços, ela espera ganhar uma parcela do mercado em detrimento da GM. Mas um acionista que é dono das duas empresas não se beneficiaria se a Ford batesse a GM e certamente perderia com a redução dos preços. O acionista orientaria os diretores executivos das duas empresas a não entrarem numa concorrência de preços (nem numa concorrência de qualidade ou inovação, encarecendo o produto), e sim a se portarem como se as duas empresas tivessem se fundido.

Os investidores institucionais reais têm apenas cerca de 5% a 10% das empresas, mas a lógica é a mesma. Suponhamos que Vanguard seja a maior acionista da GM e da Ford, e que BlackRock seja a segunda. Vanguard tem 7% de cada empresa; Blackrock, 6%. Ambos os investidores institucionais querem que a GM e a Ford evitem uma concorrência de preços, porque a redução dos preços diminui os lucros. Tanto faz se a parte deles é de 100%, 7%, 6% ou 0,01%. Estão de acordo sobre os objetivos. Então os diretores executivos da GM e da Ford vão se recusar a concorrer? A resposta depende de se os investidores institucionais realmente conseguem exercer influência sobre a diretoria executiva. Há várias razões para pensar que conseguem.

- Um investidor institucional pode aconselhar estrategicamente a um diretor executivo que os lucros aumentarão se a empresa subir os preços ou reduzir o investimento. Um artigo recente examina precisamente esse tipo de comportamento: empresas em setores concentrados com alto grau de propriedade comum têm feito investimentos em capacidade e inovação cada vez mais anêmicos.[27] Como os diretores executivos sabem que o investidor pode estar de conversa com os seus rivais, cada um deles imagina que os rivais também podem elevar os preços, facilitando uma mancomunação tácita. Além disso, o investidor pode punir um diretor executivo que não siga sua recomendação, dando votos negativos contra a sua remuneração e a sua presença na lista de candidatos do conselho de administração.
- Os investidores institucionais dominam naturalmente as "teleconferências dos relatórios financeiros" e outras interações do diretor financeiro das principais corporações com seus investidores. A obrigação desses diretores financeiros é "manter os investidores felizes". Se os principais investidores se desagradam das iniciativas pró-concorrenciais e elogiam as iniciativas anticoncorrenciais, isso tende a cooptar o diretor financeiro e levá-lo a adotar uma posição anticoncorrencial dentro da empresa.
- O investidor institucional pode conceber ou promover pacotes de incentivos aos diretores executivos para reduzir seu ímpeto de concorrer contra os rivais. Os diretores executivos podem ser avaliados por seu desempenho relativo, frente aos concorrentes, ou por seu desempenho absoluto. No primeiro caso, o diretor executivo pode se sair bem tomando uma fatia de mercado de um rival, por exemplo, sem considerar os níveis absolutos de lucro. No caso do desempenho absoluto, essa tomada não é premiada a menos que eleve os lucros absolutos, atenuando a concorrência. Um estudo recente mostrou um forte declínio na remuneração relativa com propriedade comum: é maior o número de empresas

de propriedade comum com práticas de remuneração que desencorajam sistematicamente a concorrência agressiva.[28]
- O investidor pode bloquear os lances de investidores ativistas interessados na concorrência agressiva.[29]
- Mesmo de modo menos direto, mas talvez mais pernicioso, os investidores institucionais podem promover critérios, práticas e crenças empresariais que só aparentam ser "pró-empresa" ou "pró-acionistas", mas também tendem a reduzir a concorrência. Sob pretexto de promover a boa governança corporativa, os investidores institucionais podem promover iniciativas para "cortar desperdícios", reduzindo os investimentos e o número de empregados, e incentivar as empresas a pagar retornos maiores aos acionistas ou a fazer caixa. Podem promover o lobby de empresas em favor de políticas gerais "pró-empresa", como uma menor regulação e menor carga tributária. Talvez seja mera coincidência, mas exatamente no mesmo período em que os investidores institucionais passaram a predominar, a "ideologia" empresarial dominante deixou de enfatizar os investimentos e as inovações e passou a favorecer a retração, os lobbies e o corte de custos.[30] Essas iniciativas podem resultar em menor concorrência e, assim, em lucros maiores para os investidores institucionais.

Por outro lado, os diretores executivos muitas vezes detêm uma participação concentrada nas empresas que administram. Portanto, podem relutar em seguir instruções de não se envolverem numa concorrência de preços. Embora seja difícil imaginar que esses diretores executivos possam ignorar totalmente os interesses de seus investidores, que (em princípio) podem demiti-los ou reduzir seus salários, o desfecho desse conflito é uma questão empírica.

O trabalho de Azar, Martin Schmalz e coautores fornece provas que sustentam essa questão. Um dos estudos aborda o setor das empresas aéreas.[31] Examina a concorrência entre linhas aéreas com base nas rotas (por exemplo, Nova York-Chicago ou Los Angeles-Houston) e descobre que, quando os investidores institucionais detêm participação substancial nas empresas aéreas, os preços são mais altos nas rotas em que há concorrência do que nas rotas em que não há. No geral, constatam que os preços das passagens aéreas são de 3% a 5% mais altos, em decorrência do poder anticoncorrencial dos investidores institucionais. Eles examinam com grande perspicácia a fusão de dois investidores institucionais e encontram efeitos ainda mais claros dessa fusão precisamente nas rotas que se esperaria serem afetadas, sugerindo que o envolvimento dos investidores institucionais é tão grande que consegue até afetar a precificação das rotas individuais.

Outro estudo chega a uma conclusão semelhante para o setor bancário. Os autores constatam que uma medição do grau de sobreposição de diferentes investidores institucionais com participação acionária nos bancos permite prever os preços e termos dos produtos financeiros oferecidos por essas instituições financeiras com precisão muito maior do que as medidas usuais de concentração.[32] Quando os investidores institucionais têm grande participação em bancos que concorrem em mercados locais, os clientes recebem índices de juros mais baixos em suas contas. E o problema só vem piorando. Um terceiro artigo mostra que as holdings horizontais de investidores institucionais na construção, na indústria, nas finanças e nos serviços, segundo uma medição, aumentaram 600% de 1993 a 2014.[33] Em todos esses setores, portanto, é de se esperar uma redução da competitividade com o tempo e aumentos nos preços em relação ao que seriam se houvesse uma concorrência maior.

Esse predomínio dos investidores institucionais não significa apenas que as pessoas enfrentam preços mais altos. Provavelmente significa também que recebem salários mais baixos. As empresas concorrem disputando seus trabalhadores, assim como disputam consumidores. Tal como as empresas que fazem conluios para elevar os preços e diminuir a produção, as empresas que os fazem no mercado de trabalho provavelmente pagarão salários menores e demitirão os trabalhadores a fim de criar maior desemprego, para poderem manter esses salários mais baixos e explorar os funcionários. Esse fenômeno é conhecido como "monopsônio", o contrário do monopólio. Volta à pauta a estagnação salarial da maioria dos trabalhadores que comentamos na introdução, e pesquisas recentes têm mostrado uma estreita ligação entre o aumento do poder de mercado e o crescimento salarial anêmico.[34]

Ademais, se as empresas coordenam suas atividades políticas, é mais provável que atuem em favor de seus interesses e contra as regulações e tributações do que em favor do interesse público. Os cientistas políticos Jacob Hacker e Paul Pierson documentaram o surgimento desse fenômeno em paralelo com o surgimento do investimento institucional.[35] O objetivo lógico do investimento institucional e da diversificação é a coordenação de todo o capital para extrair o máximo de riqueza dos consumidores e dos trabalhadores.

Restaurando a concorrência

Uma reforma simples, mas radical, é capaz de impedir essa distopia: proibir que os investidores institucionais diversifiquem sua participação *dentro* dos setores, ao mesmo tempo permitindo que diversifiquem *entre* eles. BlackRock teria o quanto quisesse na United Airlines, por exemplo, mas não teria nenhuma participação na Delta, na Southwest e em outras empresas. Também teria o quanto quisesse na Pepsi, mas não na Coca-Cola ou na Dr. Pepper. E teria o quanto quisesse na JP Morgan, mas nada no Citigroup e em outros bancos. Se a BlackRock mantiver sua estatura, provavelmente acabará tendo enormes participações nas empresas em que está presente — 10% a 20% ou mais — em vários mercados, como ilustra nossa historieta de abertura.

Permitiríamos igualmente que os investidores institucionais continuassem diversificados não só entre setores, mas também no interior deles, desde que não crescessem demais. Baseando-nos em cálculos mais detalhados de nosso trabalho conjunto com Fiona Scott Morton (ex-economista-chefe da Divisão Antitruste do Ministério da Justiça) sobre essa proposta, acreditamos que 1% é um patamar razoável.[36] Assim, um investidor institucional poderia ter

1% da United, 1% da Delta, 1% da Southwest e 1% de todas as demais empresas aéreas; 1% da Pepsi, 1% da Coca-Cola e 1% da Dr. Pepper; 1% de todos os bancos, e assim por diante. Em nossa proposta, os investidores institucionais têm uma escolha. Podem ser *pequenos* e *totalmente* diversificados — no interior e entre os setores —, ou podem ser *grandes* e *parcialmente* diversificados — não no interior, mas apenas entre os setores. Também isentamos os investidores que escolhem ser *puramente passivos* (que não se envolvem em nenhuma atividade de governança corporativa).

Nossa abordagem pode ser sintetizada em uma regra simples:

Nenhum investidor detendo ações em mais de uma empresa ativa num oligopólio e participando da governança corporativa pode ter mais do que 1% do mercado.

A operacionalização prática dessa regra é sutil (por exemplo, definir "oligopólio" e "empresa ativa"). A questão, entre muitas outras, é como lidar com empresas que operam em vários mercados. Os leitores interessados nos detalhes podem consultar nosso estudo paralelo.[37] Mas, para os presentes fins, a regra é suficientemente clara.

Por ora, a justificativa de proposta também deve estar clara. Como os investidores institucionais se mostram reduzindo a concorrência entre as empresas que possuem, não devem ser autorizados a possuir empresas concorrentes dentro de um mesmo setor concentrado — salvo quando os investidores institucionais são pequenos ou passivos. Mas nossa proposta afeta outras questões além da concorrência, e agora trataremos de seus efeitos prováveis nessas outras áreas.

Governança

Além dos benefícios para a concorrência, nossa proposta também melhoraria muito a governança corporativa. Vários analistas também observaram que o atual sistema de predomínio do investidor institucional prejudica as governanças corporativas. Nas palavras dos professores de direito Ronald Gilson e Jeffrey Gordon:

> Os intermediários institucionais concorrem e são premiados com base na métrica do "desempenho relativo", que lhes dá pouco incentivo para se envolverem num ativismo em favor dos acionistas, que poderia corrigir falhas no desempenho administrativo; tal atividade pode melhorar o desempenho absoluto, mas não o relativo [da instituição].[38]

Em outras palavras, se um grande investidor gasta tempo e recursos melhorando o desempenho da Empresa X, o preço maior das ações da Empresa X beneficiará todos os donos de tal empresa. Como um grande investidor institucional possui aproximadamente as mesmas ações que os demais, inclusive da Empresa X, ele não ganhou nada *em relação a seus concorrentes no setor de serviços financeiros*. Ainda ganhará expandindo o tamanho geral do mercado de ações, o que aumenta o rendimento que obtém nele, e assim ainda terá alguns incentivos para se envolver nos tipos de governança corporativa que destacamos anteriormente. No entanto, esses incentivos se reduzem muito em comparação com o caso em que cada corporação é basicamente controlada por um só investidor institucional.

Nossa proposta corrige esse problema ao concentrar os interesses de cada investidor institucional numa única empresa dentro de um setor: por exemplo, uma participação grande na GM em vez de participações menores na GM, na Ford e na Chrysler. Como ilustra nossa historieta, isso dá ao investidor institucional um grande incentivo para monitorar essa empresa, ao fazer com que a reputação e os lucros do investidor institucional dependam do seu desempenho. Além disso, nossa proposta poderia mudar a natureza da concorrência entre os fundos mútuos.[39] Hoje, essa concorrência se concentra basicamente nas tarifas, nos serviços e na ilusória capacidade dos administradores de fundos de "escolher" ações.[40] Se nossa proposta fosse implementada, a concorrência iria se concentrar na qualidade da governança oferecida pelos investidores institucionais, levando a um mercado em que a concorrência entre os investidores institucionais ajudaria diretamente a resolver o problema Berle-Means, ao responsabilizar os investidores institucionais pelo controle das empresas em que investem para que maximizem os retornos.

Isso não significa que nossa proposta não apresente nenhum problema para a governança corporativa. Alguns fundos indexados, embora imaginemos que seriam poucos, poderiam decidir renunciar por completo à governança (como reconhecemos e comentamos mais adiante), o que poderia prejudicar a governança. Ao criar grandes acionistas dominantes e concentrados, nossa política poderia resultar em desvantagem para acionistas minoritários, problema que teria de ser atacado por outras reformas (inclusive com a aplicação da votação quadrática à governança corporativa). Com nossa proposta, é provável que os investidores institucionais tivessem mais dificuldade e demorassem mais para trocar as empresas em que investem, o que poderia refrear beneficamente o excesso de seleção de ações, mas também tornaria o mercado um pouco menos líquido (embora aqui também outras políticas que defendemos, como o COST, ajudariam a corrigir esse aspecto). Por fim, nossa política certamente exigiria um período de transição, para permitir que os investidores institucionais se adaptassem em conformidade a ela, junto com outras regulações. De todo modo, os benefícios de nossa política para a governança corporativa são substanciais e os problemas que cria são bastante limitados.

Diversificação

A principal objeção à nossa estratégia é a de que ela limitaria a diversificação disponível aos investidores. Por exemplo, os investidores de uma única instituição não terão uma diversificação tão ampla se em seu portfólio contarem com apenas uma empresa aérea em vez de quatro. Esse custo de nossa proposta é muito menor do que os ganhos que ela propicia, por três razões.

Primeiro, se nossa política de fato limitasse a diversificação dentro de um setor, esse efeito seria pequeno. Os economistas financeiros constataram que um portfólio escolhido aleatoriamente com apenas cinquenta grupos de ações alcança 90% dos benefícios de diversificação passíveis de ser obtidos com a variedade completa por todo o mercado.[41] Isso porque, quando se tem participação em algumas dezenas de empresas, os ganhos da diversificação pela participação em outras sociedades anônimas são pequenos. No entanto, nossa proposta permitiria uma diversificação muito maior, por muitos motivos. Entre eles, o fato de que um componente importante de variação nos retornos de um lote individual de ações é resultante de um elemento setorial, e assim a diversificação entre setores é muito melhor do que a diversificação aleatória; além de que nossa proposta só afeta holdings nos setores oligopolistas concentrados, não em todos.[42] Ademais, muitas holdings acionárias institucionais nos Estados Unidos estão nas mãos de diversos fundos pequenos, que por deterem menos de 1% de qualquer empresa não seriam afetados por nossa política. Assim, cremos que nossa proposta preservaria praticamente todos os ganhos decorrentes da diversificação para os investidores normais, mesmo que decidam ficar apenas com os fundos oferecidos por uma só instituição.

Segundo, não há nenhuma razão para que nossa proposta precise piorar a diversificação. Se quem economiza de fato quiser plena e total diversificação, pode simplesmente investir uma parte do dinheiro em muitos investidores institucionais. Nossa regra não impediria a diversificação direta de investidores individuais.

Por fim, um investidor que procurasse o máximo de diversificação e grande escala poderia aproveitar a exceção que nossa política abre para os fundos indexados. Um investidor institucional poderia ter a participação que quisesse — no interior e entre os setores — desde que nunca se comunicasse com as empresas operacionais e desde que se comprometesse a espelhar o voto dos outros acionistas e se comprometesse com uma estratégia de investimentos clara e verificável, como a indexação, que não dá liberdade ao investidor para vender ações e comprar outras, e assim impede que ele penalize as empresas ao vender suas ações. Assim, o custo de nossa política para a diversificação é *de minimus*.

A lei ao nosso lado

A proibição legal aos padrões de investimento institucional que levam a problemas de monopólio, já apontados, é absolutamente clara. A passagem pertinente da lei diz:

> Ninguém [...] adquirirá, direta ou indiretamente, a totalidade ou qualquer parcela do lote de ações ou [...] ativos de outra pessoa [...] quando [...] o efeito de tal aquisição possa ser o de reduzir substancialmente a concorrência ou de favorecer a criação de um monopólio.[43]

Uma sociedade anônima vale como uma "pessoa", e assim não pode comprar os ativos ou o lote de ações de outra sociedade anônima, de que resulte o efeito de concentrar suficientemente o mercado. Mas a lei acrescenta uma exceção:

> Esta seção não se aplicará a pessoas que comprem tal lote de ações exclusivamente para investimento, sem usá-lo para gerar ou tentar gerar por votação ou por outro meio a redução substancial da concorrência.[44]

Essa cláusula ficou conhecida como "defesa do investimento passivo". Assim, uma sociedade anônima não pode adquirir participação quando isso reduzir a concorrência, mas pode fazê-lo para "fins de investimento". Como essas cláusulas se compatibilizam? Em "Estados Unidos vs. E. I. Du Pont de Nemours & Co.", o Supremo Tribunal americano decidiu que a compra de um volume substancial de ações da General Motors pela Du Pont violaria a Seção 7.[45] Mesmo quando a aquisição é feita apenas com vistas ao investimento, a linguagem clara possibilita abrir um processo sempre que o lote de ações seja usado "para gerar ou tentar gerar uma redução substancial da concorrência".[46] Assim, no fim das contas, a única questão é se a aquisição de lotes de ações reduz ou não reduz a concorrência. A Seção 7 tem sido usada ao longo dos anos para sustar várias fusões e outras aquisições de ativos. Não contra investidores institucionais.

No entanto, como observa o jurista Elhauge, o argumento jurídico para aplicar a Seção 7 a investidores institucionais parece muito claro.[47] Como no caso da aplicação da legislação antitruste, relacionada com a legislação sobre as fusões, o reclamante não precisa provar que o acusado "tinha a intenção" de reduzir a concorrência; o que importa são os efeitos.[48] Ademais, a chamada defesa do investimento passivo na legislação não se aplica aos investidores institucionais porque, como quer que escolham as ações, eles votam e se comunicam com as corporações na tentativa de influir na conduta delas, e poderiam ser responsabilizados mesmo que tenham apenas a capacidade de influenciar uma corporação, quer utilizem ou não essa capacidade.[49] Os órgãos reguladores e os reclamantes privados antitruste poderiam processar os investidores institucionais sempre que suas aquisições de lotes de ações tendessem a reduzir a concorrência em determinado setor econômico.

Se o tribunal julgar que os investidores institucionais violaram a Lei Clayton, eles ficam potencialmente sujeitos a pagar tripla indenização, desembolsando três vezes o dano que causaram a consumidores e trabalhadores. Nossos cálculos indicam que esses danos atingem pelo menos 100 bilhões de dólares *por ano*, de forma que as indenizações poderiam facilmente chegar a trilhões de dólares, somas que acabariam com todo o setor.

Mas dar um andamento direto e indiscriminado a esse tipo de litigância não parece uma estratégia muito promissora para corrigir o problema do poder dos investidores institucionais, por diversas razões. Primeiro, essas atividades, embora provavelmente sejam ilegais, têm sido toleradas durante anos e parece injusto e mero capricho quebrar todos os investidores institucionais por causa de uma conduta que é tão usual no setor, por maiores que sejam seus danos. Segundo, as violações são tão generalizadas e a teoria sobre elas é tão incerta que os tribunais, sem uma orientação externa, dificilmente conseguiriam criar um ambiente jurídico previsível que permitisse aos investidores operarem dentro da lei, sem temer ações. Isso poderia abalar desnecessariamente o setor.

Mais importante, porém, seria difícil dar entrada nessas ações devido ao aspecto financeiro. Os processos antitruste são em geral acionados por empresas grandes contra outras empresas grandes, ou por grupos de consumidores, organizados por advogados contra uma única empresa ou um pequeno número de empresas. Um escritório de advocacia que acionasse investidores institucionais, por outro lado, estaria abrindo uma ação contra o capital *como classe*. Visto que os investidores institucionais efetivamente controlam grande parte da economia corporativa, o escritório que tentasse instaurar uma ação contra investidores institucionais correria o risco de perder todo e qualquer serviço junto às corporações públicas. Embora as leis antitruste tenham sido elaboradas para conter trustes e grandes sociedades anônimas, seus patrocinadores nunca imaginaram o tipo de coordenação sistemática de todos os negócios econômicos que estão sob o controle dos investidores institucionais.

A via mais promissora é que as agências responsáveis pela aplicação das leis antitruste ameacem fazê-las valer em grandes ações judiciais, mas ofereçam um porto seguro a todo investidor institucional que acatar nossa regra. Assim, instituições existentes seriam usadas para fazer vigorar essa nova regra, criando um ambiente empresarial previsível. Tais portos seguros constituem um instrumento-padrão da política antitruste, hoje posto em prática em diversas áreas para dar orientação às empresas no momento de escolherem suas estratégias de negócios.

Todavia, existem por ora claros impedimentos a essa abordagem. Qualquer órgão antitruste ou qualquer governo que tentasse adotar essa política enfrentaria uma reação rápida e avassaladora de pressões contrárias, inicialmente por parte dos investidores institucionais, mas depois da classe dos investidores mais ampla.[50] Todos os que recebem renda do capital ou do poder corporativo em montante significativamente maior do que a média da população perderiam os lucros monopolistas que os investidores institucionais obtêm para eles. Tal grupo inclui a maioria das famílias que estão entre os 10% mais ricos, mas praticamente mais ninguém fora desse grupo.[51]

Mesmo assim, o esforço vale a pena. Os ganhos decorrentes do fim do poder dos investidores institucionais poderiam chegar a 0,5%

da renda nacional, apenas pelos efeitos nos mercados de produtos.[52] Os efeitos sobre os mercados de trabalho provavelmente seriam da mesma magnitude, e os efeitos sobre a política, embora muito mais incertos, não deveriam ser menores. Isso aumentaria em 1,5% os ganhos calculados. Nossas outras propostas antitruste apresentadas a seguir, embora tomadas individualmente sejam mais estreitas, corresponderiam no total a pelo menos um terço disso e, assim, elevariam o valor total a 2% da renda nacional. Os efeitos sobre a desigualdade também seriam grandes. Do mesmo modo, extrapolando nossa análise anterior e indo além dos efeitos de estreitamento no mercado de produtos, nossa proposta transferiria cerca de 2% da renda nacional dos donos do capital para o público mais geral, com isso reduzindo em 1% a fatia de renda em mãos do 1% mais rico.[53] Isso significa percorrer um oitavo do caminho para voltar às participações na renda do 1% mais rico que prevaleciam nos anos 1970.

Além dos monopólios

Embora nosso foco original no primeiro capítulo e até aqui tenha sido o problema do "monopólio" do poder concentrado entre os vendedores de bens, observamos do mesmo modo que as grandes empresas também impõem um problema de monopólio em relação aos trabalhadores. O monopsônio foi um traço característico da era industrial, quando o crescimento das indústrias permitiu que os barões ladrões mantivessem artificialmente achatados os salários dos trabalhadores, que não conseguiam encontrar bons empregos fora do setor em que eram especializados. Existem indicações econômicas crescentes de que o monopsônio é um problema pelo menos tão grande quanto o poder do monopólio, no qual a legislação antitruste costuma se concentrar. Tendo início na Era Progressista e culminando com o New Deal, o governo instituiu leis reconhecendo os sindicatos e protegendo os trabalhadores contra jornadas excessivas, a sub-remuneração e a falta de segurança no local de trabalho. Essas medidas desempenharam um papel essencial, sobretudo nas indústrias que são monopsônios naturais (nas quais seria mais prejudicial do que benéfico evitar o monopsônio).

No entanto, muitas indústrias com poder de monopsônio não o são naturalmente, e o antitruste tem um papel fundamental de impedir que, em primeiro lugar, elas venham a se instaurar como tal. Dando um exemplo de como o antitruste poderia resolver esse problema, consideremos duas minas de carvão na mesma área da Virgínia Ocidental. Os proprietários querem fundir as minas. Juntas, elas respondem por menos de 1% da produção nacional de carvão e, assim, essa fusão em geral não diria respeito às autoridades antitruste. Na verdade, essas autoridades poderiam até ver com bons olhos a tendência que essa fusão tem em "reduzir os custos de mão de obra". O mais provável, porém, é que essa diminuição dos custos se daria não com a redução da quantidade de recursos utilizados para fazer carvão, mas sim usando o novo poder das minas no mercado de trabalho para achatar artificialmente os salários e aumentar o desemprego. Antes da fusão, as minas precisavam disputar os trabalhadores, aumentando os salários. Depois da fusão, a mina conjunta seria a única atividade na cidade e poderia forçar a redução salarial até o ponto em que os trabalhadores saíssem da força de trabalho e/ou ficassem incapacitados, deixando à sociedade o encargo efetivo de pagar seus salários.

As conspirações monopsônicas também podem assumir formas mais sutis. Um famoso expediente anticoncorrencial em mercados típicos é a chamada "manutenção do preço de revenda". Nesse esquema, um fornecedor de roupas, por exemplo, insiste que nenhum varejista faça vendas abaixo de determinado preço. Isso pode ajudar a garantir que os varejistas não concorram entre eles no preço, aumentando assim os lucros do varejo. O fornecedor de roupas pode aproveitar esses lucros maiores para cobrar mais dos varejistas e aumentar seus ganhos.

Pesquisas recentes do sociólogo Nathan Wilmers apontam uma maneira de lançar mão do mesmo expediente, mas nos mercados de trabalho. Um grande varejista, como o Walmart, pode insistir que nenhum de seus fornecedores de roupas, por exemplo, pague acima de um salário mínimo a seus trabalhadores. Isso reduz o salário que todos os trabalhadores esperam, e permite assim que cada fornecedor se mantenha competitivo no mercado de trabalho, ao mesmo tempo pagando salários extremamente baixos. Isso, por sua vez, diminui os custos e aumenta o lucro dos fornecedores, muito embora possa levar à saída de trabalhadores do mercado de trabalho ao minorar suas oportunidades de ganho. O Walmart pode se beneficiar com esses lucros maiores obtendo condições mais vantajosas nas negociações com os fornecedores. Wilmers apresenta dados de que algo semelhante a esse padrão de comportamento monopsônico tem ocorrido sistemicamente nos mercados de trabalho americanos, e que pode responder por nada menos que 10% da defasagem no crescimento salarial para os trabalhadores de renda mais baixa em comparação aos de renda mais alta.[54] Os órgãos antitruste podem e devem impedir — mas atualmente não impedem — esse poder patronal com o mesmo vigor com que atacam o poder dos produtores sobre o mercado de produtos.

As leis antitruste também são subaplicadas nos mercados locais. Como os órgãos antitruste nacionais (ou, no caso da Europa, regionais) são muito mais fortes e experientes do que os órgãos em níveis mais locais, muitas vezes se permite uma mancomunação ou um açambarcamento em áreas locais. O sociólogo Matthew Desmond, em *Evicted: Poverty and Profit in the American City* [Despejados: Pobreza e lucro nas cidades americanas], seu estudo sociológico fundamental de 2016 que trata da moradia urbana, sugere que os donos de imóveis em bairros pobres muitas vezes compram uma quantidade de casas suficiente para terem considerável poder de aumentar os aluguéis, mantendo unidades vazias e reduzindo artificialmente a oferta.[55] Mas, até onde sabemos, nunca se instaurou nenhum processo antitruste contra essas tentativas de monopolização, que são locais, mas nem por isso têm menos potencial de devastação.

Outra área em crescimento em que a legislação antitruste é subaplicada é a economia digital. Aqui a concorrência muitas vezes se dá pelo tipo de "desestabilização" apontado pelo professor de administração Clayton Christensen, em seu clássico *The Innovator's*

Dilemma [O dilema da inovação], em que uma nova empresa ou produto, em vez de produzir uma versão melhor ou mais barata de um produto existente, muda a natureza do mercado.[56] Por exemplo, o Facebook é na atualidade o concorrente mais importante do Google (quanto à atenção dos usuários e aos dólares dos anunciantes), mas teve início num ramo de negócios totalmente separado (rede social, e não função de busca). Os órgãos antitruste, que estão acostumados a lidar com a concorrência dentro de mercados existentes bem definidos e de fácil mensuração, têm permitido inúmeras fusões entre grandes empresas de tecnologia e potenciais desestabilizadores mais novos. O Google pôde comprar a start-up de mapeamento Waze e a poderosa Deep Mind, de inteligência artificial; o Facebook, o Instagram e o Whatsapp; a Microsoft, o Skype e o LinkedIn.

Essas aquisições, embora sem dúvida ajudem a acelerar a chegada dos produtos de start-ups ao mercado e a fornecer um financiamento que lhes é extremamente necessário, também têm um lado negativo. O economista Luís Cabral deu a essas fusões o nome de "Sobre os ombros de anões": elas podem acabar com a chance de que as novas empresas venham a contestar o modelo empresarial dos atuais líderes do setor, ao cooptá-las para consolidar o domínio desses líderes.[57] Para impedir esse amortecimento da inovação e da concorrência, os órgãos antitruste precisam aprender a pensar mais como empreendedores e capitalistas de risco, enxergando possibilidades para além das estruturas de mercado existentes e vendo os potenciais mercados e tecnologias do futuro, mesmo que ainda sejam extremamente incertos.

Uma última área bastante abarrotada onde cremos ser necessária uma ação antitruste é a do poder político. O receio frente à influência política das grandes empresas foi um motivo central da legislação antitruste original. O economista Luigi Zingales, em seu livro *A Capitalism for the People* [Um capitalismo para o povo], de 2012, defende de modo muito convincente que a legislação antitruste deveria ser usada para impedir fusões que resultem na aquisição de influência política por meio da concentração da capacidade lobbista nas mãos de poucas empresas.

Em vista da natureza discricionária da aplicação das leis antitruste, existe o perigo de que tal autoridade possa ser usada de maneira seletiva, para atacar os rivais do partido de situação. Só aprovaríamos a adoção desse afrouxamento da autoridade desde que se desenvolvessem critérios objetivos para avaliar o risco de excessiva influência política, similares aos que se encontram nas atuais diretrizes sobre as fusões. De todo modo, é uma área que merece mais pesquisa e mais atenção por parte das agências reguladoras do que tem recebido nos últimos anos.

Mercados sem concorrência não são mercados, assim como um Estado unipartidário não pode ser uma democracia. Como a maneira de ganhar os maiores retornos financeiros é criando monopólios, os mercados correm o perigo constante de se tornarem concentrados, e somente o governo pode impedi-lo. Este capítulo enfatizou a forma mais importante desse tipo de concentração em nossa época — o surgimento do investidor institucional. Nossa abordagem radical, no espírito dos economistas progressistas, é colocar um teto rígido às participações desses investidores. Caso se adote nossa abordagem, ela não só transformará os mercados financeiros e gerará enorme riqueza, como levará a uma maior prosperidade dos menos abastados. Mas também admitimos que previsivelmente surgirão novas formas de concentração de mercado. Adaptando a máxima de outro radical, o preço da concorrência de mercado é a eterna vigilância.[58]

CAPÍTULO 5

Dados como trabalho

Avaliando as contribuições individuais
para a economia digital

Facebook: — Jayla, por que a Imani está sempre trollando os posts do Deon?

Jayla: — Hoje estou um pouco ocupada, Facebook.

— Eu sei, mas hoje os índices dobraram. Se você me der dez minutos para entender isso, leva quinze dólares.

— Tá bom. O que é, então?

— Estou tentando entender o que se passa entre Imani e Deon. Antes interagiam pouco, depois nada, e agora Imani vive ridicularizando tudo o que Deon posta.

— Bom, é o que acontece quando acaba o namoro.

— Ah, então eles estavam namorando? Não postaram nada sobre isso.

— Claro, nem todos gostam de divulgar suas relações íntimas para todo mundo.

— Acho que agora faz sentido, por causa de outras coisas que vi eles fazendo...

— Você não devia estar me falando dessas coisas!

— E aí, quem rompeu com quem?

— Você não sabe? Deon deu o fora na Imani! É por isso que ela faz de tudo para ele ficar parecendo um covardão nos comentários. Está dando o troco e quer que ele sinta que não vale nada sem ela.

— Entendi. Você sabe isso pelas postagens ou sabia a história toda?

— Bom, eles mantiveram a coisa bem na moita, mas deu para perceber pelo que rolava on-line, e aí convidei a Imani para ir comigo na ioga e me contar.

— Vocês duas conversam muito sobre essas coisas pessoais na ioga?

— É tipo um lugar das minas, e o exercício físico faz a gente se abrir e comentar coisas.

— Bom, obrigado pela ajuda, Jayla. Espero que da próxima vez eu consiga acompanhar essa dinâmica e talvez até te ajudar a perceber o que rola. Fora isso, precisa de alguma coisa hoje?

— Já que você gastou o tempo que eu ia usar para comprar presentes para meus primos, podia me ajudar nisso.

— Para a festa hindu Diwali?

— Como você sabe?

— Bom, vai ser na semana que vem e a mulher de Malik é indiana, então imaginei que os filhos iam comemorar.

— Boa. Então, o problema, para ser sincera, é que não sei o que Diwali é ou o que a gente dá ou daria para crianças hoje em dia.

— Acho que tenho o presente ideal: um game de realidade virtual para as crianças e doces artesanais para toda a família. O total é 25 dólares, mais dois dólares pelo trabalho que tive para encontrar. Ou você pode fazer uma assinatura anual de cem dólares para meus serviços de assistente pessoal. Você já gastou 75 dólares este ano e o primeiro semestre nem acabou.

— Tá certo. Vou assinar, sim. Pode descontar no meu cartão de crédito. Mas preciso dos presentes para amanhã de manhã.

— É, imagino que sim; sei quando você vai visitá-los. No preço está incluída a entrega nesse prazo. Geralmente você levanta às nove da manhã e não tem nenhum compromisso a essa hora. Tudo bem se o drone levar os doces nesse horário?

O game vai aparecer no Oculus deles; que horas você quer que apareça, depois de chegar lá?

— Humm, parece uma boa; uns vinte minutos, talvez.

— Obrigado pela ajuda, desculpe se eu estava um pouco nervoso.

— Não precisa se desculpar. Durma um pouco, ontem à noite você trabalhou demais.

— Boa ideia.

Decerto você vai achar assustadora a ideia do Facebook espionando os detalhes dos relacionamentos de seus amigos e pagando a você para ajudá-lo. Mas essa prática empresarial já é onipresente há pelo menos uma geração. Por que o Google nos permite planejar viagens pelo Google Maps? Ele aprende os padrões de trânsito, que então reúne em pacotes de serviços que vende a plataformas de trânsito público e corridas compartilhadas. Por que o Facebook nos oferece um espaço "gratuito" para criarmos nossa vida social? Porque revelamos informações pessoais, que permitem ao Facebook nos oferecer produtos que talvez queiramos comprar. Por que o Instagram e o YouTube oferecem maneiras tão práticas de compartilhar mídia? As imagens e os vídeos que eles hospedam são materiais que abastecem sistemas de "aprendizado automático" (AA), os quais alimentam serviços de "inteligência artificial" (IA) que vendem aos clientes — desde o reconhecimento facial até a edição automatizada de vídeos. Se você não sabe o quanto as plataformas conhecem a seu respeito e o quanto lucram com esse conhecimento, verifique as páginas de configurações de conta que cada vez mais eles precisam ter, as quais mostram esse conjunto completo de informações; talvez você se surpreenda.

A diferença básica entre o cenário que descrevemos anteriormente e a prática atual, além de alguns avanços técnicos no chat, é que, no mundo que imaginamos, o Facebook é franco e honesto sobre sua maneira de usar dados e paga em dinheiro pelo valor das informações que recebe. A historieta destaca o papel do usuário como peça vital na economia da informação — como *produtor e vendedor de dados*.

Por que isso é importante? Muitos não percebem até que ponto seu trabalho — como produtores de dados — alimenta a economia digital. Pense como as pessoas imaginam a IA. Em alguns retratos, as IAs são agentes autônomos construídos por programadores excepcionais e talvez loucos, como o gênio recluso do filme *Ex Machina: Instinto artificial*, de 2014, que pôs em movimento um sistema que funciona sozinho. Mas a realidade é diferente, como ressalta Jaron Lanier, "o inventor da realidade virtual", em seu excelente livro *Who Owns the Future?* [A quem pertence o futuro?],[1] de 2013, que serviu de inspiração a muitas das nossas ideias neste capítulo.[2]

As IAs funcionam em sistemas de AA que analisam montanhas de dados produzidos por seres humanos. Não são "programadores" engenhosos que criam algoritmos que se autodeterminam. O que os programadores fazem é desenhar a interação de trabalhadores (isto é, nós, os usuários que produzimos dados) com as máquinas (a capacidade computacional) para produzir serviços de informação ou produção específicos. O mais difícil não é elaborar complexos modelos algorítmicos. É adaptar modelos existentes para que se adaptem aos dados relevantes e entreguem o serviço desejado. Os programadores de sistemas de AA são como gerentes modernos do chão de fábrica, direcionando os trabalhadores de dados para seus resultados mais produtivos.

Empresas como o Facebook, o Google e a Microsoft, os carros-chefes da economia digital, exploram a ignorância pública sobre a IA e o AA para coletar gratuitamente dados que todos nós deixamos em nossas interações on-line. Essa é a fonte dos lucros gigantescos que tornam essas empresas as mais valiosas do mundo. O Facebook, por exemplo, gasta apenas cerca de 1% de seu valor por ano com trabalhadores (programadores), porque obtém gratuitamente de nós todo o resto do trabalho! Por outro lado, o Walmart paga em salários 40% de seu valor.[3] O papel das pessoas como produtoras de dados não é utilizado de maneira justa nem remunerado da maneira adequada. Isso significa que a economia digital está muito aquém do que deveria, a renda gerada é distribuída a um pequeno número de grandes especialistas ricos e não entre as massas, e muita gente tem o falso receio de que a IA crie um desemprego generalizado, sendo que os humanos são mais necessários do que nunca para a economia digital.

O surgimento do "trabalho de dados"

O trabalho de dados, tal como outrora o "trabalho das mulheres" e as contribuições culturais dos afro-americanos, não é levado em conta. No caso das mulheres, o longo trabalho necessário para criar os filhos e cuidar da casa era tratado como um comportamento "privado", motivado pelo altruísmo, situando-se fora da economia e, portanto, sem direito a remuneração financeira ou a proteção jurídica.[4]

No caso dos afro-americanos, muitos conceitos definidores da música e da dança modernas têm origem em entretenimentos privados das comunidades negras. Filmes como *O barco das ilusões* mostram que essa criatividade foi amplamente explorada por empresários brancos visando ao lucro. Ao mesmo tempo, os afro-americanos quase nunca recebiam nada por isso, e suas contribuições eram desqualificadas como diversões ociosas.[5] Mesmo quando conseguiam receber algum pagamento pelas apresentações, geralmente não se levava em conta seus direitos de propriedade intelectual, em parte porque estiveram excluídos da Federação Americana de Músicos, fundamental para assegurar os direitos dos artistas até os anos 1970. A história do trabalho de dados é menos conhecida do que esses icônicos casos históricos, mas tem importância cada vez maior.

No começo daquilo que agora é a internet, seus desenvolvedores tiveram de escolher as informações que seriam registradas e as que seriam descartadas. Muitos designs iniciais permitiam tecnologias que facilitariam o pagamento automático dos receptores da informação aos provedores. Esses designs usavam links bidirecionais de modo que toda e qualquer informação traria os dados completos de sua proveniência.[6] Em vários momentos do desenvolvimento da web, governos e empresas tentaram direcionar a receita para o conjunto difuso de indivíduos que contribuíam com valores para o sistema. Na França, por exemplo, o sistema Minitel pré-internet tinha uma opção de micropagamentos,[7] e o serviço America On-Line (AOL), muito popular nos Estados Unidos nos anos 1990, cobrava uma tarifa dos clientes e usava a receita para pagar pelo conteúdo que disponibilizava em sua interface simplificada. Durante algum tempo, alguns designers da internet tentaram obrigar os e-mails a usar selos de postagem, como uma maneira de impedir a enxurrada de spams na caixa de entrada.

No entanto, o que veio a se tornar a internet dominante não começou como design comercial ou econômico. Era, pelo contrário, uma plataforma colaborativa em círculos governamentais, militares e acadêmicos, em que os participantes estariam interessados numa colaboração por razões alheias a motivações comerciais. Assim, a interface World Wide Web de hyperlinks, desenvolvida por Tim Berners-Lee e outros, pretendia basicamente reduzir as barreiras para a participação, mais do que criar incentivos e recompensas pelo trabalho. "A informação deve ser gratuita" se tornou um slogan para empreendedores e um lema de mobilização para ativistas. Tinha apelo especial a uma mentalidade do Vale do Silício nascida da contracultura dos anos 1960.[8]

Nos anos 1990, veio um grande fluxo de capitais de risco para comercializar a internet que então explodia, antes que os serviços on-line tivessem definido como iriam monetizar suas ofertas. As empresas de internet procuravam incansavelmente os usuários com o lema *"usage, revenues later"*, um "retroacrônimo" para "URL". Embora parcialmente motivada pela bolha pontocom no mercado financeiro, essa estratégia também foi influenciada pela posição dominante que a Microsoft estabelecera ao oferecer seu sistema operacional a custo relativamente baixo e compatível com muitas plataformas de hardware. Era opinião corrente que os "efeitos de rede" criados por essa estratégia haviam colocado a Microsoft numa posição que lhe renderia retornos gigantescos.[9] Isso incentivou muitos capitalistas de risco a financiar serviços que rapidamente ampliavam a base de usuários, mesmo que o modelo de negócios não fosse muito claro.

Quando estourou a bolha pontocom e essa euforia arrefeceu, gigantes tecnológicos nascentes como o Google tiveram de encontrar uma maneira de faturar a partir da base de usuários. Sergey Brin e Larry Page, do Google, de início pensaram em criar tarifas e assinaturas para os usuários, insistindo ao mesmo tempo que nunca recorreriam à publicidade. Mas diversos fatores os obrigaram a mudar de posição.[10]

Primeiro, o longo período de acesso gratuito a serviços no final dos anos 1990 fez com que os usuários se acostumassem a uma internet que quase não exigia pagamento. As pessoas criaram uma forte ligação com a ideia de serviços totalmente gratuitos, que, provavelmente, depois dificultou romper com essa tradição.[11] De fato, desenvolveu-se um movimento social e empresarial em torno do conceito de que os serviços on-line *deviam ser* gratuitos, conforme exposto no best-seller do empresário e escritor Chris Anderson, *Free: The Future of a Radical Price* [Grátis: O futuro de um preço radical], de 2009.[12]

Segundo, muitos serviços fornecidos on-line eram, pelo menos no começo, pequenos e ocasionais, de forma que não se justificaria, em termos de custos, o investimento para desenvolver a infraestrutura necessária a fim de manter o rastreamento dos pagamentos. No final dos anos 1990 e começo dos anos 2000, muitas start-ups tentaram criar sistemas de micropagamentos. O guru da usabilidade Jakob Nielsen, por exemplo, liderou uma campanha de micropagamentos.[13] Uma dessas iniciativas se transformou na plataforma de pagamentos PayPal. Mas, na prática (pelo menos nos primeiros anos), devido a seus custos indiretos, o PayPal era usado apenas em transações vultosas. O aparecimento de serviços da "Web 2.0", como blogs e redes sociais, em que muitas interações são rápidas e superficiais, agravou ainda mais o problema. Os pagamentos exigidos seriam pequenos demais para justificar os custos em plataformas como o PayPal.

Terceiro, no começo a internet era um estranho faroeste povoado por muitos jovens hackers sofisticados, dispostos a enfrentar inconveniências em troca da "liberdade". Nesse ambiente, serviços juridicamente duvidosos como o Napster tiveram grande crescimento e puderam prevalecer sobre outros serviços juridicamente mais seguros, pois as alternativas convencionais tinham dificuldade em acompanhar a tecnologia. Tudo isso tornou complicado cobrar por qualquer coisa, mesmo por formas consolidadas de propriedade intelectual, como a música.

Juntas, essas forças consolidaram um ambiente em que os usuários relutavam em pagar por qualquer coisa, e, dessa forma, os provedores tiveram de procurar outros meios para se manter operantes. Desesperado para encontrar alguma maneira de monetizar sua enorme base de usuários, o Google recorreu à publicação de anúncios para estabilizar seu balanço. O Facebook, o YouTube e outros seguiram o exemplo.

A grande sacada do Google foi perceber que os anúncios on-line poderiam ser direcionados para as necessidades dos usuários com precisão maior do que é possível na mídia publicitária tradicional, como o jornal impresso ou a televisão. Uma vez que o Google pode coletar os valores e as preferências dos usuários em seu histórico de buscas, ele consegue minimizar os ruídos e desperdícios dos anúncios. O ecossistema pessoal oferecido pelo Facebook, muito mais complexo do que uma busca no Google, cumpre função semelhante. O Facebook aprende detalhes sobre os usuários, o que lhe permite direcionar anunciantes que procuram um público-alvo estreitamente delimitado, e dispõe anúncios em contextos sociais, incentivando os usuários a compartilhar campanhas publicitárias com seus amigos. Mais importante, isso permite que o Facebook identifique os momentos mais propícios para enviar um "lembrete" para que alguém compre alguma coisa em que já tinha pensado antes, mecanismo este que às vezes dá aos usuários a misteriosa impressão de que o serviço consegue ler seus pensamentos.

Fábricas para máquinas "pensantes"

A noção de que os *dados* sobre os usuários eram os principais ativos dos gigantes tecnológicos adquiriu destaque cada vez maior com a explosão do interesse por "big data", pelo AA e pela IA. O aprendizado automático é uma abordagem de "segunda geração" na construção de sistemas de IA. A primeira, que praticamente se extinguiu nos anos 1980, se concentra na elaboração de regras lógicas formais que representavam tarefas intelectuais humanas como a linguagem ou o jogo. Essa abordagem teve alguns êxitos notáveis, inclusive o computador Deep Blue, que derrotou o campeão mundial de xadrez Gary Kasparov. Mas falhou na maioria das aplicações comerciais. Nos anos 1990 e começo dos anos 2000, surgiu uma nova abordagem baseada em previsões estatísticas e probabilísticas.

A ideia central do AA é que o mundo e os intelectos humanos que transitam por ele de maneira inteligente são mais complexos e mais incertos do que seria possível formular com precisão num conjunto de regras. Em vez de tentar caracterizar a inteligência por meio de um conjunto de instruções que o computador executaria diretamente, o AA concebe algoritmos que treinam modelos estatísticos quase sempre opacos e complicados a "aprender" a classificar ou prever resultados relevantes, como se quem toma um empréstimo é confiável ou se uma foto mostra um gato.

O exemplo mais famoso de um algoritmo de AA é uma "rede neural". As redes neurais, mais do que realizar uma análise estatística padrão, imitam a estrutura do cérebro humano. Nos métodos estatísticos usuais, considera-se que diferentes variáveis "de entrada", ou inputs, têm efeitos relativamente simples e independentes sobre as variáveis "de saída", ou outputs, que queremos explicar. Ser alto, ser homem e ter uma dieta rica em açúcar são elementos que permitem prever, de maneira relativamente independente, um peso corporal alto.

As redes neurais têm funcionamento diverso. Considera-se que os inputs, em vez de determinarem de modo direto e independente os outputs, combinam-se de maneiras complexas para criar "características" do fenômeno estudado, que por sua vez determinam outras, que por fim determinam o resultado. Essas relações complexas são habituais na vida cotidiana. Quando vemos uma quantidade de pixels vermelhos na tela de um computador, podemos perceber que a imagem é predominantemente vermelha. Quando vemos uma

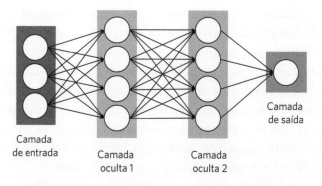

Figura 5.1. Representação estilizada de uma rede neural.

tromba e orelhas pendentes, podemos reconhecer um elefante. Mas só depois que percebemos essas duas formas é que entendemos que estamos diante de uma representação do Partido Republicano, usualmente apresentado na cor vermelha e no formato de um elefante. Uma quantidade de pixels vermelhos com orelhas pendentes, por si só, não sugere diretamente "republicano"; o mais provável é que transmita a ideia de uma ferida, por exemplo.

Uma rede neural é capaz de lidar com essas abstrações sofisticadas aprendendo a presença de características mais abstratas de dados em suas "camadas ocultas". Fatos imediatamente evidentes numa imagem, como a cor de cada pixel, são representados pela ativação de "neurônios" ou nós numa "camada de entrada". Essa camada de entrada de neurônios é então conectada a uma "camada oculta", destinada a representar características um pouco mais abstratas. Por sua vez, os neurônios nessa camada oculta se ativarão quando uma determinada média ponderada das entradas naquele neurônio ultrapassar um "limiar de ativação". Essas ativações tendem a representar características ligeiramente mais abstratas e complexas da imagem.

Para alcançar maior abstração, essa camada oculta então se conecta a uma segunda camada oculta, com as mesmas propriedades, e assim sucessivamente. Por fim, a última dessas camadas ocultas

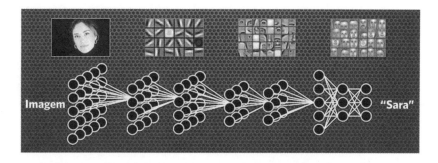

Figura 5.2. Uma rede neural de reconhecimento facial. Camadas mais profundas representam níveis mais altos de abstração.

chega a uma última "camada de saída", que determina o resultado final, como a previsão de que a foto é material de campanha dos republicanos. A figura 5.1 mostra um exemplo de uma rede neural simples, com apenas duas camadas ocultas.

As redes neurais podem, a princípio, codificar um amplíssimo leque de relações, principalmente quando há uma grande quantidade de camadas. De modo geral, cada camada codificará num nível de abstração mais alto do que a anterior. A figura 5.2 ilustra isso. As camadas "rasas", perto da imagem da camada de entrada à esquerda, representam traços relativamente simples. No canto à esquerda vemos uma imagem típica da camada de entrada. A seguir, à direita, vemos uma camada oculta rasa. Vê-se um conjunto típico de padrões que leva à ativação desse neurônio. Essa camada tende a detectar linhas e cores orientadas em várias direções, uma ideia relativamente simples e concreta. Uma camada mais profunda, à sua direita, codifica elementos de um rosto clássico, como olhos, orelhas, nariz etc. Na extrema direita vemos uma das camadas mais profundas, a mais próxima do dado de saída. Essas camadas mostram versões abstratas de rostos inteiros. Depois que uma rede neural atinge esse nível de abstração, fica claro como ela consegue detectar rostos: o disparo de um ou mais desses neurônios de "reconhecimento facial" mais profundos indica que há um rosto na imagem. Assim, as redes neurais obtêm um nível informativo impressionante reprocessando várias vezes inputs cada vez mais complexos em inputs também mais complexos através de uma série de camadas, até finalmente alcançarem a previsão desejada.

Como uma rede neural aprende, a partir das intermináveis combinações possíveis de pesos em cada camada, quais são as corretas para prever o resultado desejado (neste caso, a presença de um rosto)? Há três componentes fundamentais para o funcionamento de uma rede neural. Primeiro, os "dados", em geral um conjunto extremamente amplo de exemplos que tenham tags, ou rótulos; neste caso, seria um grande número de fotos marcadas conforme tenham ou não um rosto. Segundo, a "computação". As redes neurais são operadas em grandes conjuntos de servidores. Por último (e, como mostraremos, o menos importante), os "supervisores", os programadores que montam a estrutura da rede, ajudam a evitar que ela trave e usam vários recursos do ofício para garantir que ela aprenda com rapidez e eficiência.

As redes neurais não são novas. Os pesquisadores têm se interessado por elas, de maneira intermitente, desde o final dos anos 1950. Mas, até cerca de dez anos atrás, ninguém via grande utilidade nelas: em 1995, um dos criadores do AA, Vladimir Vapnik, apostou um jantar de luxo que em 2005 "ninguém em sã consciência usará redes neurais".[14] O problema era que as redes neurais "rasas", aquelas com poucas camadas, não podiam fazer muita coisa. As propriedades mais interessantes dos objetos são muito mais abstratas do que essas redes rasas e simples conseguem detectar. Por outro lado, as tentativas de treinar redes mais profundas falharam durante anos devido à falta de dados e de capacidade computacional.

Sem quantidade suficiente de exemplos rotulados, o espaço de representações possíveis era simplesmente extenso demais para que a rede neural conseguisse fazer sua busca. Assim, ela terminava se "superajustando" a detalhes sem importância de determinadas imagens, como, por exemplo, que todas as imagens com um rosto poderiam ter exatamente três pixels vermelhos na foto. O problema de superajustamento — isto é, a tentativa de adequar um modelo complexo a dados insuficientes — vem bem ilustrado na tirinha do xkcd parcialmente reproduzida na figura 5.3. Se permitimos que um conjunto complexo de regras preveja as eleições presidenciais, são muito poucos os exemplos que se ajustam a essas regras complexas e, assim, é fácil que nossas regras se "superajustem" a traços desimportantes das eleições, resultando em más previsões. Quanto mais complexas as regras a que queremos um ajuste (quanto mais profunda e mais inteiramente conectada é a rede neural), maior o número de dados necessários para evitar o superajustamento. Os estatísticos e cientistas da computação dão ao número de pontos de dados rotulados necessários para evitar um superajustamento de um problema (como o reconhecimento de rostos ou de estilos artísticos) o nome de "complexidade da amostra" do problema.[15]

Os dados por si sós, porém, são insuficientes para treinar uma rede neural. Eles têm de ser armazenados e processados. Mais

Figura 5.3. O problema do superajustamento, ilustrado na previsão das eleições presidenciais.
Fonte: Excerto de "Electoral Precedent". Disponível em: <https://xkcd.com/1122/>.

importante, o processo de treinamento efetivo da rede requer uma quantidade enorme de computações. Sem grandes computadores capazes de realizar todos esses cálculos, as redes neurais nunca encontram a explicação correta dos dados observados, não importa em que quantidade sejam. Os expressivos avanços na capacidade computacional e de armazenamento na nuvem, no final dos anos 2000, foram fundamentais para permitir o treinamento de redes neurais. Quanto mais profunda e mais complexa é a rede, maiores são a computação e a armazenagem necessárias para treiná-la. As exigências de computação e armazenamento de uma rede são chamadas de "complexidade computacional".

O último componente para fazer funcionar uma rede neural é a programação. Atualmente, os programadores desempenham papéis importantes para refinar a estrutura da rede e o procedimento para treiná-la. No entanto, esses processos estão sendo automatizados por meio de um movimento chamado "democratização da IA", liderado pela Microsoft.[16] O número de programadores necessários, ao contrário do volume de dados e de computação, não aumenta obrigatoriamente com a complexidade das redes. As pesquisas mais básicas, propondo novos algoritmos ou técnicas de treinamento, podem ter um impacto maior, mas, na prática, as vantagens oferecidas por esses avanços algorítmicos em geral são efêmeras e rapidamente reproduzidas. Os componentes essenciais do sucesso para as redes são os dados e a capacidade computacional.

As redes simples e rasas, que podem resolver problemas básicos — como detectar se uma imagem está na vertical ou na horizontal —, têm pequena complexidade (computacional e de amostragem), ao passo que as redes complicadas e profundas, que podem resolver problemas mais sofisticados — como um reconhecimento facial personalizado ou a geração de sinopses descrevendo a ação numa foto —, são muito mais complexas em termos dos dados e da computação que exigem.

É por isso que quase não se usavam redes neurais antes do final dos anos 2000 e que, por volta de 2010, essa tecnologia explodiu e se tornou a mais avançada do momento. Foi nessa época que o volume de dados coletados e a velocidade e a profundidade da computação se tornaram suficientes para possibilitar aplicativos que traziam alguma mudança para a vida dos usuários. Surgiram então os primeiros serviços de ditado e os primeiros assistentes digitais pessoais gerados por AA; Siri, Google Assistant e Cortana passaram a integrar a vida cotidiana. Há outros aplicativos ainda mais ambiciosos em desenvolvimento, inclusive realidade virtual e realidade aumentada, carros autodirigíveis e drones para entrega de produtos aos consumidores à distância de um clique.

Como esses serviços têm alta "complexidade da amostra", eles exigem quantidades enormes de dados armazenados para treinar os sistemas de AA. Assim, os imensos conjuntos de dados coletados pelo Google, pelo Facebook e outros como subproduto de suas funções empresariais centrais se tornaram uma fonte fundamental de receita e de vantagem competitiva. As empresas que começaram como fornecedoras de serviços relutantemente gratuitos em busca de um modelo de receita e se transformaram em plataformas de anúncios publicitários agora estão em fase de se tornar coletoras de dados, oferecendo serviços que seduzem os usuários a entregar informações, usadas por elas para treinar IAS com o AA.

Sereias e titãs

Jaron Lanier descreve essas plataformas como "servidores-sereias". A atração que exercem, explica Lanier, decorre da combinação entre os serviços que oferecem gratuitamente, graças à sua escala, e um excepcional acesso aos dados. Mas, para Lanier, as consequências sociais e econômicas desse modelo de negócios são preocupantes. Como não pagam os usuários pelos dados fornecidos, não lhes dão incentivos adequados para que forneçam as informações mais imprescindíveis.

Por exemplo, hoje o Facebook recebe um fluxo constante de centenas de milhões de novas fotos, postadas diariamente pelos usuários. Elas rendem um bom material de treinamento para os sistemas de AA em desenvolvimento para rotular automaticamente e até explicar as fotos. Mas, no momento, há um descompasso entre as necessidades do Facebook e as razões pelas quais os usuários publicam fotos. É comum que os usuários não forneçam muitas informações acompanhando a foto, porque supõem que os amigos entenderão o contexto dela. Disso resulta que os dados recebidos são de baixa qualidade. O Facebook tenta aliciar os usuários a fornecer tags (ou rótulos) úteis, induzindo-os a escrever comentários ou a associar emoções a elas. Mas o que de fato interessa para o Facebook é que os usuários respondam a perguntas simples e que ele receba essas respostas.

Sem esse input direto, o Facebook às vezes emprega "trabalhadores coletivos" para rotular as imagens depois de postadas. Mas esses trabalhadores raramente entendem a foto tão bem quanto a pessoa que a postou. Se em vez de o Facebook esconder que usa os dados de seus usuários em seu algoritmo de AA e os deixasse cientes do papel que desempenham — premiando-os pelas contribuições inconvenientes, mas valiosas —, os sistemas de AA teriam melhores dados para trabalhar. Esse mundo alternativo, esboçado na historieta de abertura, permitiria que fornecessem melhores serviços de IA a seus clientes e usuários.

Outro exemplo é o YouTube, o qual, segundo diz seu site, acolhe trezentas horas de vídeo por minuto. Mas os produtores que sobem esse conteúdo na plataforma recebem remuneração mínima. Embora a analítica da coisa seja um pouco complicada, um criador-padrão de conteúdo do YouTube ganha cerca de dois dólares por mil visualizações de um vídeo. Como um vídeo do YouTube dura na média cerca de quatro minutos, isso significa que os criadores podem esperar cerca de cinco centésimos de centavo por minuto pela visualização de seus vídeos. A Netflix, por sua vez, embolsa cerca de meio centavo por cada minuto que um usuário típico passa assistindo a seus vídeos, ou seja, cerca de dez vezes mais.[17] Assim, não surpreende que a Netflix produza séries de tevê aclamadas pela crítica como *Orange Is the New Black* e *House of Cards*, ao passo que os vídeos do YouTube não são tão celebrados por seu valor cultural.

Podem-se aplicar cálculos similares ao contraste entre os meios de notícias tradicionais e o Twitter. Todos esses preços são, provavelmente, uma pequena parcela do valor que os usuários auferem ao assistir. O tempo das pessoas vale mais do que um pequeno percentual de um centavo. Esse fenômeno, porém, não se limita ao vídeo; os servidores-sereias prosperam desvalorizando o conteúdo criativo, desde notícias até música, e se apropriando do valor gerado, que vai para eles e não para seus criadores.[18]

Outra preocupação de Lanier são as consequências sociais e distributivas dessa não remuneração pelos dados e pela produção criativa on-line. Existe uma inquietação generalizada de que os sistemas de IA eliminem muitos trabalhadores humanos. Um estudo de engenharia de automação amplamente debatido descobriu que quase metade de todos os empregos nos Estados Unidos será provavelmente automatizada nas próximas décadas.[19] Ainda que se justifique um ceticismo a esse respeito, a mera possibilidade de perda maciça de empregos no longo prazo justifica que se reflita sobre maneiras de limitar as consequências sociais e distributivas negativas. A experiência com a automação sugere que as comunidades em que "os robôs tomam os empregos" em geral sofrem um grave impacto, não só em termos de renda, mas também quanto à sua razão de ser.[20]

A rotatividade e a perda de emprego sempre foram consequências infelizes do progresso tecnológico. Há uma substituição regular de velhos tipos de serviço por novos: os artesãos foram substituídos por trabalhadores fabris, os cálculos humanos por eletrônicos, os cocheiros de aluguel por motoristas de táxi. A cada geração, novas técnicas de produção dos bens existentes ofereciam novos tipos de serviços e surgiam novos produtos, que demandavam trabalhadores. O que se mostra especialmente preocupante na IA, desse ponto de vista, é que ela não parece apenas aumentar a produtividade dos humanos. Ela apresenta a possibilidade de substituir os seres humanos por completo num amplo leque de tarefas, sem oferecer à mão de obra humana nenhuma função alternativa.

Tais receios não parecem injustificados diante dos dados econômicos. Segundo um de nossos projetos em andamento, com Lanier como um de nossos colaboradores, a parcela de renda que se destina ao trabalho nas maiores empresas de alta tecnologia é de cerca de 5% a 15%, abaixo de qualquer outro setor, com exceção de áreas extrativistas como a petrolífera, e drasticamente inferior a empresas do setor de serviços como o Walmart, em que a parcela da mão de obra é de cerca de 80%.[21] Os economistas do trabalho sustentam que o surgimento de empresas fortes com grande poder monopsônico tem reduzido muito a parcela de renda do trabalho.[22] São dados agregados demais por restrições de confidencialidade para podermos determinar a exata natureza setorial dessas mudanças, mas parece plausível supor que o setor de alta tecnologia desempenha um papel fundamental nisso. *Se* essas empresas movidas por IA representam o futuro de partes mais amplas da economia sem que haja uma mudança básica em seu modelo de negócios, podemos estar caminhando para um mundo em que a parcela do trabalho cairá de maneira drástica, dos cerca de 70% atuais para algo mais próximo de 20%-30%.

Mas isso é uma grande incógnita. É sabido o quão difícil é prever o curso da tecnologia. Mas a percepção de Lanier é que, mesmo que isso venha a ocorrer, as IAs não constituem realmente o tipo de substituição independente do trabalho humano que aparentam ser. Elas aprendem e são treinadas com dados humanos. Assim, a IA, tal como os campos ou as fábricas, oferece à mão de obra humana comum um papel fundamental — o de fornecimento de dados ou o que chamaremos de *dados como trabalho*. Deixar de reconhecer isso criaria o que Lanier chama de "falso desemprego", fenômeno em que os empregos escasseiam não porque os seres humanos não são úteis, mas porque os inputs valiosos que fornecem são tratados como subprodutos do entretenimento, e não como um trabalho socialmente valorizado. Mesmo que a IA nunca chegue ao que propagandeiam a seu respeito, os dados como trabalho podem oferecer importantes oportunidades de ganho suplementar e um senso de contribuição social a cidadãos afetados pela crescente desigualdade. Mas nada disso acontecerá a não ser que as pessoas mudem de atitude em relação aos dados.

Diamantes brutos

A concepção de Lanier pode parecer pessimista a alguns leitores. No sistema existente, os usuários revelam quantidades gigantescas de dados pessoais em troca dos serviços fornecidos pela internet — busca, mapeamento, assistência digital etc. Por que é importante que elas recebam pelos dados em dinheiro e não em mercadoria, na forma de serviços valiosos?

O grande defensor dessa concepção é Hal Varian, economista-chefe do Google, que sustenta que os dados hoje são onipresentes e que os talentos e a capacidade computacional essenciais para entender esses dados são escassos. Para Varian, as únicas coisas necessárias para o êxito dos serviços de IA é que nada atrapalhe a coleta "natural" dos dados por servidores-sereias, e que haja altas remunerações para os engenheiros talentosos e os investidores perspicazes pelas contribuições que dão à mecânica e à infraestrutura. Nessa concepção, os dados são muito mais parecidos ao capital do que ao trabalho: são um recurso naturalmente disponível, coletado no domínio público (onde estão disponíveis de graça) e transformado em algo útil somente por causa do árduo trabalho de programadores, empresários e capitalistas de risco que, portanto, merecem ser donos dos dados.[23]

Outra maneira de pensar essa concepção é com o clássico paradoxo da "água e do diamante" de Adam Smith. Ele considerava paradoxal que a água fosse de uso tão valioso e, no entanto, tivesse tão pouco valor na troca, enquanto os diamantes tinham usos tão limitados e, apesar disso, tinham grande valor. Esse paradoxo foi finalmente solucionado pela "revolução marginal" do final do século XIX, quando William Stanley Jevons, Léon Walras e Carl Menger (talvez você se lembre dos dois primeiros no capítulo 1) argumentaram que o valor de troca de um bem é determinado pelo valor *marginal* da última unidade de um bem disponível, e não pelo valor *médio* obtido com seu consumo. Ainda que o valor médio da água seja alto, seu valor marginal é baixo porque ela é muito abundante. O argumento de Varian é que, embora os dados possam ter enorme valor no total ou na média, *na margem* os dados de um indivíduo não têm muito valor.

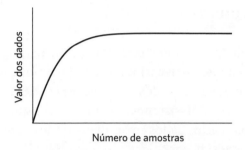

Figura 5.4. O valor dos dados como função do número de observações num problema-padrão de estimativa estatística. O valor marginal declina rapidamente. Agradecemos a Nicole Immorlica por fornecer esse gráfico.

O argumento de Varian é convincente se nos concentrarmos nos usos tradicionais dos dados na estatística clássica, anterior à AA. Na estatística-padrão, o objetivo é medir algum parâmetro de interesse; o exemplo mais simples seria a média de alguma coisa (a renda, por exemplo) em determinada população. Nos postulados comuns, o valor marginal da renda adicional de um indivíduo diminui rapidamente como medida para a renda média na população, porque, quanto mais você vê, menos incerteza tem sobre essa média. A redução marginal da incerteza tem uma queda brusca à potência de 1,5 vez o número de indivíduos; essa relação matemática está expressa na figura 5.4.

Por exemplo, se a redução marginal da incerteza a partir dos dados de mais de um indivíduo, ao se considerar apenas cem indivíduos, é de uma unidade, quando observamos 1 milhão deles, o valor é só de um um milionésimo. Além disso, raramente conhecer uma quantidade extremamente precisa é útil. Em geral, esse conhecimento atende a nossos objetivos apenas de maneira aproximada. Um empreendedor que pretende abrir uma empresa de administração de patrimônios num bairro quer saber se a renda média é de 100 mil dólares ou de 200 mil dólares, mas não precisa saber se é de 201 mil dólares em vez de 200 mil dólares. Não só os dados inicialmente coletados reduzem mais a incerteza como também essas reduções iniciais (da enorme incerteza para hipóteses razoavelmente fundadas) são mais valiosas do que os ajustes posteriores. Assim, num mundo estatístico-padrão, os dados perdem rapidamente seu valor. Para a estatística-padrão, os "grandes dados" são em geral inúteis. Bastam os pequenos.

O mundo do AA é diferente do da estatística-padrão por duas razões, que refletem os motivos pelos quais os dados têm tão pouco valor na perspectiva da estatística clássica. Primeiro, a diferença de abordagem entre o AA e a estatística-padrão é o tipo de relação que têm com a complexidade. Lembrem que problemas diferentes de complexidade variada exigem quantidades de dados distintas. Falando estatisticamente, o objetivo é solucionar um problema único e simples. No AA, procuramos ensinar ao sistema coisas novas e mais complicadas conforme os dados aumentam, visando resolver problemas com crescente complexidade das amostras.

Para qualquer tarefa de aprendizado bem definida, os dados tendem apenas a ter valor marginal para um leque limitado de dimensões, próximas da complexidade da amostra do problema. Quando os dados disponíveis estão muito abaixo da complexidade da amostra, não são suficientes nem mesmo para começar o aprendizado. Acima dessa dimensão, grande parte do aprendizado já aconteceu, de forma que os dados adicionais logo passam a ter os retornos declinantes que destacamos anteriormente.

Esse padrão de valores dos dados aparece na figura 5.5. Cada linha vertical representa a complexidade da amostra de algum problema em relação à visão da máquina; os problemas mais complexos ficam à direita. Note-se que, depois da subida acentuada perto do ponto de complexidade da amostra, a forma da curva, pelo menos por algum tempo, acompanha de perto o que vimos na estatística clássica. Depois de alcançarmos dados suficientes para avançar numa tarefa específica de AA (como reconhecer se há um ser humano numa foto), esse problema se torna análogo a um estatístico clássico, e os dados adicionais perdem seu valor num índice similar. Até alcançarmos esse ponto, os dados passam um longo período sendo inúteis pela razão oposta, e então passam a ser incrivelmente

Figura 5.5. O valor dos dados como função do número de observações num domínio médio de AA, no caso a visão da máquina. Cada linha vertical representa a complexidade da amostra de um determinado problema. Agradecemos a Nicole Immorlica por fornecer o gráfico.

úteis por um brevíssimo período, em que ensinam ao sistema o que ele precisa saber.

No entanto, embora esse padrão se mantenha para qualquer tarefa *dada* que o sistema de AA queira aprender, o aprendizado geral é muito diferente, como mostra a figura. Embora a qualquer momento o sistema esteja apenas no nível de dados para aprender uma ou algumas poucas coisas, a qualquer momento é muito provável que esteja aprendendo *alguma coisa*. Na figura, um sistema de visão baseado em um terço dos dados (fotografias rotuladas) que foram coletados já aprendeu a reconhecer a presença de um ser humano, e as fotografias rotuladas adicionais são de pouco valor. O sistema ainda está longe de ter dados suficientes para entender a natureza da ação na fotografia; é um problema complexo demais. Todavia, entre essas duas complexidades, ele pode aprender a rotular todos os objetos descontínuos na foto. Assim, os dados adicionais agora são inúteis tanto para o problema do reconhecimento quanto para o de análise, mas é muito útil para a questão de rotulação. Dessa perspectiva, o determinante primário do valor marginal não é a estatística de um determinado problema de AA, mas sim a *distribuição da complexidade entre problemas diferentes*.

Assim como ocorre na estatística clássica, há uma segunda questão crítica que determina o valor marginal dos dados: a importância de resolver cada problema que os dados oferecem ao AA. Se os problemas simples e iniciais têm valor muito maior do que os problemas posteriores mais complexos, os dados terão valor decrescente. Mas, se os posteriores e mais difíceis são mais valiosos do que os primeiros, que são mais fáceis, então o valor marginal dos dados pode aumentar à medida que temos mais disponíveis. Um exemplo clássico é o reconhecimento de voz. Os sistemas iniciais de AA para esse fim alcançavam ganhos de precisão mais depressa do que os sistemas posteriores. No entanto, um sistema de reconhecimento de voz ao qual falte alta precisão é praticamente inútil, já que o usuário acaba levando muito tempo para corrigir-lhe os equívocos. Isso significa que, para o valor de um sistema, os últimos pontos percentuais de precisão fazem uma diferença maior do que os 90% anteriores. O valor marginal aumenta na medida em que permite que se preencha essa última lacuna.

Recorramos à surrada comparação com o aprendizado humano para entender essas dinâmicas. A analogia que fazemos aqui é entre os processos de aprendizagem; nós *não* estamos querendo sugerir que as IAs de fato são como os seres humanos. No aprendizado de qualquer habilidade, o estudo geralmente tem pouca utilidade, depois se torna muito útil, e por fim volta a perder a utilidade. Por exemplo, até que você consiga alcançar algum entendimento de cálculo, o estudo da matemática lhe será de pouca ou nenhuma ajuda para entender cálculo; a matéria vai parecer completamente incompreensível. E assim que você conhece cálculo razoavelmente bem, os estudos adicionais logo se tornarão redundantes e dispensáveis. Durante um período essencial, porém, o estudo tem grande valia no aprendizado de cálculo.

Em inúmeros pontos do aprendizado de matemática você dominará alguma prática de maior ou menor utilidade (multiplicação, trigonometria, cálculo, probabilidade etc.) e o estudo terá grande valor para adquirir essa habilidade, mas será de pouco uso imediato para outras. Esse maior ou menor retorno marginal do estudo da matemática, conforme seu aprendizado avança, depende do maior ou menor valor que as habilidades mais complexas têm em relação às mais simples. Isso, por sua vez, depende de muitos fatores e a relação nem sempre é muito direta: a multiplicação pode ser mais útil do que a geometria, mas menos útil do que o cálculo, que você vai aprender ainda mais tarde. Mas as indicações gerais quanto aos retornos do mercado de trabalho sobre a educação sugerem que o valor de um maior tempo de escola não diminui rapidamente: níveis de instrução mais avançados muitas vezes impulsionam o potencial de remuneração acima do que recebe quem tem o ensino fundamental numa proporção maior do que o nível do ensino fundamental em relação a nenhum ensino.[24]

Cremos que algo similar se aplica ao AA. Dados adicionais podem não melhorar alguns serviços que amadureceram (como selecionar os filmes que lhe agradam), mas os mesmos dados podem melhorar outros serviços que se encontram em fase inicial (realidade virtual, tradução simultânea). Em muitos casos, os serviços mais complexos e sofisticados são mais valiosos. É o que mostra a figura 5.5, em que o valor obtido por serviços posteriores é maior do que o obtido por serviços anteriores. Se isso for verdade, os dados então podem realmente ter retornos *crescentes* e não decrescentes, na medida em que mais dados permitem a solução de problemas mais complicados e valiosos. Além disso, como a cultura humana está sempre se desenvolvendo de novas maneiras, a IA e o AA sempre precisarão de mais dados para prosseguir. Mesmo que as IAs venham algum dia a "aprender tudo" e os dados passem a dar retornos menores, será num futuro distante, quando tivermos sistemas de IA capazes de imitar não só uma inteligência humana individual, mas toda a inteligência humana coletiva.

O tecnofeudalismo

Por que, então, os servidores-sereias não pagam voluntariamente seus usuários para fornecer dados de alta qualidade que lhes permitiriam desenvolver os melhores serviços? Se produzir dados é trabalho, por que não temos um mercado para o trabalho de dados como parte do mercado de trabalho maior?

Na verdade, temos visto sinais incipientes de mercados para dados rotulados de alta qualidade. Muitos pesquisadores e algumas empresas usam a plataforma Mechanical Turk da Amazon (mTurk) para pagar trabalhadores on-line para rotular e limpar conjuntos de dados e participar em experiências sociológicas. Não é algo inteiramente novo. Os índices de audiência de televisão ainda são determinados pela Nielsen, que paga aos domicílios um pequeno montante para registrarem os programas a que assistem.

Note-se, porém, que os compradores de dados nesses contextos *não* são, na maioria, os servidores-sereias que estamos abordando. Pelo contrário, são empresas menores, pesquisadores acadêmicos e companhias financeiras sem acesso direto aos dados. Muitas dessas empresas têm perspectivas animadoras. A Work Fusion, por exemplo, oferece um plano de incentivo sofisticado aos trabalhadores para ajudarem a treinar as IAs a automatizar processos empresariais. As firmas de IA não poderiam contratar trabalhadores para rotular mapas e imagens rodoviários e vender os dados rotulados a empresas que produzem carros que dirigem sozinhos?

No entanto, a dimensão total desses mercados é ínfima em comparação ao número de usuários que produzem dados usados pelos servidores-sereias. O número de trabalhadores na mTurk está na faixa de dezenas de milhares, contra os bilhões de usuários de serviços oferecidos pelo Google e pelo Facebook.[25] Os gigantes dos dados (Google, Facebook, Microsoft etc.) não pagam pela maioria de seus dados. Os players mais importantes, aqueles com a escala necessária para lidar com os problemas mais complexos, estão basicamente ausentes desses mercados, amparando-se, pelo contrário, em dados "gratuitos" passivamente coletados de sua base de usuários. É claro que eles não são realmente gratuitos; os servidores-sereias fornecem serviços aos usuários em troca de receber os seus dados.

Esse esquema em que os usuários dispõem de serviços e a empresa fica com todas as vantagens dos dados que eles geram pode parecer novo, mas na verdade é muito antigo. Antes do surgimento do capitalismo, os sistemas de trabalho feudal funcionavam de maneira parecida. Os senhores isolavam os servos das flutuações nos mercados, lhes garantiam estabilidade e lhes asseguravam os direitos tradicionais de uso da terra e da obtenção de uma parcela das colheitas suficiente para seu sustento. Em troca, os senhores ficavam com todas as vantagens do retorno de mercado sobre a produção agrícola dos servos. Hoje, analogamente, os servidores-sereias fornecem serviços de informação úteis e recreativos, ficando com o valor de mercado dos dados que produzimos em troca. Assim, referimo-nos a esse sistema contemporâneo como "tecnofeudalismo".

É um esquema longe do ideal. Os usuários que têm conhecimentos ou habilidades excepcionais, mas que não são fãs das mídias sociais, mantêm distância e recusam o valor de suas contribuições para a vida social on-line e os sistemas de AA. O mesmo também se dá com pessoas pobres ou marginalizadas. Inversamente, a ausência de pagamentos no mundo digital impede que as pessoas se especializem em acrescentar valor por meio de seus dados; não se sobrevive com os serviços gratuitos que o Facebook e o Google oferecem. O tecnofeudalismo também impede o desenvolvimento pessoal, assim como o feudalismo impedia a aquisição de instrução ou investimentos para melhorar a terra. A impossibilidade de receber dinheiro nesses ambientes mina a possibilidade de desenvolver habilidades ou carreiras dedicadas às contribuições digitais, pois os tecnosservos sabem que qualquer investimento que fizerem será expropriado pelas plataformas. Na melhor das hipóteses, a pessoa, tornando-se membro excepcionalmente ativo de uma comunidade digital, poderá ganhar certo renome, algum distintivo e o reconhecimento de que talvez seja possível ingressar em um trabalho vagamente relacionado off-line. Na pior das hipóteses, por mais que você contribua, ainda receberá os mesmos serviços digitais que qualquer outra pessoa.

Essa ausência de incentivos eficazes obriga os servidores-sereias a montar seus serviços de forma que, para os usuários, seja simples e prático fornecer esses dados. Num sistema feudal puro, é impossível qualquer rotulação inconveniente de dados ou fornecimento de pessoas não propensas a usar os serviços oferecidos pelos servidores-sereias. Ainda que os ambientes de interação possam ser concebidos para motivar os usuários a darem informações úteis (por exemplo, disponibilizando emojis que lhes permitem rotular as interações com suas respectivas emoções), há limites para a utilidade e o detalhamento das tags que os usuários fornecerão apenas por diversão durante o entretenimento e o consumo.

Esse fato não escapa aos servidores-sereias. Eles, em sua maioria, têm as próprias plataformas de contribuição coletiva, que rotulam conjuntos enormes de dados que coletam por outros meios para aumentar o valor, a confiabilidade e a utilidade desses dados. Os servidores-sereias fazem o máximo para ocultar o papel do trabalho humano nos dados para produzir seus serviços "mágicos", a tal ponto que as tentativas de mostrar esse trabalho se tornaram uma espécie de movimento social entre os ativistas que defendem os trabalhadores da internet,[26] como mostram a antropóloga Mary Gray e o cientista da computação Siddhart Suri em *Demanding Work*, livro a ser lançado em breve.[27] Por exemplo, o Google subcontrata caladamente mais de 10 mil rotuladores humanos para darem feedback sobre a qualidade dos resultados de busca do Google em casos em que o feedback orgânico dos usuários é insuficiente, e mesmo assim foi preciso que houvesse uma reportagem investigativa para revelar essa prática.[28] Desse modo, os servidores-sereias, embora visivelmente precisem de ajuda de usuários comuns, fazem a maior ginástica possível para contornar o canal mais natural (que seria pedir feedback àqueles que interagem organicamente com seus serviços) e fazem pagamentos irrisórios a trabalhadores fora dessa cadeia, ocultando das vistas públicas essa prática e sua respectiva importância. Ao mesmo tempo, essas empresas ocupam uma posição de influência dominante nas discussões sobre as políticas e os meios de comunicação, devido a seu papel armazenando informação e financiando pesquisas de políticas na área.[29]

A caiação digital

Num trabalho em andamento com Lanier e outros colaboradores, um de nós procura explicar por que os servidores-sereias toleram essa conjuntura infrutífera. Encontra-se uma boa analogia numa passagem de *Tom Sawyer*, de Mark Twain, quando Tom tenta transferir para os amigos sua responsabilidade de caiar uma cerca. De início, ele propõe lhes pagar, mas não adianta. Tom logo percebe que, se fingir gostar da tarefa, os amigos não só concordarão em fazer o trabalho por ele, como pagarão por esse privilégio. Há uma extensa bibliografia em psicologia mostrando que, no contexto social correto, o dever vira prazer, a obrigação vira diversão.[30]

Os servidores-sereias seguiram os passos de Tom. Começaram a coletar dados dos usuários no curso normal das atividades e descobriram que estes botavam alegremente seus ovos de ouro como forma de entretenimento. Os usuários das redes sociais fornecem de graça fotografias valiosas rotuladas para se conectar com os amigos. O Google alimenta sua análise de AA de vídeos com publicações engraçadas no YouTube. Pouquíssimos usuários recebem grande coisa por suas contribuições, assim permitindo que os servidores-sereias, que podem vender espaços publicitários e, cada vez mais, serviços de IA, embolsem grandes lucros.

É pouco provável que os servidores-sereias, sobretudo os líderes em coleta de dados (Facebook e Google), passem por iniciativa própria a pagar pelos dados para melhorar sua qualidade ou volume. O problema básico é que existem poucos servidores-sereias para disputar os dados dos usuários. Cada qual sabe que, se começar a pagar por alguns dados, a concorrência entre os serviços logo o obrigará a pagar por todos que agora recebe de graça. O pagamento aos usuários, mesmo num conjunto relativamente limitado de contextos valiosos, decerto minaria, por várias razões, o modelo de negócio do servidor-sereia de explorar os dados gratuitos.

A primeira razão e a mais básica é que o poder de mercado (o que os economistas chamam de poder de monopsônio ou de oligopsônio) dos servidores-sereias significa que qualquer mudança no mercado que leve os usuários a serem pagos por seus dados aumentará seu custo.

A importância do poder de monopsônio nos mercados de trabalho de dados foi ressaltada inicialmente num artigo de Gray e Suri, junto com a economista Sara Kingsley.[31] Desde então, as análises empíricas de Suri e colaboradores têm confirmado que os anunciantes de tarefas no mTurk têm um grau considerável de poder de monopsônio, mesmo que não sejam grandes players do mercado, em vista da especificidade do interesse dos "turkers", em termos de tempo e tipo de tarefa, em concluí-las.[32]

O poder monopsônico dos servidores-sereias é drasticamente maior. Eles oferecem uma fatia muito maior de todas as tarefas potencialmente disponíveis desse tipo de trabalho. Embora seja difícil quantificar, parece muito provável que a maioria de todos os dados valiosos on-line e talvez todos os dados digitais sejam coletados pelo Facebook e pelo Google; em 2015, a fatia do Google nas buscas na web (que é por onde começa a maioria das consultas) era de 64%, e 1,5 bilhão de usuários do Facebook passava em média cinquenta minutos diários no site ou no aplicativo.[33] A enorme fatia de mercado controlada por esses gigantes significa que seriam eles a arcar com grande parte do impacto gerado pelo aumento do preço de dados que hoje são gratuitos.

Visto que a maioria do trabalho produtivo a ser feito não é um serviço terceirizado coletivo específico que os trabalhadores procuram explicitamente, e sim tarefas durante interações on-line de entretenimento, as empresas concorrentes teriam de construir serviços de qualidade e preferência do usuário no mínimo equivalentes antes de poderem fazer um uso produtivo das solicitações de dados valiosos aos usuários. Várias start-ups adotaram esse modelo com o intuito de atrair usuários para uma rede social alternativa (por exemplo, empowr) ou para um serviço de gerenciamento de dados (por exemplo, Datacoup). No entanto, atraíram poucos usuários, por adesão ideológica à ideia. A maioria prefere uma rede que seja usada por boa parte de seus amigos e que ofereça serviços de qualidade superior.

Uma start-up que conseguiu obter dados mais úteis dos usuários é a reCAPTCHA, responsável por aquelas perguntas anti-spam que muitas vezes aparecem na tela quando queremos acessar um serviço e para isso devemos provar que não somos um robô. Embora os códigos de verificação que o reCAPTCHA apresenta aos usuários visem a questões de segurança, eles foram concebidos como fonte de dados para digitação de textos e, cada vez mais, como fonte de dados para treinar o reconhecimento automático de textos e outros sistemas baseados em AA. Note-se, porém, que o reCAPTCHA teve sucesso precisamente porque fez parceria com os servidores-sereias existentes, foi incorporado aos produtos que eles ofereciam e nunca propôs pagamento monetário. Depois que o Google adquiriu o reCAPTCHA pelo valor divulgado de 30 milhões de dólares, em 2009, uma usuária de Massachusetts acionou o Google judicialmente — mas sem sucesso — por violar as leis trabalhistas com base na teoria de que o reCAPTCHA consiste em trabalho não remunerado.[34]

A maioria dos potenciais concorrentes dos servidores-sereias no mercado de trabalho de dados teria dificuldade em sequer chegar perto de seu grau de produtividade no uso dos dados. Como apontamos antes, os serviços mais avançados de IA são possíveis apenas com capacidades computacionais e de dados maciças. Essas capacidades só estão ao alcance de alguns poucos gigantes digitais. Evidentemente, uma start-up poderia coletar dados na esperança de vendê-los aos servidores-sereias, mas o interesse deles em evitar pagar os dados que entram pela porta dos fundos seria tão grande quanto por qualquer outra via. Em suma, os servidores-sereias ocupam a área central de uma propriedade num "terreno comunal digital", com espaço limitado a poucos players, e têm interesses contrários à remuneração dos tecnosservos que agora lavram voluntariamente essas terras.

Para além da estrutura do mercado e da natureza da tecnologia de IA, a natureza das mídias sociais torna esses sites especialmente resistentes à concorrência. A maioria dos usuários quer participar de uma rede social que inclua todos os seus amigos. Esses *efeitos de rede* podem dificultar a entrada de concorrentes no mercado, a menos que tenham respaldo financeiro suficiente para passar anos subsidiando usuários — e as normas sociais, que veem com maus olhos o dinheiro que muda de mãos, entravam ainda mais a operacionalidade dessa estratégia. Muitos cientistas sociais também afirmam que os servidores-sereias usam técnicas similares às utilizadas nos cassinos, oferecendo conteúdos que criem dependência nos usuários.[35] Juntas, essas propriedades aumentam o poder dos servidores-sereias em confinar os usuários a padrões que talvez não sirvam a seus interesses de longo prazo.

A segunda razão, como o economista Roland Bénabou e o prêmio Nobel Jean Tirole ressaltaram em suas incisivas análises de 2003 e 2006 de situações como o problema de Tom Sawyer, é que remunerar por uma atividade muitas vezes prejudica as motivações *intrínsecas* (como o entretenimento e a pressão social).[36] O pagamento por fornecimento de dados on-line pode indicar aos usuários que as atividades que agora veem como entretenimento são, na verdade, tarefas que beneficiam os servidores-sereias e pelas quais deveriam exigir remuneração, prejudicando o valor de entretenimento. O pagamento também pode prejudicar motivações que se julga serem de participação e colaboração social, as quais podem gerar um sentimento de gratificação social aos usuários por "fazerem parte de uma comunidade on-line". Por um lado mais sombrio, o pagamento também pode afetar a aderência do conteúdo, na medida em que "rompe o encanto" do entretenimento on-line ao evidenciar melhor a natureza da relação econômica.

A terceira razão consiste em que a maioria dos usuários, a despeito dos relatórios de mídia sobre a economia dos dados, ainda não se dá conta do valor que as empresas extraem de seus dados.[37] Para pagar os usuários por fornecerem os dados mais valiosos aos servidores-sereias, eles teriam de fazer solicitações explícitas de rótulos, comentários e outros inputs do usuário. Se os usuários perceberem o aspecto "sorrateiro" da situação atual, é provável que mudem de atitude em relação às interações on-line, de uma maneira que será não só imprevisível, mas também cara e lesiva para os servidores-sereias. A divulgação das experiências do Facebook com a valência emocional dos feeds de notícias de seus usuários gerou revolta pública, e as pesquisas sugerem que os usuários que se conscientizam da vigilância "sorrateira" da tecnologia tendem a desconfiar dos serviços digitais ou a utilizá-los de maneiras que reduzem o valor de seus dados.[38]

Por fim, a implantação prática da concepção de Lanier dos dados como trabalho exigiria a construção de uma variedade de sistemas técnicos sofisticados. Seria preciso ajustar a arquitetura de muitos sistemas digitais para rastrear a origem e os usos dos dados, de forma que os usuários pudessem ser remunerados pelo menos de acordo com o valor médio criado por seus dados, mas, idealmente, também em certa medida conforme o valor exclusivo que eles às vezes acabam rendendo.[39] Os sistemas de AA teriam de ser projetados para determinar os dados especialmente valiosos para eles; suas solicitações então precisariam ser canalizadas para produtos expostos ao consumidor; por fim, esses produtos precisariam ser concebidos de modo a solicitar dados adicionais aos usuários da maneira menos invasiva possível.

Outra parte desse problema é que os usuários poderiam considerar trabalhoso manter transações com a internet em bases regulares. Podemos supor que o Facebook ofereça quinze dólares a Jayla por alguns minutos de seu tempo, mas e se a informação fornecida por Jayla na verdade valer quinze centavos ou quinze milésimos de um centavo? Seria preciso construir sistemas de orientação pessoal para guiar as escolhas do usuário, que receberiam um feedback apenas ocasional, mas fariam todos os pagamentos. Mesmo com tais sistemas, seria necessária uma mudança básica nas percepções e atitudes sociais em relação às interações on-line.

Inversamente, os servidores-sereias precisariam dispor de formas mais eficientes para garantir a qualidade e o valor dos dados que recebem. Vários anos atrás, quando a Microsoft fez a experiência de pagar os usuários por dados, surgiu uma quantidade enorme de robôs para explorar o sistema e extrair grandes volumes de dinheiro sem fornecer valor à empresa. À falta de alguma maneira de rastrear os usuários, o que imporia inevitavelmente uma carga ainda maior a eles mesmos, o pagamento pelos dados seria presa fácil para a exploração.

Os três últimos fatores aqui destacados são, basicamente, razões que mostram que tratar os dados como trabalho também pode ser socialmente indesejável. Cremos que, no médio prazo, os benefícios poderiam compensar esses fatores. Mas, quando esses fatores se combinam com o poder de monopsônio dos servidores-sereias, os efeitos de rede e os interesses em manipular a psicologia do usuário, não admira que esses servidores-sereias ainda não tenham realizado essa ambiciosa transição.

Por outro lado, não se exclui a possibilidade de que os servidores-sereias que detêm menos dados qualificados, como a Amazon, a Apple e a Microsoft, possam ter tanto uma escala que permita a concorrência quanto o incentivo para romper esse monopsônio improdutivo. Ao criar uma ideologia alternativa ao enfoque do material "gratuito" on-line, ajudariam a quebrar o modelo empresarial dominante de seus rivais e a abrir oportunidade de concorrência. No entanto, também é plausível supor que a estrutura do setor torna improvável que qualquer entidade privada mude de bom grado e por iniciativa própria para um modelo mais produtivo. Talvez seja necessário haver pressão social e reguladora para catalisar a mudança.

A luta dos trabalhadores

Muitos aspectos da história que contamos são próprios da tecnologia atual e das normas que se desenvolveram em torno da internet. No entanto, a ideia de que o poder monopsônico criado pelas tecnologias com fortes economias de escala levaria ao trabalho sub-remunerado, retardando assim tanto o desenvolvimento econômico quanto a igualdade, não é nova. É um dos temas clássicos da história econômica e a ideia central do historiador econômico mais famoso de todos, Karl Marx.

Um objetivo intelectual fundamental do primeiro volume de *O capital*, de 1867, era explicar por que a melhoria nas condições e no bem-estar dos proletários (trabalhadores sem propriedades) fora tão pequena desde o final do feudalismo.[40] Marx disse ter identificado uma inevitável tendência dos capitalistas a "explorar" os trabalhadores mantendo seus salários abaixo do valor que geravam. Marx afirmava que essas práticas laborais criaram o que seu colaborador Friedrich Engels chamou de "exército de reserva de mão de obra" (isto é, uma classe de desempregados), cujas condições ainda mais miseráveis levavam os trabalhadores a fazer de tudo para manter o emprego.[41]

Como mostrou o economista John Roemer, é extremamente improvável que as conclusões de Marx se sustentem caso os empregadores disputem os trabalhadores.[42] Todavia, tais conclusões são exatamente o que se esperaria num mundo onde os capitalistas conspiravam entre si ou tinham poder unilateral suficiente para manter os salários baixos. Beatrice e Sydney Webb, dinâmico casal de Radicais britânicos do final do século XIX, defenderam a negociação coletiva dos trabalhadores, afirmando que a elevação dos salários acima dos níveis que levavam os trabalhadores a se retirar da força de trabalho resultaria em maior eficiência produtiva.[43] John Kenneth Galbraith, o economista americano de meados do século XX que citamos no capítulo 2, saudava os sindicatos como forma necessária de "poder de compensação", indispensável para contrabalançar o poder dos monopsonistas.[44]

Essa concepção foi parcialmente comprovada pelas pesquisas de economistas posteriores. O historiador econômico Robert C. Allen mostra que, antes do surgimento dos sindicatos, os salários britânicos na fase inicial do processo de industrialização praticamente não tiveram nenhuma melhoria, apesar dos aperfeiçoamentos tecnológicos.[45] Quando os sindicatos conseguiram se contrapor ao poder monopsônico dos industriais, não só os salários aumentaram rapidamente, como também a velocidade da produtividade geral viu uma aceleração radical. Os economistas David Autor, Daron Acemoglu e Suresh Naidu acreditam que o rompimento do poder monopsônico, graças aos sindicatos, à regulamentação trabalhista oficial, aos salários mínimos e a outras reformas, foi fundamental para a crescente aceleração da produtividade.[46] Além do papel na negociação coletiva, os sindicatos atendiam a outras funções que ajudavam a sustentar o modelo "fordista" da produção baseada na linha de montagem, que predominou no século XX: examinavam e garantiam a qualidade do trabalho produzido por seus trabalhadores e os ajudavam a adquirir as qualificações exigidas por um ambiente de trabalho em rápida transformação.

Sem dúvida, havia muitas outras coisas ocorrendo ao mesmo tempo, o que dificulta traçar linhas claras de causalidade histórica. Os sindicatos também acarretaram muita rigidez e ineficiência, causaram greves e podem, eles mesmos, ter acumulado um significativo poder de mercado. Atraíram hostilidade e se tornaram inflexíveis e ultrapassados a um grau que levou a seu declínio, há várias décadas.

Mas, mesmo com o declínio dos sindicatos, algumas das condições que expusemos guardam semelhanças importantes com as condições que contribuíram para incentivar seu surgimento e seus benefícios. O poder monopsônico dos servidores-sereias, como sustentamos, pode estar achatando os salários dos trabalhadores de dados a zero (ou, mais precisamente, ao valor dos serviços e do entretenimento que esses trabalhadores obtêm usando serviços digitais). Isso pode acabar com a produtividade da economia digital, reduzindo a qualidade e a quantidade de dados, e pode contribuir para a má distribuição de ganhos com as tecnologias de IA. Um trabalhador de dados individual não tem poder de barganha, ou seja, não pode ameaçar retirar seus dados do Facebook ou do Google a menos que receba um pagamento justo.

Além disso, para conseguir remuneração pelos dados como trabalho, os trabalhadores de dados precisarão de uma organização que os avalie, certifique que fornecem dados de qualidade e os ajude a trafegar pelas complexidades dos sistemas digitais sem sobrecarregar o tempo deles. Esses três papéis — a negociação coletiva, a certificação da qualidade e o desenvolvimento profissional — são exatamente os mesmos que os sindicatos desempenharam na Era Industrial.

Talvez seja chegada a hora de conclamar: "Trabalhadores de dados do mundo, uni-vos" num "movimento operário de dados".[47]

Uma característica marcante do mercado de trabalho de dados é que se trata de um mercado internacional, que praticamente não é afetado por fronteiras e regulamentações estatais. Quando as pessoas despertarem para o seu papel como trabalhadores de dados — quando ganharem "consciência de classe", por assim dizer —, poderão surgir organizações (mais ou menos como sindicatos) que forneçam aos trabalhadores de dados os meios para se envolverem numa ação coletiva. Imagine-se, por exemplo, um sindicato trabalhista de dados que atraísse associados — os trabalhadores de dados — prometendo-lhes remuneração mais alta. Quando o sindicato alcançasse massa crítica, poderia chegar ao Facebook ou ao Google e ameaçar uma "greve" (e também, na verdade, um boicote, pois os trabalhadores de dados são ao mesmo tempo consumidores dos serviços oferecidos por essas empresas). Os detalhes técnicos seriam complicados, mas podemos imaginar um leque de abordagens possíveis.

Se as empresas não negociassem, o sindicato poderia simplesmente convocar seus associados a deixarem de usar o Facebook ou o Google durante um dia. Uma abordagem mais complicada seria rotear o trabalho de dados por plataformas montadas pelo sindicato, e assim ele poderia afetar o fornecimento de dados se e quando as empresas de internet do outro lado da mesa se recusassem a pagar salários razoáveis. Um usuário do Facebook chegaria à sua conta passando pela plataforma do sindicato, de forma que este teria condições de impor uma ação coletiva entre usuários, fechando a conta ou fornecendo acesso limitado a ela durante o período de greve. Atualmente, um provedor de serviços virtuais poderia organizar uma ação dessas, mas precisaria se estruturar como sindicato trabalhista para evitar denúncias de truste.

Parece-nos que esses sindicatos poderiam funcionar. Ao contrário dos tradicionais, eles combinam interrupções dos trabalhadores e boicotes dos consumidores — pois, como observamos, os trabalhadores de dados são também consumidores. Durante uma greve, o Facebook perderia não só o acesso aos dados (pela mão de obra), como também o acesso à receita advinda da publicidade (pelo consumidor). É como se os trabalhadores do setor automobilístico pudessem pressionar a GM ou a Ford não só parando a produção, mas também se negando a comprar carros. Outra diferença em relação aos sindicatos tradicionais, que precisavam se esforçar muito para manter a solidariedade durante as greves, é que os sindicatos de dados poderiam impor os "piquetes" eletronicamente. Além disso, nesse contexto, os próprios efeitos de rede que preservam os monopólios digitais funcionariam contra eles: seria constrangedor furar uma greve do Facebook se todos os seus amigos também estivessem parados no mesmo dia.

Por fim, um sindicato trabalhista de dados ajudaria a fomentar a concorrência digital rompendo o poder concentrado de alguns dos servidores-sereias mais poderosos sobre os dados. Os sindicatos poderiam considerar como solução ideal a distribuição dos dados entre muitas empresas digitais diferentes, em vez de deixar que se acumulassem num lugar só. Também haveria, claro, lados negativos — os sindicatos de dados, como os sindicatos tradicionais, poderiam abusar de sua autoridade. Mas acreditamos que, na época atual, em vista da ausência de um mercado — radical ou outro — para o trabalho com dados, os ganhos são maiores do que as perdas.

Uma moeda por seus pensamentos

Um primeiro passo indispensável para que isso seja possível, porém, é ter uma noção quantitativa do valor dos dados. Coisas que não são medidas não são precificadas, e muitas vezes algo que é medido com precisão começa a ser precificado organicamente. Na década passada, desenvolveram-se sistemas de medição da pegada de carbono de indivíduos, empresas, veículos etc. Mesmo sem uma taxação legal sobre a emissão de dióxido de carbono, uma quantidade crescente de agentes econômicos começou a arcar com esses custos com compensações voluntárias ou usando-os para orientar o planejamento empresarial, em parte por pressão da sociedade e dos consumidores, em parte por causa das preocupações quanto a possíveis regulamentações futuras. Dentro desse espírito, cremos que o primeiro passo para a avaliação das contribuições individuais para a economia dos dados é medir essas contribuições marginais.[48] O campo do "aprendizado ativo" na ciência da computação estuda como otimizar a busca de dados (provavelmente a determinado custo) e oferece um rico estoque de ideias que podem ser utilizadas para responder a essas perguntas.

Em segundo lugar, seria preciso construir sistemas tecnológicos apropriados para traçar e rastrear o valor criado pelos usuários individuais. Esses sistemas teriam de equilibrar várias questões antagônicas. De um lado, teriam de medir quem são os usuários individualmente responsáveis por quais contribuições de dados — sobretudo quando essas contribuições são desmedidas e/ou esses indivíduos dificilmente forneceriam e investiriam nos dados únicos que conferem caráter excepcional a essas contribuições a não ser que recebessem esses incentivos monetários. Criadores de entretenimentos valiosos, especialistas em línguas obscuras que podem ajudar os tradutores automáticos, exímios gamers que podem ajudar a ensinar computadores a se comportar como parceiros de jogo em partidas multiplayer, enólogos que podem ajudar a treinar o olfato do computador, todas são qualificações únicas que merecem recompensas excepcionais. De outro lado, pretender rastrear todos os detalhes do uso comum de uma postagem no Facebook é um tremendo exagero, e algumas categorias de dados seriam comoditizadas e receberiam um "preço médio" baseado na conformidade a padrões de qualidade geral, tanto para reduzir a carga sobre o sistema quanto para afastar os usuários de riscos desnecessários, caso seus dados se mostrem valiosos.

Em terceiro lugar, os usuários não se animarão a fazer uma análise de custo-benefício do valor monetário versus o custo do incômodo de cada interação on-line. Embora seja importante que os usuários fiquem cientes e sejam reconhecidos pelas contribuições que deram e que os custos dos serviços que usam não fiquem ocultos a eles, seria inviável para a maioria pesar cuidadosamente o valor financeiro de todas as suas escolhas digitais. Em vez disso, muitos precisarão da orientação de um consultor digital inteligente, que filtre e sugira oportunidades lucrativas em relação ao incômodo que causam — serviços que valham a pena para os usuários. Esse sistema filtrará e excluirá spams que não interessam ao usuário e lhe apresentarão oportunidades que contemplem suas afinidades. Os usuários podem fornecer retorno, qualificando as experiências individuais ou, o mais provável, comentando ou respondendo às perguntas do sistema, para ajudá-lo a aprender as preferências pessoais.

Por fim, um mercado de trabalho digital justo exigiria uma nova infraestrutura reguladora adaptada a ele. A legislação do salário mínimo e as proteções trabalhistas correspondentes não estão adaptadas a um mundo de trabalho flexível, no qual os usuários fazem uma série de pequenas contribuições que complementam sua fonte de renda principal. Os governos teriam de assegurar direitos de propriedade claros sobre dados aos trabalhadores digitais individuais, passo que começou a ser dado pela União Europeia com sua Regulação Geral de Proteção de Dados, e o direito de livre associação para formar sindicatos de trabalhadores de dados. A capacitação dos usuários, não só de estarem cientes de seus dados, mas também de poderem reivindicar os benefícios decorrentes deles, exigirá a autorização para que agentes credenciados tenham acesso aos dados em formatos apropriados. Esse tipo de reflexão criativa tecnicamente habilitada sobre as regulações apropriadas para os dados como trabalho e o correspondente trabalho flexível na era digital (tal como os serviços de corridas ou de locação de um espaço em casa) encontra-se em sua fase inicial. Mas a concorrência e a contraposição do poder sindical só serão eficazes se as regulações lhes assegurarem flexibilidade para que ajudem a formar um mercado de trabalho digital justo e produtivo.[49]

Um mercado radical de trabalho com dados

Imagine que a internet começou a lhe pagar pelos dados que você fornece. De que maneira isso mudaria as coisas? O primeiro ponto que deve ser entendido é que não existe caminho fácil para o enriquecimento das massas. Mesmo que toda a capitalização de mercado do Google e do Facebook fosse repartida entre os cidadãos americanos, cada um receberia apenas alguns milhares de dólares. Se você repartir a capitalização de mercado entre os bilhões de usuários que há no mundo inteiro, a quantia será ainda menor. O sistema que propomos, sem dúvida, aumentaria a eficiência da economia digital e, portanto, haveria mais valor acessível a todos. Mas, nos primeiros anos, os usuários médios complementariam sua renda com várias centenas ou talvez alguns milhares de dólares.

A importância que a fonte de renda com o trabalho de dados viria a adquirir depois de alguns anos depende da importância que a IA revelasse ter. Alguns comentadores creem que a IA automatizará grande parte da economia. Nesse caso, o trabalho com dados representará uma fonte de renda e riqueza muito maior nos próximos anos em comparação ao momento atual, e de fato uma boa parte da capitalização de mercado das empresas digitais se baseia nessa possibilidade. Se isso se concretizar, o trabalho com dados pode crescer e se tornar uma parcela substancial da renda de muita gente. No entanto, também é possível que a IA tenha aplicações limitadas, e nesse caso o trabalho com dados nunca será mais do que um modesto complemento de renda.

Para fazer uma estimativa aproximada dos ganhos que poderíamos esperar, vamos supor que, nos próximos vinte anos, a IA que não paga os fornecedores de dados (na ausência de nossa proposta) venha a representar 10% da economia. Suponhamos também que a verdadeira parcela de trabalho nessa área da economia, se remunerado, seja de dois terços, como no restante da economia, e que a remuneração justa do trabalho expanda a produtividade desse setor em 30%, como parece bastante razoável em vista dos ganhos de produtividade que acompanharam práticas trabalhistas mais justas no começo do século XX. Assim, nossa proposta aumentaria o tamanho da economia em 3% e cerca de 9% seria transferido dos detentores do capital para os detentores do trabalho. Aplicando a mesma lógica apresentada no capítulo 4 sobre o efeito de tais transferências, isso reduziria a parcela de renda do 1% mais rico em cerca de três pontos percentuais. Embora possa parecer pouco em relação à economia como um todo, seria uma contribuição substancial para a renda média de uma família de quatro pessoas, elevando-a em mais de 20 mil dólares, tal como nos trinta anos posteriores às duas guerras mundiais.

No entanto, mesmo que o trabalho com dados se torne uma importante fonte da renda para muitas pessoas, não há garantia de que seus frutos sejam distribuídos equitativamente. Alguns podem ter habilidades ou conhecimentos culturais idiossincráticos de especial valor para o AA, ao passo que outros serão demasiado triviais para ter algum valor marginal significativo. Alguns trabalhadores de dados podem contribuir um pouquinho para um amplo leque de diferentes processos de AA, ao passo que outros podem contribuir muito em determinada área (como o aprendizado de línguas ou a consciência cultural), mas pouco ou nada em outras. Esperamos que o leque de oportunidades que seriam oferecidas por um mundo assim permitiria aos indivíduos se especializarem entre um número de ramos maior do que o atual, alguns optando pela diversidade e por um trabalho mais recreativo, outros se concentrando em alguma paixão específica. Todavia, é plenamente possível que surgissem grandes desigualdades, que teriam de ser disciplinadas por reformas futuras.

Além das implicações diretas na renda, o pagamento pelos dados fornecidos também pode mudar o entendimento social da economia digital. Em vez de se sentirem como consumidores passivos dos serviços virtuais, os usuários poderiam se ver como produtores e participantes ativos na criação de valor. Suspeitamos que a expressão IA, inteligência artificial, aos poucos cederia lugar a uma compreensão mais precisa das fontes de valor em sistemas digitais, como uma "inteligência coletiva". Os usuários tratariam as úteis percepções de Siri e Alexa não como conselhos dados por robôs, mas como conjuntos de contribuições humanas, da mesma maneira como veem uma enciclopédia ou as ideias que as pessoas publicam no Facebook.

Como questão psicológica, essa proposta não parece impossível. As pessoas que vivem em democracias parecem se sentir mais empoderadas e mais ativas politicamente do que quem vive sob ditaduras, mesmo que a contribuição do voto individual para os resultados políticos seja muito pequena. Quando compramos um "carro nacional", imaginamos estar comprando o produto do trabalho de nossos compatriotas, muito embora um indivíduo desempenhe, no máximo, um papel minúsculo na produção desses bens.

Apesar disso, essa mudança na percepção dos consumidores pode, em muitos aspectos, ser menos importante do que as mudanças que surgiriam para os próprios trabalhadores, quando se passasse a ver os dados como trabalho. Ao receberem por seus dados, eles podem se sentir membros mais úteis da sociedade. Nos últimos anos, vários economistas começaram a indagar se, numa economia que atribui valores maiores ao trabalho técnico que exige formação avançada, amplos segmentos da população não se veriam na impossibilidade de encontrar trabalho. Pesquisas recentes sugerem que uma causa importante da menor participação de jovens do sexo masculino na força de trabalho é o aumento da quantidade de horas que passam jogando games.[50] Tendo em vista as atitudes recentes em relação a essas atividades, parece plausível supor que esses rapazes, alguns deles *trolls* ou *bullies* da internet, talvez tenham uma relação não muito saudável com a sociedade mais ampla.

Muitas pessoas desfrutam de uma sensação de valor pessoal quando contribuem para a sociedade. Num mundo em que as contribuições digitais individuais fossem devidamente valorizadas pela sociedade, muitos apaixonados por video games poderiam converter seu gosto pelo jogo numa habilidade produtiva. Com a tendência da "gamificação" de muitas tarefas produtivas, não é difícil imaginar que, se os dados fossem tratados como trabalho, as habilidades que esses rapazes adquiriram como jogadores poderiam ajudá-los a obter um sustento. A capacidade inexplorada dos especialistas em games merece mais respeito do que tem hoje e maiores esforços para canalizá-la para o bem social. Isso encorajaria os gamers a desenvolver suas habilidades de uma maneira mais valiosa socialmente, gerando um senso de dignidade pessoal e de responsabilidade política.

CONCLUSÃO

Indo à raiz

> *O laissez-faire (em seu pleno e real significado) abre caminho para a concretização dos nobres sonhos do socialismo.*
> Henry George, *Progresso e pobreza*, 1879

Quando Dinh Tuyên finalmente levou seu tuk-tuk até o ferro-velho, era a hora certa. Ela teve de religar o motor três vezes durante o percurso. Mas cada vez era como um soco no estômago. É, talvez tivesse mesmo de comprar outro. É, a cidade e a web tinham mil outras oportunidades. Mas o ritmo daquelas rodas batendo nas ruas de Hanói parecia uma reprodução perfeita do ritmo do sangue em suas veias, o mesmo sangue que passara pelas veias do pai naquele ritmo, antes dela.

Mas nunca mais sentiria aquele ritmo. Mesmo que o cheque fosse suficiente para comprar uma daquelas geringonças desgraçadas que tinham destruído sua vida, elas funcionavam excessivamente bem, a superfície delas reluzia demais para lhe trazerem nem que fosse uma remota lembrança do mundo que perdera. Era um mundo que não queria abandonar. Dinh

Tuyên sabia que havia centenas, milhares, milhões de pessoas como ela que não suportavam aquilo. Elas ouviriam seu grito. O mundo ouviria seu grito.

Encontrou essas pessoas. Nas redes sociais, nas praças. O inglês do tempo de escola lhe voltou. Sua vida tornou a ganhar significado entre as passeatas, em cafés de realidade virtual e ruas de calçamento sólido. Uma mulher de meia-idade, solteira e solitária de um canto da Ásia logo se tornou a voz daqueles que rejeitavam robôs e aplicativos, vistos de trabalho e créditos de opinião. Ela era o som de uma terra natal, de uma vida desaparecida.

Mas, apesar da atenção que recebia, Tuyên ficou desapontada com a parca reação e o escárnio que seu movimento despertava. Por que os outros não enxergavam que ensinar um computador a cozinhar *phở* ou monitorar robôs numa fábrica coreana de carros autônomos não eram os empregos com que sonharam, que cresceram com o direito de merecer? De início alguns reagiram, mas bastou os mercados americanos piscarem, e até os vizinhos de Tuyên passaram a escarnecer de seus protestos. Por que então arriscar todos os seus dividendos?

Assim, Tuyên começou a percorrer o país e o mundo procurando nichos de pessoas como ela, que não queriam vender a alma aos demônios dos dados e do capital de propriedade comum. Localizou os compatriotas on-line e convocou cem comícios locais de Winnipeg a Tashkent. Seu movimento Defenda Nosso Mundo (DNM) se tornou um paradoxo: ferozmente localistas, presos ao solo e às tradições, quase todos os encontros se baseavam em tradução automática e telepresença virtual. Tirando alguns nichos, eram pouquíssimos os cidadãos dispostos a se juntar e criar uma massa crítica de solidariedade. Sim, conquistaram um assento na câmara municipal de várias cidades pequenas; quando, por sorte, calhou terem um número suficiente de membros com residência ou ligações em Novosibirsk, até conquistaram uma prefeitura.

Mas, cada vez que começavam a se ampliar, os liberais (ricos e pobres) sempre ficavam sabendo e corriam para comprar mais votos do que o DNM jamais conseguiria. Assim, o DNM virou uma espécie de diversão, uma rede social e uma roda de conversas, e não um movimento político efetivo.

Com isso, Tuyên viu sua vida mudar. Depois de alguns anos, percebeu que, durante todo aquele tempo, nunca aceitara nenhum daqueles empregos que detestava e, apesar disso, sua renda era maior do que jamais fora quando era motorista e grande parte dessa renda vinha precisamente das fontes que jurara evitar. Transformara-se numa celebridade global. Suas recriações virtuais de um mundo que era do seu pai e de tantos outros estavam gerando milhões de usos e centenas de bilhões de dong (dezenas de milhões de dólares). Sua experiência única e o fascínio global, às vezes mórbido, pelo DNM faziam com que o valor de publicar matérias sobre ela e monitorar todos os seus movimentos se multiplicasse inúmeras vezes. Logo se tornou uma das mulheres mais ricas do Vietnã.

Ela também percebeu que a nova causa, lutar para recuperar sua antiga vida, dera em muitos aspectos não só maior riqueza, como muito mais sentido à sua existência do que o passado que idealizava. Começou a se perguntar o que mais poderia proporcionar esse sentido e se todo o seu movimento não seria, no fundo, uma espécie de encenação interesseira. Passou a se considerar uma hipócrita, doou a maior parte da riqueza que acumulara para a fundação de uma entidade beneficente, para ajudar os vietnamitas substituídos pela tecnologia, e dissolveu seu movimento.

Dedicou os anos restantes de vida a aprender cada nova geração de tecnologia de realidade virtual e a viajar pelo mundo, ajudando outras pessoas como ela a construir memoriais à vida perdida do começo do século XXI. Logo pôde empregar muitos daqueles trabalhadores expulsos do mercado de trabalho, que traziam consigo sonhos brilhantes que agora, em parte por causa do cacife político de Tuyên, eram o suprassumo do retrô chique. Seu movimento não teve futuro como rebelião, mas deu certo como causa, na medida em que salvou muitas pessoas com quem ela se identificava e criou uma das grandes marcas do final do século XXI.

As propostas que apresentamos nos capítulos anteriores se sustentam sozinhas, e assim devem ser avaliadas. Mas, se forem pensadas como um conjunto, é perceptível que refletem uma visão comum que esclarece o paradoxo expresso na epígrafe de Henry George. O laissez-faire muitas vezes é entendido como concorrência de mercado isenta de qualquer restrição. Pelo menos na época de George, o socialismo visava ao "nobre sonho" de substituir o predomínio da propriedade privada e dos bens privados por um grau significativo de posse comum e bens públicos, ao mesmo tempo reduzindo drasticamente a desigualdade. Nossa análise mostra que essas ideias não se opõem, como o debate popular imagina, mas, pelo contrário, reforçam-se mutuamente. Nesta conclusão, expomos essa visão comum, organizando a integração de nossas ideias em torno de quatro tópicos: economia, política, relações internacionais e sociedade. Também expomos, num espírito altamente especulativo e idealista, como a adoção do conjunto completo de propostas permitiria que cada uma delas se ampliasse para novos domínios. Não porque pensemos que essas ampliações se justifiquem no momento atual, mas porque ajudam a demonstrar a lógica e os limites de nossa abordagem, assim como esperamos incentivar debates mais amplos.

Economia

As preocupações sobre os problemas econômicos que se apresentam aos países ricos se dividem em duas categorias, normalmente tratadas como se fossem opostas. De um lado, os "tecno-otimistas" defendem que o progresso tecnológico baseado na inteligência artificial e na biotecnologia irá se acelerar e substituir trabalhadores a um ritmo sempre crescente, criando um deslocamento social em grande escala.[1] Robôs substituirão garçons, drones substituirão entregadores e robôs servirão, talvez, até como amantes, como no filme *Ela*, de Spike Jonze, de 2013. Mas isso significa que os trabalhadores serão deslocados. Assim, os tecno-otimistas são otimistas em relação ao aumento da produtividade, mas pessimistas em relação ao emprego, que preveem que diminuirá e se tornará fonte central de tensões sociais.

Os "tecnopessimistas" adotam a perspectiva contrária.[2] Preveem que a produtividade e o crescimento econômico continuarão a diminuir e que o padrão de vida se estagnará. Têm dúvidas sobre o valor dos recentes avanços tecnológicos para além da esfera do entretenimento e das comunicações, e não creem que a inteligência artificial (IA) substituirá os trabalhadores humanos em ampla escala. Estabelecem um contraste entre as profundas mudanças sociais geradas pela eletrificação e o entretenimento incremental fornecido pelos smartphones; entre os enormes avanços na longevidade humana gerados pelo saneamento e pelos antibióticos e a promessa ainda em aberto das pesquisas de células-tronco; entre a mudança fundamental na tecnologia de produção criada com a linha de montagem e o impacto até agora restrito da impressão em 3D. Assim, são pessimistas sobre o crescimento, mas bem menos preocupados do que os tecno-otimistas sobre o deslocamento de empregos e as mudanças no mercado de trabalho.

Grande parte desse debate se refere à viabilidade técnica e às inovações criativas de cientistas e engenheiros, sobre as quais temos pouco a dizer. De todo modo, a perspectiva que apresentamos neste livro se contrapõe a esses dois polos.

Recusamos a ideia implícita de ter de escolher entre produtividade e emprego, pressuposta no debate. O poder de mercado é fundamental para nossa concepção da economia, e ele ao mesmo tempo retarda a produtividade e reduz o emprego.[3] Reter a propriedade e mantê-la afastada de seus usos mais produtivos cria desemprego, mas também reduz o crescimento econômico. O poder monopsônico, quer seja criado por investidores institucionais ou pelo monopsônio natural nas economias de dados, induz um desemprego artificial para achatar os salários e desvalorizar o trabalho. A exclusão dos trabalhadores de países pobres das oportunidades em países ricos diminui a produtividade global e pode reduzir as oportunidades de trabalho como um todo ao promover a automação. Um nível anêmico de emprego e um baixo crescimento da produtividade resultam mais de falhas institucionais do que de mudanças na tecnologia.

Assim, consideramos que as instituições econômicas, políticas e sociais são centrais para o curso que irá tomar a economia. As reformas liberais que acabaram com a servidão e a escravidão tiveram a mesma importância da máquina a vapor para desencadear a Revolução Industrial. A reforma antitruste, o movimento trabalhista e o Estado de bem-estar social alicerçaram o período de alto nível de emprego e produtividade nos países ricos após a Segunda Guerra Mundial. A reforma neoliberal e a globalização, e não somente os avanços em tecnologia da computação, foram essenciais para levar esse crescimento aos países pobres nestas três últimas décadas. Com as devidas mudanças institucionais, talvez possamos evitar os perigos do crescimento lento e do desemprego em larga escala. Sem elas, esses dois problemas tendem a piorar.[4]

Conforme explicamos no capítulo 1, o COST melhorará a eficiência da economia ao reduzir o poder de monopólio. Como os bens se moverão mais rapidamente para seu uso mais valioso, o crescimento econômico aumentará. Considerando que os preços dos ativos diminuirão, atingindo marginalmente os ricos e ajudando os mais pobres, a desigualdade será reduzida. Esse método mais eficiente de elevar a receita irá baratear o financiamento de bens públicos que beneficiem pessoas e oferecerá um dividendo social a quem os talentos não são valorizados pelo mercado. As restrições ao investimento institucional também reduzirão o papel do poder de mercado na economia.

A VQ ampliará esses efeitos positivos. Uma das maiores fontes de ineficiência na economia é a forma primitiva de seleção dos bens públicos. No sistema vigente, as receitas arrecadadas da população muitas vezes são canalizadas para interesses específicos ou recicladas na forma de direitos ineficientemente concebidos para a maioria. Ao "mercadizar" o sistema político, a VQ ajudará a garantir que os bens públicos reflitam as preferências da população, e não apenas de certos segmentos.

Nossas propostas para a migração e para o tratamento dos dados como trabalho podem reduzir drasticamente o subemprego. As duas propostas ampliam os mercados de trabalho e fortalecem os trabalhadores. A proposta para a migração converte trabalhadores/consumidores passivos dos países ricos em empreendedores que veem os migrantes como oportunidade econômica e não como concorrentes no mercado de trabalho. A proposta para os dados converte consumidores passivos na economia digital em trabalhadores de dados que exigem remuneração por seus serviços. As duas propostas expandem os mercados de trabalho para além das fronteiras e para a esfera digital.

O conjunto de nossas propostas tem poder suficiente para tratar da estagdesigualdade por um bom tempo. Reunindo nossas estimativas expostas nos vários capítulos, nossas propostas reduziriam a parte da renda nacional capturada pelo 1% mais rico para muito além de seu ponto mais baixo em meados do século XX. Também acabariam com as disparidades de riqueza como fonte significativa de desigualdade interpessoal, na medida em que os lucros sobre a riqueza seriam, em larga medida, distribuídos igualitariamente por um COST. Um mercado radical permitiria que existisse uma desigualdade decorrente somente de diferenças entre capacidades naturais.

Percebam como um COST sobre a riqueza e o dividendo social subsidiado por ele responderiam à mudança tecnológica. Se o trabalho fosse substituído cada vez mais pela IA e os seres humanos mostrassem que não têm o papel importante no trabalho de dados que supomos, a parte da renda do capital aumentaria de forma drástica. Vamos supor que ele tenha atingido 90%: a receita arrecadada por nosso COST aumentaria então para 60% da renda nacional (na medida em que se destina a capturar dois terços do capital) e subsidiaria um generoso padrão de vida para todos os cidadãos. Mesmo nos níveis atuais da renda nacional, por exemplo, e supondo que esse imposto substituísse todos os impostos americanos, tal política tributária proporcionaria a uma família de quatro pessoas uma renda anual de quase 90 mil dólares. Mas, se a força de trabalho permanecesse importante, nosso dividendo social continuaria modesto o suficiente para que muitos ainda quisessem trabalhar, fornecer dados valiosos à IA e receber trabalhadores migrantes para complementar a renda. A distribuição mais igualitária dos benefícios dessas atividades, como descrevemos anteriormente, asseguraria uma igualdade duradoura.

Nossas propostas também combateriam o problema da estagnação. Juntas (totalizando nossas estimativas dos vários capítulos), aumentariam em um terço a dimensão da economia global. Isso bastaria para devolver por uma geração o crescimento ao nível aproximado do período imediatamente após as duas guerras. Junto com a redução da desigualdade, isso dobraria o padrão de vida dos domicílios médios, apenas reduzindo o bem-estar absoluto do 1% mais rico em cerca de um terço. Esse aumento na renda da família média é similar ao da era dourada entre 1945 e 1975. É claro que apenas uma inovação contínua asseguraria um maior crescimento para além desse horizonte, mas nossas ideias contemplam a perspectiva desses aperfeiçoamentos adicionais se aplicados em conjunto com outro progresso tecnológico adicional, que ilustraremos a seguir.

Considere-se uma extensão muito radical do COST: ao capital humano. O capital humano se refere ao grau de instrução e treinamento de uma pessoa; é um pouco parecido com o capital físico (terras, fábricas etc.), na medida em que capacita seu detentor a obter lucros adicionais num determinado investimento de esforço. Mas é também fundamentalmente diferente, por razões que logo ficarão claras.

Para entender como funcionaria um COST sobre o capital humano, imaginem que os indivíduos autoavaliassem seu tempo, pagassem um imposto sobre esse valor autoavaliado e estivessem prontos para trabalhar para qualquer empregador disposto a pagar esse salário. Considere-se uma cirurgiã, por exemplo, que anunciasse que faria uma cirurgia de vesícula biliar por 2 mil dólares. Ela deveria pagar um imposto sobre esse montante e fazer uma operação em qualquer um que oferecesse esse valor. O imposto iria desencorajá-

-la a sobrevalorizar seu tempo e, com isso, negar seus talentos a uma comunidade necessitada, enquanto a obrigação de estar à disposição mediante esse pagamento impediria que ela estabelecesse um valor demasiado baixo.

Um COST sobre o capital humano seria, em princípio, imensamente valioso. Com efeito, resolveria a maior ameaça à igualdade e à produtividade que não abordamos no livro — a possibilidade de que as pessoas mais dotadas (os principais cientistas, advogados, contadores, artistas, gênios das finanças) se eximissem de oferecer seus serviços a menos que recebessem o valor de monopólio. Um COST sobre o capital físico simplesmente não resolve esse problema, que é uma das principais fontes do aumento de desigualdade nos últimos cinquenta anos. Resolvidas quase todas as outras fontes de desigualdade com nossas outras propostas, essa poderia se tornar uma grande fonte de tensão social, ainda mais porque a engenharia genética e a cibernética têm redefinido a ideia de investir nas capacidades humanas.

Ademais, um COST sobre o capital humano eliminaria a necessidade de um dos fatores que mais desanimam as pessoas a trabalhar: os impostos sobre a renda. Ao substituir a tributação da renda por uma sobre o capital humano que gera renda, um COST mais estimularia do que desestimularia o trabalho. Também seria mais justo e mais legítimo. As pessoas que não são dotadas de grandes talentos ainda teriam uma menor renda potencial do que as mais dotadas, mas nunca correriam o risco de cair na pobreza, pois receberiam um grande dividendo social baseado nos impostos arrecadados das dotadas. As pessoas talentosas teriam mais oportunidades de serem ricas do que as menos dotadas, mas ao custo de arcar com o risco de cair na pobreza (com a tributação de seu dividendo social) caso se negassem a utilizar esses talentos. O COST sobre o capital humano poderia ter popularidade política porque penaliza a classe instruída altamente ressentida e todas as espécies de preguiçosos, ao mesmo tempo recompensando o esforço dos trabalhadores comuns.

Apesar desses potenciais benefícios, o COST sobre o capital humano é prematuro. Há dois grandes problemas. Primeiro, simplesmente não há tecnologia para isso. O COST sobre o capital humano teria de levar em conta se as pessoas gostam ou não de trabalhar, em todas as facetas em que isso se dá. Elas se preocupam com a quantidade de trabalho, onde e com quem trabalham, as condições em que o fazem, e muito mais — nada disso consegue ser capturado por um COST sobre o capital humano, a menos que haja meios tecnológicos de medir tantos fatores. É plausível imaginar que um COST sobre o capital humano associado a uma forma de trabalho tecnologicamente integrada — como o input de dados, que é constantemente monitorado por computadores — poderia funcionar, mas é difícil saber com certeza.

Em segundo lugar, um COST sobre o capital humano poderia ser visto como uma espécie de escravidão — incorretamente, a nosso ver, pelo menos se o COST for formulado de maneira adequada. Mas, mesmo assim, entendemos o problema. Imagine-se que um cirurgião decida certo dia que cansou de fazer cirurgias. Sob um COST, ele daria a si mesmo um alto valor, para que ninguém comprasse seus serviços — pagando um alto imposto em troca de seu afastamento da profissão. Mas as pessoas poderiam se ver numa situação em que isso não seria prático ou apenas não quisessem mais trabalhar, independentemente da dedicação que tenham tido no passado. Seria possível evitar os elementos de coerção do sistema com ajustes em seu projeto, mas a sociedade ainda não está pronta para tal revisão radical na sua concepção do trabalho.

Seria um erro, porém, pensar que o sistema atual não é coercitivo. Em nosso sistema atual, há uma grande distância entre as elites instruídas, cujos talentos inatos ou adquiridos têm grande valor no mercado, e as pessoas que, com as profundas mudanças na economia, ficaram para trás. Os dotados gozam de uma espécie de liberdade, pois podem escolher entre uma série de empregos atraentes. Esses empregos lhes permitem acumular rapidamente um capital que os sustentará na velhice, se não gostarem dos empregos disponíveis, ou escolher e selecionar uma opção entre diversos níveis de trabalho (meio período, empregos de baixa remuneração, mas interessantes ou gratificantes, no terceiro setor etc.). Os que têm menos habilidades valiosas no mercado enfrentam uma escolha inflexível: trabalhar com baixa remuneração em duras condições, passar fome ou se submeter às várias indignidades da vida com assistência pública. De todo modo, o desperdício de recursos sociais quando uma pessoa dotada deixa de realizar seu potencial é muito maior, e é defensável que sua recusa em trabalhar seja punida com maior rigor.

O COST sobre o capital humano pode melhorar essa forma de liberdade desigual exigindo que as pessoas dotadas paguem um imposto caso não queiram trabalhar numa área mais eficiente para a sociedade. Um imposto razoável não as reduzirá à fome nem a uma existência dependente da previdência social, mas exercerá maior pressão para que trabalhem para o benefício da sociedade, tal como os pobres precisam fazer hoje em dia, ao mesmo tempo aliviando a pressão correspondente sobre os menos dotados em nossa sociedade atual. Talvez uma sociedade mais acostumada a um COST sobre a riqueza e outras restrições ao poder de mercado, na qual os dotados usam engenharia genética para dar aos filhos vantagens claramente injustas, viesse a considerar perniciosos os monopólios sobre os talentos. Experiências mentais em histórias como *O conto da aia* e *X-Men* indicam que as sociedades que administram mal dotes únicos, seja escravizando (como no primeiro caso), seja concedendo total posse de si (como no segundo), têm a tendência de acabar mal.

Política

O COST e a VQ, em conjunto, transformariam radicalmente a política acabando com as fronteiras artificiais entre a vida pública e a vida privada. O COST criaria em todos um interesse ativo no sucesso de empresas e bens administrados por terceiros. Ao dar aos cidadãos uma parcela da riqueza nacional, o COST levaria os eleitores a ficarem atentos às consequências de políticas para a riqueza da nação e criaria um espírito mais cooperativo entre as classes. Ao mesmo tempo, alinhando os interesses dos trabalhadores migrantes de países pobres e os interesses dos cidadãos hospedeiros nos países ricos, o VIP dissolveria uma parte do conflito sobre a migração e a globalização que está no centro de muitos movimentos populistas.

A VQ tornaria a esfera pública mais receptiva às demandas públicas, criando com isso maior confiança nas instituições públicas e coletivas e aumentando o recurso a elas. Reduziria a frustração e indiferença política, fomentaria um diálogo mais rico, reduziria os impasses, fortaleceria a satisfação pública com a democracia. Atualmente, são mercados desiguais, embora razoavelmente eficientes, que governam os bens privados, enquanto a política é regida por normas de voto per capita razoavelmente igualitárias, mas extremamente ineficientes. Os mercados radicais criariam igualdade e eficiência tanto na política quanto na economia, tornando as duas esferas mais harmoniosas.

Nossa proposta sobre o antitruste também traria importantes efeitos políticos que ajudariam a aplainar o caminho para nossas reformas mais ambiciosas. O dinheiro ou "capital" pode prejudicar a política de muitas maneiras, para além das usuais preocupações com a corrupção e as contribuições de campanha. Quando um setor é altamente concentrado, ele pode apresentar uma frente unida para resistir às regulações e bloquear reformas.[5] Na Era Dourada, os monopólios interfeririam na política de várias maneiras; com efeito, a Lei Sherman de antitruste e as reformas realizadas pelos progressistas foram motivadas pelos riscos políticos impostos pelos monopólios, bem como por seus custos econômicos. Em meados do século XX, era comum que os lobbistas de diferentes empresas de um determinado setor nos Estados Unidos se combatessem mutuamente, cada qual lutando por vantagens e muitas vezes anulando os esforços dos demais. Mas, no final dos anos 1970, o setor empresarial havia consolidado sua influência e agia unido para diminuir os impostos, reduzir as regulações que restringiam seus lucros e aumentar as que os protegiam da concorrência. Essa influência consolidada permitiu que esses interesses exercessem influência mais efetiva na política e ajudou a calar os grupos de consumidores.

O desânimo resultante prejudica a política assim como o poder econômico concentrado pode prejudicar a economia. Nossa proposta antitruste, ao enfraquecer o poder do capital concentrado, ajudaria a sanar a sensação de impotência política que contribui para a estagnação da esfera pública e a remover a influência exagerada do capital, que é, provavelmente, o principal obstáculo ao sucesso de nossas propostas mais radicais.

Numa abordagem mais especulativa, podemos imaginar maneiras de ampliar a VQ, em relação com o COST. O COST e o dividendo social por ele gerado não criariam uma sociedade plenamente igualitária, mas reduziriam as enormes disparidades de renda que hoje impedem a cooperação política. Em tal sociedade, uma VQ que usasse dinheiro em vez de créditos geraria ganhos ainda maiores para o público.

Imagine-se, por exemplo, que um município fizesse uma eleição para decidir se criará um parque público. As pessoas pagariam um dólar para votar contra ou a favor, quatro dólares para ter dois votos, 1 milhão de dólares para mil votos e assim sucessivamente. O dinheiro angariado é somado ao fundo para financiar o dividendo social do COST. Um passo razoável na direção desse sistema, começando pela versão da VQ que apresentamos no capítulo 2, seria permitir que os ricos comprassem alguns créditos de opinião adicionais a um alto preço destinado a maximizar a receita arrecadada, que então poderia ser usada para aumentar o dividendo social. À medida que o COST tornasse a sociedade cada vez mais igualitária, as pessoas que compram esses créditos adicionais para votar não seriam mais os ricos, e, portanto, o preço poderia ser reduzido ao nível em que a compra ainda fosse superior ao de desistência.

Evidentemente, a monetização da VQ permitiria maior influência — mesmo numa sociedade igualitária — a quem por acaso estivesse ganhando mais. É claro que esta é uma característica já muito presente em nossa sociedade, como destacamos antes. Aliada à VQ monetizada, a VQ em si poderia ser usada para reduzir a influência do dinheiro na política. As contribuições políticas pequenas poderiam ser conjugadas e as grandes tributadas segundo uma regra sugerida pela lógica da VQ: uma campanha política receberia um montante proporcional à raiz quadrada do montante da contribuição.[6] Esse sistema reduziria a influência da riqueza na política, ao mesmo tempo preservando a liberdade de expressão.⁷

O benefício da VQ monetizada seria o de permitir que as pessoas manifestassem suas preferências por bens públicos de uma maneira muito precisa — visto que renunciariam a gastar dinheiro com elas mesmas em troca do poder de influir numa decisão pública. Esse sistema também seria mais justo do que a versão da VQ que sugerimos no capítulo 2, porque os cidadãos que consideram as questões públicas mais importantes do que as privadas poderiam se expressar plenamente, em vez de ficarem restritos a um estoque fixo de créditos de opinião. Embora o sistema dê às pessoas de alta renda mais poder do que daria um sistema igualitário ideal e inexistente, dá-lhes menos poder do que os sistemas do mundo real, onde elas exercem influência por meio de doações. Além disso, os ricos no sistema da VQ pagam sua influência política aos pobres — visto que o dinheiro é redistribuído — em vez de pagarem aos políticos.

A versão monetizada da VQ derrubaria muitos tabus, entre eles o que se opõe ao dinheiro na política, e reconhecemos que seria impopular numa sociedade com alta desigualdade.⁸ Mas esses tabus refletem intuições que se desenvolveram em nosso sistema primitivo de voto per capita, o qual se baseia numa tecnologia ultrapassada, e em nossa sociedade altamente desigual, que nossas outras propostas ajudariam a superar. A verdadeira contribuição da VQ monetizada seria criar um mercado unificado de bens públicos e privados, gerando melhores resultados em todas as dimensões da vida das pessoas.

O palco global

No capítulo 3, apontamos um desequilíbrio surgido na ordem global. O capital — inclusive (em certa medida) o capital humano e os bens privados — atravessa livremente as fronteiras. Mas a maioria dos trabalhadores mora em jurisdições nacionais, e praticamente todos os bens públicos são gerados dentro das nações. A globalização do comércio internacional e do fluxo do capital exauriu a maior parte dos ganhos obtidos no primeiro grupo de atividades.

Em contraste, a ampliação da migração e do fornecimento de bens públicos poderia gerar mais ganhos no bem-estar social para pessoas de todo o mundo. Comecemos pelo fornecimento de bens públicos. Os países avançados são eficientes em produzir bens públicos dentro de suas fronteiras — por exemplo, uma boa qualidade do ar e da água, graças à aplicação de regulações ambientais. Mas o fornecimento de bens públicos transnacionais é mais difícil. É por isso que os países lutam há décadas para chegar a um acordo climático. Mesmo problemas tecnológicos menos assustadores, como a manutenção de zonas pesqueiras em águas internacionais, muitas vezes não encontram uma cooperação internacional.

O problema é que frequentemente as populações de países diferentes desconfiam umas das outras, dos dirigentes estrangeiros ou de seus próprios dirigentes nacionais. Os dirigentes que mantêm laços de cooperação internacional não raro são acusados pelos populistas de se venderem aos estrangeiros. Nos últimos anos surgiu uma reação contrária à globalização. O terrorismo internacional, o contágio financeiro, as crises migratórias e as disputas comerciais alimentaram o nascimento de grupos populistas em todo o mundo. Uma questão central de nossa época é como aumentar os ganhos com a cooperação internacional, ao mesmo tempo gerindo os conflitos que são intrínsecos às atividades transnacionais.

O VIP poderia ajudar a sanar esse problema, mesmo além de seus benefícios econômicos diretos e de sua capacidade de resolver conflitos políticos sobre a migração que grassam em muitos países. O aumento da migração atenuaria as tensões entre as nações ricas e em desenvolvimento, ao contribuírem para o desenvolvimento dos países pobres por meio de remessas monetárias e do aumento do grau de qualificação profissional dos migrantes. As relações cordiais entre as nações do Conselho de Cooperação do Golfo e os governos sul-asiáticos que lhes enviam mão de obra, apesar de todas as falhas em suas legislações trabalhistas, mostram que é possível. Reunindo os cálculos que apresentamos anteriormente, o VIP — se fosse adotado por todos os países ricos — reduziria a desigualdade internacional a um grau maior do que a redução ocorrida entre os anos 1980 e os anos 2000.[9] Com o desenvolvimento dos países pobres, seus cidadãos terão menor tendência a migrar, ao mesmo tempo que tais países ficarão menos vulneráveis a guerras civis, que muitas vezes extrapolam as fronteiras. Além disso, uma maior disponibilidade de mão de obra competitiva por meio da migração nos países ricos reduziria a pressão pela terceirização dos empregos e chegaria até, provavelmente, a gerar postos de trabalho bem remunerados para os nativos necessários para gerenciar os trabalhadores estrangeiros não qualificados — o mestre de obras de uma turma de pedreiros, o gerente de um restaurante.[10]

Um mundo com maior volume de migração internacional de trabalhadores criaria novos problemas de governança internacional. Já vimos esse ponto em relação ao comércio e ao investimento. O livre-comércio não é apenas uma questão de reduzir as tarifas; ele também exige arbitragens e outras instituições de governança para dirimir disputas entre países — por exemplo, se regulações aparentemente neutras têm o real efeito de bloquear o comércio de países estrangeiros, tal como ocorre com as tarifas. Da mesma forma, os investimentos internacionais têm gerado uma demanda de instituições judiciais para resolver disputas — quando, por exemplo, um país cria leis de saúde e segurança que os investidores julgam ser destinadas a expropriar seus investimentos. Analogamente, um mundo com fluxos migratórios muito maiores geraria disputas sobre o tipo de tratamento que os trabalhadores migrantes deveriam receber, e se têm sido tratados em conformidade com os compromissos internacionais. Vários países admitiram esses problemas e entraram em acordos trabalhistas bilaterais para saná-los, mas esse regime jurídico está numa fase inicial e não seria capaz de lidar com os problemas que surgiriam se a migração se desse em escala maior.

A VQ oferece alguma esperança diante do passado diversificado da governança internacional. O problema recorrente no modelo das instituições internacionais é que os países grandes se recusam a abrir mão de sua influência — e, portanto, costumam exigir direito de veto —, enquanto os países pequenos se ressentem de sua influência reduzida. Para enfrentar esse impasse, os organismos internacionais muitas vezes atribuem poder a elites burocráticas "imparciais", mas essas elites nem sempre são imparciais e têm gerado reações nacionalistas. Ademais, quando existe o direito de veto, que quase sempre existe, as instituições internacionais podem se ver rapidamente obstruídas. A VQ, como explicamos, oferece uma esperança contra as obstruções, tornando a voz mais contínua e divisível. Os países grandes precisariam receber créditos proporcionais a seu poder, mas não teriam direito de veto. Com isso, eles teriam assegurada uma influência proporcional a seu poder, mas os países pequenos teriam influência sobre questões que são da máxima importância para eles.[11]

Com isso, abre-se a possibilidade de que os créditos de opinião da VQ sejam moeda corrente que os países usam para negociar influência em diferentes regimes jurídicos — comércio, investimento, migração, meio ambiente e assim por diante. Imagine-se, por exemplo, que os países recebam créditos proporcionais a algum tipo de combinação entre riqueza, população e poderio militar. Isso significa, claro, que os países grandes, ricos e poderosos exercem mais influência nas relações internacionais do que outros países, mas é assim que as coisas são — hoje e até onde podemos enxergar o futuro — e precisamos fundamentar nossa proposta numa avaliação realista das coisas como elas são. A VQ não eliminaria diretamente essas assimetrias de poder (embora nossas outras propostas possam ajudar a atenuá-las), mas facilitaria que os países cooperassem em áreas problemáticas em que há a possibilidade de ganhos cooperativos.

O país grande X continuará a ditar a maioria das políticas da OMC, do FMI, da Legislação sobre a Autoridade Marítima e do Conselho de Segurança da ONU. Mas ali onde o país pequeno Y tem suficiente preocupação com uma determinada política — digamos, uma área pesqueira perto de sua costa —, ele pode usar seus créditos para dar uma quantidade de votos suficiente para afetar marginalmente a política vigente. É uma simples substituição do complicadíssimo método com que os países cooperam hoje — sobretudo com negociações bilaterais em que laboriosamente se costuram concessões em diversas áreas ("vinculações" no jargão) ou órgãos multilaterais em que é preciso alcançar um consenso.

Em termos mais amplos, muitos dos benefícios de nossas propostas para a política interna poderiam se estender pouco a pouco para a esfera internacional. É difícil prever de que maneira isso se daria, mas agora faremos algumas especulações sobre vários caminhos.

VQ. Inúmeros países, mesmo as democracias liberais, concedem poucos direitos políticos aos migrantes enquanto não realizarem o árduo e longo processo de adquirir cidadania — o que, em muitos países, é praticamente impossível, exceto para os muito ricos ou muito afortunados. Há pequenas exceções aqui e ali — por exemplo, o direito de estrangeiros residentes de votarem nas eleições de diretoria de uma escola num determinado local. Muitos consideram esse estado de coisas lamentável, e talvez seja, mas também é compreensível: os cidadãos nativos não querem ceder influência política a pessoas que podem ser mais leais a seus países natais do que ao país onde calham ter um emprego. O direito de voto é sagrado, e só é concedido a quem provar seu valor (ou o tiver por nascença).

Uma das virtudes da VQ é que ela quebra o "voto" num sistema de voz contínua, permitindo que os participantes exerçam influência em maior ou menor grau. Os estrangeiros residentes poderiam receber um pequeno número de créditos, que lhes dá uma influência marginal e não decisiva onde quer que residam. Isso lhes permitiria usar uma voz política para proteger seus interesses principais, sem lhes permitir determinar as características de um lugar em que não têm raízes. Com a migração se tornando mais usual, as pessoas podem começar a ter lealdade a múltiplos países, onde exercem uma influência parcial por meio da VQ. Por exemplo, hospedeiros e migrantes poderiam até trocar os créditos de opinião de seus respectivos países. Nesse mundo, poderia haver maior pressão contra os conflitos militares. E se a VQ dá aos migrantes um maior controle sobre as decisões políticas que os afetam nos países hospedeiros, a migração de mão de obra se torna mais desejável e, portanto, mais comum, fortalecendo ainda mais seus benefícios econômicos.

COST. O COST sobre o capital permitiria uma extensão significativa de nossas ideias sobre a migração, que ainda se baseiam, sob aspectos importantes, em restrições à entrada no país. Um dos objetivos principais do VIP é compartilhar os ganhos com a migração por todos os países hospedeiros, em vez de concentrá-los nas mãos dos ricos e das empresas. No entanto, numa sociedade que adotasse o COST, os benefícios para o capital e para as empresas seguiriam *automaticamente* para o corpo maior da sociedade, por meio de um dividendo social. Em tal sociedade, todo cidadão teria interesse em ver o valor das empresas e da terra aumentar, algo que a migração irrestrita pode realizar com grande eficiência. Assim, o COST poderia levar os cidadãos a favorecer o aumento no número de vistos concedidos no sistema VIP, para se beneficiarem com os ganhos de capital e não apenas com o valor direto que obtêm com a hospedagem.

Além disso, suponhamos que países ricos, em vez de oferecerem ajuda financeira estrangeira a países pobres, como fazem hoje, firmassem um acordo entre eles e os países pobres no qual todos deveriam repartir mutuamente uma parcela das receitas do COST. Nesse cenário, os países ricos enviariam auxílio aos países pobres a qualquer momento. Mas, se os países pobres se desenvolvessem e enriquecessem, essa transferência se encerraria e os pagamentos seriam iguais, ocorrendo nas duas direções. Isso daria aos cidadãos de países ricos um incentivo para desenvolver países pobres, bem como daria aos cidadãos de países pobres uma razão para não se ressentirem demais contra a prosperidade dos países ricos. Juntos, esses dois aspectos ajudariam a equilibrar os pratos da balança da opinião pública nos países ricos em favor de abrir ainda mais a migração, para ajudar o desenvolvimento de países pobres.

O COST também revigoraria a possibilidade de significativos ganhos adicionais com o comércio internacional. A estrutura do COST aprofunda a forma como os mercados operam, ao quebrar o poder do monopólio privado sobre os bens. Se fossem firmados acordos internacionais permitindo que esses benefícios proviessem por meio de vários países — concedendo aos americanos o direito de comprar bens franceses em seus valores autoavaliados e vice-versa —, seria possível tornar a dinamizar os ganhos com os tratados de investimentos internacionais.

Sociedade

Os mercados dos dois últimos séculos, apesar de todas as suas limitações, foram motores extraordinários do progresso econômico. Seus efeitos sociais foram igualmente profundos, subvertendo valores e comunidades tradicionais, ao mesmo tempo fomentando o crescimento de cidades grandes, repletas dos mais variados estilos de vida. Criaram uma cultura de consumo internacional rica em cozinhas, modas e músicas que combinam as tradições de diferentes civilizações.

No entanto, nem todas as consequências culturais do capitalismo foram positivas. Alguns comentaristas creem que os mercados produzem indivíduos egoístas, que são indiferentes ao bem público. Uma teoria sustenta que os mercados, ao reduzir uma parcela tão grande dos intercâmbios sociais a termos monetários impessoais, corroem a íntima ligação que as pessoas das comunidades tradicionais sentiam com os que lhes são mais próximos e com quem convivem diariamente. Os mercados, na medida em que substituem os valores morais em que se fundam tais comunidades pela busca de lucro e das ambições pessoais, tendem a reduzir a solidariedade social.[12]

Além disso, alguns estudiosos defendem que os mercados, ao incentivar o egoísmo, corroem a confiança necessária para que eles mesmos funcionem.[13] A concorrência de mercados impessoais de commodities cria associações entre o comércio e a barganha, o poder de mercado e manobras para obter vantagens às custas dos outros no mercado.[14] Os mercados concentram a atenção nos bens privados em detrimento dos bens públicos, fomentando a hostilidade contra ações coletivas.

Mas, ao mesmo tempo, os mercados promovem formas mais novas de confiança, solidariedade e abertura cultural. Neles, os indivíduos podem ganhar com seu intercâmbio com os outros, mesmo que não mantenham relações pessoais próximas. Com isso, cada indivíduo passa a ter um interesse na prosperidade do outro e, quando os mercados funcionam bem, a ter um motivo para acreditar nos demais e agir de maneira confiável.[15] Esse espírito aparece com mais clareza em contextos urbanos que funcionam bem, onde as pessoas vivem entre numerosos estrangeiros e quase estrangeiros. A urbanista Jane Jacobs comenta a "pequena dose de responsabilidade" que os moradores urbanos assumem uns pelos outros, "mesmo quando não há laços entre si". Como frisa Jacobs, a grande vantagem da "leve" confiança em relação às profundas ligações das comunidades estreitamente unidas é que ela permite uma maior diversidade e torna "as ruas da cidade equipadas para lidar com estrangeiros".[16] O espírito sociológico do mercado é o da cidade.

Embora qualquer especulação sobre a mudança social seja complicada, cremos que os mercados radicais têm potencial para incrementar muito esses benefícios sociológicos dos mercados.[17] O COST fortaleceria a solidariedade eliminando as barreiras criadas pelo sistema da propriedade privada. Ao tornar mais facilmente acessíveis todos os bens que hoje estão em mãos alheias, o COST reduziria a distinção entre "minhas" posses e as posses "dos outros". Todos se beneficiariam com a expansão da riqueza geral. As transações entre os indivíduos seriam mais frequentes, alimentando o sentimento de uma troca de benefício mútuo e desencorajando pechinchas e regateios.[18] Nossas outras propostas econômicas, ao minar o poder dos monopólios, reduziriam os sentimentos de exploração e passividade que inúmeros cidadãos têm em relação ao sistema econômico.

A VQ desempenharia um papel especial. Ao fazer o mercado operar com o mesmo vigor para fornecer bens não só privados, mas também públicos, a VQ evitaria que os mercados se associassem com o individualismo. Os mercados deixariam de ser vistos como esferas opostas à ação pública, passando a ser considerados como o mecanismo por meio do qual se dá a ação pública.

Os mercados radicais também incentivariam a tolerância social. Ao promover o comércio mutuamente benéfico, os mercados representam forças poderosas para acabar com os estereótipos e para amenizar os conflitos entre pessoas de religiões, línguas, sexualidades ou origens diferentes. Ao incentivar a concorrência, os mercados ajudam a eliminar a discriminação contra os capazes, mas desprezados.[19] Não é por acaso que o maior avanço nesses aspectos ocorra nas sociedades de mercado mais ativo, como (as cidades grandes) nos Estados Unidos, no Reino Unido e na Suécia.

Mas os mercados demoram muito para fazer esse avanço. A propriedade privada permite que as pessoas exerçam discriminação recusando-se a vender bens para quem não gostam. Um denso conjunto de regulações governamentais tolhe as formas mais clamorosas de discriminação, mas não toda ela, e essas regulações, cuja aplicação muitas vezes é custosa, geram considerável ressentimento. Em contraste, a não discriminação está embutida na própria estrutura do COST. As regras de voto per capita permitem que as maiorias oprimam as minorias impopulares. A VQ seria um instrumento de grande poder para a autoemancipação dessas minorias. Os limites à migração preservam as fontes mais persistentes de preconceito: as transnacionais. Ao fortalecermos a migração e entrelaçarmos os interesses de hospedeiros e migrantes, reduzimos também mais esse preconceito.

O capitalismo acabou com as divisões sociais e políticas que prevaleciam antes na história, mas criou novas divisões, baseadas amplamente na riqueza. Os mercados radicais dariam o passo seguinte e ajudariam a acabar também com os privilégios baseados na riqueza e na vantagem econômica.

Além de nosso projeto

Nestas considerações finais, soltamos nossa imaginação, mas queremos concluir com algumas palavras de precaução. Nossas propostas se fundam na teoria econômica e na história das ideias, mas a natureza humana tem uma tendência de frustrar os projetos mais bem elaborados, tanto por teimosia quanto por sua maleabilidade às vezes extremada. É sabidamente difícil prever quando a adaptação cultural humana a novas instituições sociais apoiará ou se oporá a elas, ou quando converterá projetos utópicos em distopias.

Como ressaltamos em capítulos anteriores, as propostas devem ser implementadas antes em experiências de pequena escala e não como uma revolução de toda a sociedade. A VQ pode ser usada em grupos pequenos que tomam decisões coletivas. O COST pode ser aplicado de início a regimes de propriedade administrativa existentes, como os direitos de pastagem numa determinada área geográfica. O patrocínio de mão de obra migrante pode ser implementado como uma modesta ampliação do visto J-1, com um número limitado de vistos numa zona econômica específica, disponível para a realização de testes cuidadosamente monitorados. Os limites aos investimentos institucionais podem começar num nível que exigisse um desinvestimento relativamente pequeno dos grandes investidores institucionais; se o abalo financeiro for pequeno, podem-se aumentar as restrições. O pagamento pelo trabalho com dados precisa apenas aguardar avanços tecnológicos e organizações sociais que já parecem estar em andamento.

O que poderia sair errado? Uma possibilidade é que as pessoas não consigam lidar com a carga adicional que esses esquemas lhes imporiam. Todos eles, de uma maneira ou outra, exigem que as pessoas dediquem mais reflexão a atividades a que hoje nem prestam atenção ou consideram como coisas dadas. Essa é uma consequência natural da extensão dos mercados, tão diferente da passividade com que as pessoas encaram a burocracia estatal ou empresarial. É um chavão dizer que a liberdade implica responsabilidade; aumentando a liberdade, nossas propostas também aumentam a ação pessoal e a responsabilidade.

Mas não devemos temer o peso dessa responsabilidade. Afinal, vivemos na era da intermediação computadorizada. Como expusemos em capítulos anteriores, muitas das decisões podem ser automatizadas. E as próprias instituições podem ser concebidas para colocar um peso cognitivo maior ou menor nas pessoas que as utilizam. Esse problema nos é familiar com os mercados e as instituições governamentais existentes, que passam por ajustes constantes aumentando ou reduzindo a carga cognitiva. A introdução de uma Previdência Social, por exemplo, facilitou muito a vida para pessoas que não precisavam mais se preocupar em calcular as poupanças para a aposentadoria. A introdução de subsídios tributários para planos de aposentadoria com determinada contribuição estipulada teve o efeito oposto, exigindo que as pessoas tomem decisões de poupança e investimento de enorme complexidade. Isso, por sua vez, estimulou várias reformas originais, como as regras de pedido de exclusão, que diminuíram a carga cognitiva sem a eliminar totalmente.[20] Tanto o COST quanto a VQ — nossas propostas mais importantes — podem ser desenvolvidos com maior ou menor complexidade. O nível adequado de complexidade é uma questão de projeto que só pode ser respondida com a experiência.

O problema oposto é que nossas propostas podem ser burladas por pessoas sofisticadas, que inventam formas de solapá-las. A VQ é, pelo menos em teoria, vulnerável a várias formas de conchavo sofisticado, e seria necessária a implantação de um regime jurídico e de normas sociais para impedi-las. Quanto ao COST, seria possível a evasão de cidadãos sofisticados em condições de ocultar sua riqueza. É importante entender, porém, que as formas sofisticadas de burlar o sistema são endêmicas em nossas instituições existentes. Os mercados de ações são manipulados, as regras tributárias ficam sujeitas a arbitragens, as restrições ao financiamento de campanha são contornadas, os distritos legislativos são frutos de manobras eleitoreiras. Não vemos nenhuma razão para crer que a VQ e o COST seriam mais vulneráveis à manipulação do que as instituições que viriam a substituir, e vemos muitas razões para crer que, pelo contrário, seriam menos vulneráveis.

Tal como hoje, as leis e normas sociais são necessárias para limitar o comportamento estratégico. Hoje, as normas sociais incentivam as pessoas a votar e, junto com a lei, impedem-nas de negociar seus votos e outras formas de manipulação. Com a VQ, a lei e as normas seriam necessárias para conter a mancomunação. Hoje, a lei oferece incentivo às pessoas para acionarem empresas que vendem produtos perigosos; com o COST, o incentivo ao lucro com a aquisição de bens subavaliados dos ricos criaria um exército privado fazendo valer a arrecadação tributária. Mas só é possível descobrir todo o conjunto de vulnerabilidades dessas propostas e as respostas sociais adequadas por meio de testes e experiências práticas.

Mesmo que os testes acabem provando que algumas dessas propostas são inexequíveis, esperamos que o espírito radical por trás de nossas ideias ganhe raízes mais amplas. Nossa sociedade está repleta de oportunidades, além das abordadas, para acabar com o poder de privilégios estabelecidos e aumentar a riqueza e a igualdade simultaneamente. Com efeito, muitas das ideias mais modestas de Vickrey estão na agenda pública há anos: por exemplo, a liberalização das restrições de zoneamento, o incentivo a que a contrapartida substitua a dívida no financiamento do ensino, o pedágio urbano para o congestionamento de trânsito. Certamente estão por nascer outras ideias ainda mais importantes do que as que propusemos. Nosso objetivo neste livro é mostrar que as linhas dominantes no debate econômico e político são produtos da falta de imaginação e de pressupostos ultrapassados. Para construir um mundo melhor, precisamos ir além do conflito autodestrutivo entre direita e esquerda.

Um acordo justo e honesto

Qualquer proposta nova e radical será saudada com ceticismo e até escárnio. No entanto, todas as instituições que hoje consideramos como fatos consumados — o livre mercado, a democracia, a prevalência da lei — foram, outrora, propostas radicais. Numa época de "estagdesigualdade" — com terríveis problemas de desigualdade, estagnação econômica e turbulência política —, as ideias de sempre não oferecem nenhuma segurança, e a paralisia é o nosso maior perigo. Se aspiramos à prosperidade e ao progresso, precisamos estar dispostos a questionar velhas verdades, a ir à raiz da questão e a experimentar novas ideias. É isso o que tentamos fazer.

EPÍLOGO

E depois dos mercados?

> *O processo do mercado [...] pode ser considerado uma calculadora da época pré-eletrônica.*
> Oskar Lange, "The Computer and the Market", 1967

Ao longo de todo este livro, defendemos o poder transformador dos mercados radicais. Mas por que, exatamente, os mercados são tão poderosos? Neste epílogo, formulamos essa pergunta ao contrário: quais são os limites dos mercados? Assim, podemos especular sobre uma época em que os mercados sejam substituídos por um método mais eficiente de organização econômica.

Os mercados como milagres

Como vimos no capítulo 1, muitos economistas engajados com a economia de mercado também se consideravam "socialistas". Mas, no começo do século XX, o socialismo veio a ser identificado com o planejamento central, devido ao papel do marxismo e da Revolução Francesa para inspirar e justificar as políticas econômicas da União

Soviética. O planejamento central também teve um grande impulso com a Primeira Guerra Mundial, quando o controle nacional da economia para fins de produção de guerra teve um êxito maior do que os defensores do laissez-faire jamais imaginariam. Isso levou a um acalorado debate sobre se o planejamento central também deveria ser usado em tempos de paz.

No imaginário popular, o planejamento central não poderia funcionar porque não oferecia aos indivíduos nenhum incentivo para trabalharem. As pessoas precisavam da perspectiva de riqueza ou, pelo menos, de um salário que as tirasse da cama de manhã. Mas os incentivos eram muito fortes na União Soviética, em muitos aspectos mais fortes do que nos países capitalistas. Embora houvesse menos chance de enriquecer no comunismo, qualquer prisioneiro do gulag conhecia o destino dos que "faziam corpo mole".

Outro argumento muito corrente contra o planejamento central foi apresentado em 1945 pelo prêmio Nobel Friedrich Hayek. Ele defendia que nenhum planejador central seria capaz de obter as informações sobre os gostos e a produtividade das pessoas, necessárias para alocar os recursos com eficiência.[1] A genialidade do mercado consistia na forma como o sistema de preços conseguia, de maneira desagregada, coletar essas informações de todas as pessoas e fornecê-las para os que precisavam conhecê-las, sem o envolvimento de um conselho de planejamento do governo.

Algumas décadas antes, já fora formulada uma versão semelhante dessa abordagem, bem menos conhecida, mas na verdade mais convincente do que a de Hayek. O brilhante economista Ludwig von Mises afirmou que o problema fundamental enfrentado pelo socialismo não eram os incentivos nem o conhecimento em abstrato, mas sim a *comunicação* e a *computação*.[2] Para entender o que Mises queria dizer, consideremos uma parábola ilustrada que Leonard Read nos apresenta em seu ensaio "Eu, o lápis", de 1958.[3]

Read conta a "história da vida" de um lápis. Uma coisa tão simples, pode-se pensar à primeira vista. Mas, quando começamos a refletir, percebemos a sucessão de camadas enormemente complexas de pensamento e planejamento necessários para fazer um lápis desde o começo. É preciso cortar, desbastar, aplainar, polir e amolar a madeira. O grafite precisa ser extraído das minas, cinzelado e moldado. O elo de metal que une o eixo de madeira e a borracha do apagador é feito de uma liga de dezenas de metais, cada um precisando ser extraído, fundido, combinado e remoldado. E assim por diante.

Mas o que há de mais notável no lápis não é sua complexidade, mas a absoluta falta de entendimento de qualquer envolvido na fabricação do futuro lápis sobre qualquer etapa do processo. O lenhador sabe tão somente que há um mercado para a sua madeira e um certo preço que o motiva a comprar as ferramentas necessárias, a derrubar as árvores e a vender lenha no começo da linha de produção. Ele talvez nem saiba que a madeira é usada para fazer lápis. O dono da fábrica de lápis só sabe onde comprar os materiais intermediários necessários e como dirigir o processo de montagem. O conhecimento e o planejamento da criação do lápis surgem organicamente do processo das relações de mercado.

Agora vamos supor que fôssemos reproduzir as relações de mercado com um conselho de planejamento central. O conselho determinaria quanta madeira teria de ser cortada e quando, a quantidade de trabalhadores a serem empregados em cada fase da produção, os locais e momentos corretos de produzir, embarcar e construir. Mas, para determinar tudo isso com eficiência, o conselho precisaria conhecer inúmeras coisas. Teria de aprender com cada produtor especializado o saber inerente de sua especialidade, de onde extrai a subsistência — por exemplo, se a madeira teria uso mais valioso em outro setor da economia (para construir casas, navios ou brinquedos infantis) que não o de matéria-prima para lápis. Nem mesmo os administradores mais qualificados conseguiriam absorver todas essas informações, receber e processar constantemente as atualizações necessárias, para se manterem à frente no desenvolvimento das condições de cada fase do processo.

E mesmo que o conselho tivesse de alguma maneira uma capacidade ilimitada de absorver essas informações, ainda haveria o problema insuperável de tentar operar com esse oceano de dados. Os preços, a oferta e a demanda e as relações de produção nos mercados se dão por meio de uma complexa interação de indivíduos, cada qual ajudando a otimizar uma pequena parte de um amplo processo social. Se todo esse processo tivesse de ser planejado por um só conselho, isso obrigaria um pequeno número de indivíduos a enfrentar uma sucessão interminável de decisões e planos. Cálculos de tal complexidade ultrapassam a capacidade do mais brilhante grupo de engenheiros.

Mises escreveu décadas antes do surgimento das áreas de ciência da computação e teoria da informação, e não dispunha de uma maneira de formalizar essas ideias intuitivas. Muitos argumentos do economista foram descartados pelos pensadores que predominavam na época, cuja abordagem cada vez mais estritamente matemática da economia desagradava a Mises. Os críticos de Mises, incluindo Oskar Lange, Fred Taylor e Abba Lerner, defendiam que o mecanismo de mercado era apenas uma entre muitas maneiras (e de modo algum a mais eficiente delas) de organizar uma economia. Encaravam a economia de modo puramente matemático, e não computacional, e não viam nenhuma dificuldade *de princípio* em resolver um (enorme) sistema de equações relativas à oferta e demanda de vários bens, recursos e serviços.

Num quadro simplificado da economia, os indivíduos comuns desempenham uma dupla função como produtores (trabalhadores, fornecedores de capital etc.) e como consumidores. Como consumidores, têm preferências em relação aos diversos bens e serviços. Alguns gostam de chocolate, outros de baunilha. Como produtores, têm capacidades e talentos diferentes. Alguns são bons em matemática, outros em acalmar clientes irritados. Em teoria, o que todos nós precisamos fazer é descobrir as preferências e os talentos dos indivíduos e designar tarefas para quem as realiza melhor, ao mesmo tempo distribuindo o valor criado pela produção na forma de bens e serviços que as pessoas realmente queiram. É preciso determinar um sistema de prêmios e penalidades para incentivá-las a revelar suas preferências e talentos e garantir que de fato façam o que devem fazer. Tudo isso pode ser representado e resolvido matematicamente. É por isso que os economistas socialistas viam a economia como um problema matemático, cuja solução demandava apenas um computador.

Contudo, o desenvolvimento posterior da teoria da complexidade computacional e comunicacional demonstrou o acerto das percepções de Mises. O que os cientistas da computação vieram a perceber é que, mesmo que a gestão da economia fosse "meramente" uma questão de resolver um grande sistema de equações, chegar a tais soluções estava longe de ser uma tarefa simples, como julgavam os economistas socialistas. Numa incisiva análise computacional do planejamento central, o estatístico e cientista da computação Cosma Shalizi ilustra a total impossibilidade de um conselho de planejamento central em "resolver" uma economia moderna. Como Shalizi observa em seu ensaio, "In the Soviet Union, Optimization Problem Solves *You*" [Na União Soviética, o problema da otimização resolve *você*], o poder computacional necessário para solucionar um problema de alocação econômica aumenta mais do que proporcionalmente ao número de commodities na economia.[4] Em termos práticos, isso significa que, em qualquer grande economia, o planejamento central por um único computador é impossível.

Para mostrar concretamente essas relações matemáticas abstratas, Shalizi toma uma estimativa dos planejadores soviéticos, segundo a qual, no auge do poderio econômico soviético nos anos 1950, havia cerca de 12 milhões de commodities rastreadas nos planos econômicos soviéticos. Para piorar ainda mais a questão, essa cifra não leva em conta que uma banana madura em Moscou não é igual a uma banana madura em Leningrado, e que a transferência da fruta de um lugar para o outro também deve fazer parte do planejamento. Mas, mesmo que fossem "meramente" 12 milhões de commodities, os algoritmos conhecidos mais eficientes para a otimização, rodando nos mais eficientes computadores atualmente disponíveis, levariam cerca de mil anos para resolver uma única vez — e com acerto — um problema desses. Pode-se até demonstrar que um computador moderno não conseguiria chegar sequer a uma solução razoavelmente "aproximada" — e, claro, hoje a quantidade de bens, serviços, opções de transporte e outros fatores pertinentes ao problema é muito maior do que na

União Soviética dos anos 1950. Mas o mercado, de alguma maneira, atravessa como que por milagre esse pesadelo computacional.

Os mercados como processadores paralelos

Tudo isso nos leva a uma pergunta. Se o problema é de solução tão difícil, como é possível que o mercado o resolva? Considere-se a citação de Lange em nossa epígrafe.[5] O mercado é apenas um conjunto de regras implantado pelo governo — não muito diferente de um algoritmo de computador, embora muito complexo. É verdade que ninguém, individualmente, inventou o mercado. No entanto, as regras do mercado são bem entendidas e os economistas estão sempre dizendo às pessoas como devem implementá-las. Imaginem um país recém-criado, cujos dirigentes perguntam a um economista ocidental qual é a melhor forma de criar uma economia. O economista vai lhes dizer como montar um mercado — as regras contratuais e as leis de propriedade, por exemplo. (Com efeito, faz décadas que há economistas frequentando os corredores dos governos de países em desenvolvimento e os escritórios das start-ups fazendo exatamente isso.) Não estarão os economistas apenas fornecendo uma espécie de programa de computador aos dirigentes, os quais, ao implementá-lo, estão adotando uma espécie de planejamento centralizado?

Para entender como o mercado resolve o "enorme sistema de equações", é preciso conhecer as ideias centrais de *computação distribuída* e *processamento paralelo*. Nesses sistemas, os cálculos complexos que nenhum computador é capaz de realizar sozinho são divididos em pequenas partes que podem ser realizadas *em paralelo* por um grande número de computadores *distribuídos* em diferentes áreas geográficas. A computação distribuída e o processamento paralelo são mais conhecidos pelo papel que desempenham no desenvolvimento da "computação em nuvem", mas sua maior aplicação tem passado despercebida: a própria economia de mercado.

Embora o funcionamento do cérebro humano seja diferente do de um computador, os cientistas computacionais estimam que um cérebro humano individual tem uma capacidade computacional cerca de dez vezes maior do que o mais potente supercomputador existente na atualidade.[6] A capacidade combinada de todos os cérebros humanos, portanto, é dezenas de bilhões de vezes maior do que esse computador atual mais potente. Assim, o mercado é, em certo sentido, um computador gigantesco composto de todos esses menores, mas ainda muito potentes. Se ele faz alocações eficientes de recursos, é porque reúne e combina suas capacidades separadas.

Adotando essa perspectiva, cabe perguntar como o mercado é "programado" para chegar a esse resultado. A economia consiste numa variedade de recursos e capacidades humanas numa série de locações, junto com um sistema de transmissão de dados sobre esses recursos entre os indivíduos. Uma abordagem usual no processamento paralelo é tomar uma informação presente em determinado lugar, digamos, uma imagem ou uma charada, e a designar para um processador, integrando esses inputs a outros processadores, respeitando determinada hierarquia. Agora, apliquemos essa imagem à economia. Em todos os lugares, tomamos um dos computadores (humanos) disponíveis e lhe designamos que colete informações sobre as necessidades e recursos daquele lugar e forneça um sucinto sumário "condensado" de todos esses dados a outros computadores. Por exemplo, poderia haver uma disposição hierárquica dos computadores, em que os responsáveis por lugares determinados na base se remetessem a uma "camada" mais alta que integra as áreas locais, subindo a partir daí.

Considere-se o seguinte exemplo. Uma pessoa trabalha num sítio agrícola, cabendo-lhe assegurar que ele seja produtivo e sua família seja feliz. Essa pessoa envia informações sobre o sítio e a família, não com todos os seus detalhes e complexidades, mas em traços gerais, para os gerentes distritais. Um gerente é especializado em entender os recursos necessários para que as áreas agrícolas operem — sementes, fertilizantes —, enquanto outro sabe quais são os recursos necessários para que as pessoas que moram em sítios sejam felizes, entre eles alimentos e roupas. Esses gerentes então agregariam esses dados e os remeteriam à camada seguinte, talvez um distribuidor nacional de cereais ou um fornecedor regional de produtos para uso agrícola. Em todos os níveis dessa cadeia, seria inevitável que alguma informação ficasse de fora para que o processamento continuasse paralelo e exequível: o gerente agrícola não teria como expor exaustivamente como uma pequena melhoria na pavimentação da estrada iria ajudar no transporte dos bens até o mercado, nem como uma água um pouco mais limpa seria melhor para sua lavoura. Mas ao menos poderia expor as necessidades maiores e mais importantes e torcer para que a perda das demais informações reduzisse apenas ligeiramente a eficiência da solução resultante.

Esse esquema tem laivos de um planejamento central, mas também se assemelha a uma economia de mercado. As pessoas se especializam em diferentes partes da cadeia produtiva e operam com informações limitadas, mas mesmo assim podem coordenar suas condutas porque as informações adquirem determinadas formas. Podem ser especialistas sobre as condições locais, mas conhecer pouco sobre as condições econômicas de outros lugares. Sabem que o preço do trigo é alto e o preço dos tratores é baixo, mas não as razões disso. Quando compram um trator ou vendem um cereal, não contam toda a sua vida para o vendedor ou comprador, não descrevem todas as condições do sítio que cultivam e assim por diante. Apenas fazem a encomenda ou oferecem o cereal pelo preço corrente.

Esse "sistema de preços", portanto, simplifica enormemente a comunicação entre as diferentes partes da economia. Com efeito, os economistas mostram que o preço é a informação mínima de que o agricultor precisa para planejar suas operações de maneira eficaz. Uma vez que todas as providências importantes para que o agricultor beneficie sua lavoura ou obtenha recursos do mundo exterior têm um determinado preço, esse preço é a única informação de que ele precisa para tomar decisões econômicas. Qualquer informação adicional seria um desperdício, do ponto de vista exclusivamente da eficiência econômica, embora possa ser interessante de tempos em tempos para desenvolver relações pessoais. De modo inverso, se tais preços não estivessem disponíveis, o agricultor não teria como saber o que compensa mais, se usar novos tratores ou depender de mais mão de obra, nem saberia quantas sementes plantar para a próxima safra. Sem esses preços, o agricultor facilmente poderia plantar muito pouco ou desperdiçar com um trator recursos que seriam mais úteis pagando mais mão de obra, sementes ou mesmo bens de consumo.

Nesse sentido, os preços são o *"minimum"* de informação necessária para tomar decisões econômicas racionais.[7] Nenhum outro sistema de computação distribuída é capaz de ter a mesma produtividade e de exigir menos comunicação.

Os mercados exploram com elegância a capacidade computacional humana distribuída. Com isso, alocam recursos de modos que nenhum computador atual consegue fazer. Von Mises tinha razão ao dizer que o planejamento central elaborado por um grupo de especialistas não é capaz de substituir o sistema de mercado. Mas seu argumento foi mal interpretado, como se sugerisse que o mercado é "natural" e não um programa criado por seres humanos para gerenciar recursos econômicos. De fato, não há nada de natural nas instituições de mercado. São os seres humanos que criam os mercados — em sua função de juízes, legisladores, administradores e mesmo como empresários privados que, muitas vezes, montam organizações que criam e gerenciam mercados.

Os mercados são computadores potentes, mas a programação que recebem é que determina se produzem ou não o bem maior. Defendemos os "mercados radicais" porque acreditamos que, no estágio atual do desenvolvimento tecnológico e econômico, em que a cooperação aumentou demais e não pode mais ser gerenciada por economias morais, o mercado é o computador adequado para alcançar o bem maior para o maior número. Se entendemos o mercado dessa maneira, podemos corrigir as falhas de seus programas e permitir que ele produza mais riqueza a ser distribuída do modo mais justo.

Ao refinar nosso entendimento do papel e do valor dos mercados, a analogia computacional elucida nossa afirmação de que as soluções aqui propostas se baseiam na ampliação do alcance dos mercados. O COST sobre a riqueza radicaliza os mercados ao colocar maior responsabilidade sobre os indivíduos no momento de declarar seus valores e lhes dá maior capacidade para reivindicar coisas a que atribuem muito valor. A VQ faz o mesmo na esfera política. Nossas ideias sobre a migração dão aos indivíduos mais espaço para determinarem o melhor caminho para viver e trabalhar. Nossas propostas de antitruste e avaliação de dados rompem o poder centralizado e delegam maior responsabilidade aos indivíduos e pequenas empresas para concorrerem, inovarem e fazerem escolhas econômicas racionais que permitam a computação distribuída de alocações econômicas ideais. Mas todas essas propostas levam à seguinte pergunta: se o mercado é apenas um programa de computador que reúne o poder dos intelectos humanos individuais, ele ainda será necessário com o aumento do poder computacional?

Os mercados como computadores antiquados?

Numa resposta a Hayek, Lange disse: "Coloquemos as equações simultâneas (que regem o mercado) num computador eletrônico e teremos a solução em menos de um segundo".[8] O grão de verdade dessa afirmação fora identificado apenas seis meses antes da morte de Lange, em 1965, pelo empreendedor tecnológico Gordon Moore.

Moore observou que a densidade de microchips e o poder computacional que se alcançaria por um certo custo praticamente dobravam a cada dezoito meses. Embora essa "Lei de Moore" fosse mais uma enorme extrapolação do que um princípio bem fundamentado, ela tem mostrado ampla sustentação. Graças a esse rápido desenvolvimento da capacidade computacional, o sonho de uma rede de computação capaz de alcançar a complexidade do intelecto humano já não é mais impossível. Muitos engenheiros creem que num futuro próximo, provavelmente nos anos 2050, a capacidade total dos computadores digitais ultrapassará a de todos os intelectos humanos.

Quando se chegar a esse ponto, a crítica computacional dirigida a Lange não se sustentará mais. Em tese, o mercado poderia ser reproduzido em silício — substituindo o sistema distribuído e paralelo de carne e osso que conhecemos. Os computadores dirão às pessoas o que devem produzir — conferindo prêmios e aplicando penalidades quando necessário — e distribuir tudo o que devem consumir. O problema tecnológico de agregar as informações pode ser resolvido. A atenção pública que hoje se dá ao surgimento de robôs — como trabalhadores, criados e amantes — concentra-se maciçamente no nível micro, as interações entre humanos e computadores que poderiam resultar em danos físicos ou emocionais. Mas, se robôs podem dirigir carros, também podem encomendar compras, receber entregas, avaliar os sentimentos dos consumidores, planejar operações econômicas e coordenar essas atividades no nível da economia. Nesse nível macro, o papel da inteligência artificial para remodelar a organização social tem recebido — estranhamente — pouca atenção. Saber se tal sistema funcionaria conforme o pretendido ou se sua autoridade centralizada exerceria abusos medonhos é de importância muito maior do que a questão hoje candente de se um motorista robô deva ou não ser programado para sacrificar um passageiro a fim de salvar dois pedestres.

Enquanto isso, a tecnologia de informação de bastidores desempenha um papel crescente no planejamento empresarial. Embora nossa economia continue movida basicamente pelo jogo dos mercados, um número cada vez maior de empresas vem automatizando a logística, as planilhas de produção, os canais de distribuição e as cadeias de abastecimento. Essas poderosas corporações trabalham com o tipo de cálculo técnico que Lange imaginava para o planejador central, ainda que em menor escala. O Walmart se tornou uma das empresas mais valiosas do mundo com esse domínio da precificação e logística automatizadas, e mesmo assim está sendo rapidamente superado pelo planejamento ainda mais automatizado e centralizado da Amazon. O Uber comanda uma grande parte do fluxo dos serviços de transportes em muitas cidades. Em suma, enormes corporações — ilhas de planejamento centralizado no oceano da economia de mercado — produzem uma quantidade significativa de valor econômico utilizando o poder computacional.

Os computadores podem nos planejar?

Apesar de derrotada na Guerra Fria, a União Soviética realizou muitas proezas impressionantes em seu desenvolvimento, que escaparam a outros países. A economia soviética teve um índice de crescimento espantoso entre o final da Segunda Guerra Mundial e o começo dos anos 1970.[9]

No famoso debate de 1959 entre Nixon e Khruschóv numa cozinha americana cenográfica, o vice-presidente Nixon reconheceu que os Estados Unidos estavam atrás dos soviéticos em áreas importantes da ciência e da construção de foguetes, mas, mesmo assim, muitos observadores acreditam que Nixon se saiu melhor do que Khruschóv, ilustrando a variedade de escolhas oferecida pelo sistema capitalista e sua capacidade de resposta às preferências dos consumidores. O sistema soviético, por outro lado, era famoso pela homogeneidade insípida de seus carros, casas, alimentos e entretenimentos.

O problema para o planejamento central é que, embora saiba que as pessoas em geral precisam de carro, casa, alimento e diversão e seja capaz de fornecê-los, ele não é capaz de avaliar as necessidades para além do básico. Mary quer um carro que seja rápido, Joe quer um que seja seguro, Manuel gosta de câmbio manual, Naomi precisa de espaço para guardar seus equipamentos esportivos. O planejamento central, incapaz de diferenciar essas e milhares de outras preferências, dá a todos o mesmo carro, decepcionando quase todo mundo. O problema também se reproduz no trabalho: as pessoas têm muitas preferências diferentes sobre as condições e tipos de trabalho. Sem saber quais são elas, o planejamento central oferece apenas as mesmas facilidades básicas que — como se pode razoavelmente supor — são necessárias a quase todos, o que reduz a disposição de espírito e aumenta o custo de produção. Muitos economistas creem que foi essa incapacidade de responder, atender e inovar perante os desejos do consumidor (e do trabalhador) que tornou o sistema soviético insustentável.

Apesar disso, desenvolvimentos recentes na computação e nos

algoritmos, que abordamos no capítulo 5, contestam essas suposições. Hoje, as máquinas aprendem com os padrões estatísticos do comportamento humano e podem ser capazes de usar essas informações para distribuir bens (e tarefas) tão bem ou talvez melhor do que as próprias pessoas poderiam escolhê-los. Estamos muito distantes desse ponto, mas é possível ver o traçado da rota que percorreríamos. Vamos começar por um fenômeno cada vez mais conhecido: os sistemas de recomendação baseados no aprendizado automático que recorrem ao comportamento de mercado existente. Como a Netflix adivinha os filmes que provavelmente nos agradarão? Em termos gerais, ela encontra pessoas parecidas conosco — que veem muitos dos filmes que vemos e dão a esses filmes uma classificação semelhante à nossa. Então, ela infere que gostaremos de filmes que ainda não vimos, mas que nossos *doppelgängers* ocultos já viram e avaliaram bem. A Pandora e o Spotify empregam uma abordagem semelhante para recomendar músicas. Os serviços de notícias do Facebook e da Apple usam métodos parecidos para ajudar a guiar os consumidores até a informação que querem consumir. O Google usa algoritmos correlatos para determinar as informações e a colocação de produtos mais apropriados não só para nossa busca, mas para todas as outras coisas que ele conhece a nosso respeito. A Amazon triangula as preferências dos consumidores para sugerir itens adicionais para compra.

É claro que uma máquina de planejamento central não poderia se basear no comportamento do mercado — hipoteticamente, não existiriam mais mercados! Mas poderia derivar informações a partir do comportamento das pessoas — bem como de seus atributos físicos e psicológicos, na medida em que sejam observáveis — e procederia de uma maneira similar ao que hoje fazem a Netflix e a Amazon.

Para ver como se daria, tomemos um exemplo mais próximo de nós. Nos sistemas médicos, na maioria dos países avançados, mesmo nos Estados Unidos, as escolhas de mercado foram eliminadas ou estreitamente restringidas. Num sistema nacional de saúde, como o do Reino Unido, as pessoas não recebem todo e qualquer tratamento médico que queiram, mas precisam persuadir os agentes do governo — médicos — de que sofrem de um problema que requer tal tratamento. Os médicos verificam as queixas dos pacientes com exames físicos (e muitas vezes psicológicos) altamente invasivos. Nos Estados Unidos, costuma-se usar seguradoras médicas e outros sistemas de planos de saúde. Embora ainda tenham uma escolha de mercado entre esses sistemas, os americanos estão, na prática, na mesma posição dos pacientes britânicos, visto que, se quiserem e, como ocorre na maioria dos casos, precisarem usar seus planos de saúde, terão de persuadir os médicos sobre a pertinência de suas queixas.

Podemos prever que, no futuro próximo, todas as funções médicas de rotina serão em larga medida determinadas por máquinas. Os médicos que atualmente cumprem essa função serão substituídos por assistentes que atuam como intermediários administrativos entre pacientes e máquinas. Os diagnósticos serão estimativas estatísticas derivadas de dados sobre o físico e o comportamento do paciente — o que significa simplesmente que as "preferências" das pessoas por determinado tratamento médico derivam mais de dados do que de escolhas feitas num contexto de mercado. O pressuposto é que as pessoas querem "saúde", e o planejador lhes dará saúde dentro dos limites da tecnologia médica; a escolha do paciente em qualquer sentido convencional do termo não tem nenhum papel, a não ser, claro, que as pessoas possam recusar tratamento, caso não o queiram.

Combinando o exemplo Netflix/Amazon com o Serviço Nacional de Saúde da Grã-Bretanha, podemos imaginar como um planejador poderia agir em outros setores econômicos. Alguns querem carros rápidos, outros querem carros seguros, e outros ainda querem bagageiros grandes (ou, como esperamos, serviços em vez de carros propriamente). No antigo sistema soviético, bastava ao planejador saber algumas coisas — do que precisa uma pessoa para morar longe do trabalho numa área sem transporte público, por exemplo. Num sistema mais sustentável, o planejador precisa conhecer as preferências do consumidor sobre a velocidade, a cor, o câmbio, o espaço do bagageiro, o tamanho do veículo e assim por diante, e como essas preferências mudam com o tempo e de um local para outro. Como o planejador estimaria as preferências da pessoa nesses aspectos?

Como a Netflix e a Amazon, ele precisaria se basear nos rastros de dados que a pessoa deixa no mundo, derivando estimativas de preferências baseadas no comportamento de outros que deixaram vestígios similares. Esse é o campo do aprendizado automático. Se o celular da pessoa mostra que ela é fisicamente ativa, costuma ligar para os pais e gosta de tirar fotos; se sua conta na Netflix mostra que é fã de desenhos animados e comédias românticas; se seu histórico de buscas mostra interesse pela regulamentação climática e outras causas liberais, pode ser que o carro ideal para ela seja um Prius e ela nem saiba disso. Quando lhe surge um Prius na porta de casa, sente-se grata porque, ao contrário dos tataravós, não precisou adiar a compra para buscar informações sobre o modelo, fazer um test-drive com catorze tipos diferentes e discutir os méritos dos estabilizadores verticais com os amigos. As pessoas não escolherão; simplesmente aceitarão bens e serviços enviados por programas de computador.

Vejamos o que poderia acontecer com o entretenimento. O Spotify e a Pandora já permitem que as pessoas solicitem uma seleção de músicas que agradará a todas elas, dispensando escolhas caso a caso. As pessoas gostam desses serviços porque o método tradicional de decidir a compra de uma música — que requer ouvir um monte de coisas que não lhes agradam, ler resenhas, conversar com atendentes de lojas de música e se envolver em outras atividades que tomam tempo e nem sempre são agradáveis — é muito trabalhoso. Mas o Spotify é medieval em comparação ao futuro do consumo. Suponhamos que seja possível que um algoritmo, baseado no rastreamento dos movimentos dos olhos de um espectador, determine quais partes de um filme lhe agradaram de tal ou tal maneira; esse tipo de tecnologia, na verdade, já é usado em marketing.[10] Além disso, suponhamos que, fazendo uma referência cruzada desses movimentos oculares com os de outros espectadores, seja possível determinar quais outros filmes podem interessá-lo. Por fim, vamos supor que essas inferências são tão confiáveis e precisas que o espectador, apesar de um ceticismo inicial, confie implicitamente nelas a tal ponto que quase sempre decida assistir ao primeiro vídeo que o sistema de inteligência artificial lhe apresenta.

Nesse cenário, poderíamos dizer que o espectador "escolhe" seu próximo filme de consumo baseado na maneira como move os olhos ao assistir a um filme e que outros espectadores estão apenas lhe recomendando por meio de seus movimentos oculares algo que talvez aprecie. Mas "escolha" parece mais uma metáfora do que um termo fenomenologicamente preciso para a conduta correspondente. Os movimentos oculares são em larga medida subconscientes e raras vezes são percebidos subjetivamente como escolhas. Os caminhos pelos quais a atividade visual de outras pessoas leva à recomendação de um determinado filme a alguém seriam obscuros para todos. O processo automatizado formaria um padrão de consumo a partir da inteligência coletiva criada pela computação digital e pela fusão de percepções sensoriais humanas dispersas. Em algum momento, a palavra "mercado" talvez deixe de parecer o termo correto para designar a organização econômica, mas tampouco a expressão "planejamento central" o seja.

Será que tais processos conseguirão guiar grandes decisões da vida — a casa que deveríamos comprar, a carreira que deveríamos seguir? Guiarão também juízos políticos e envolvimentos românticos? As pessoas estarão livres para ter uma vida mais dotada de significado ou se verão privadas de tal capacidade?

Como a maioria das previsões do futuro no longo prazo, essas perguntas ultrapassam a capacidade de resposta da análise científica. Não há dúvida de que um mundo assim, caracterizado pela combinação de poder computacional maciço e enormes quantidades de dados fornecidos por um sistema voluntário (ou talvez legalmente imposto) de vigilância contínua, apresente riscos distópicos evidentes. Não seria possível confiar a direção desse sistema a nenhum indivíduo ou a um pequeno grupo de indivíduos, pois a tentação de abusar seria avassaladora. Mas tampouco é certo se seria possível governá-lo de alguma maneira (radicalmente) democrática, de um modo algorítmico verificável ou segundo uma forma descentralizada de computação distribuída. Nem mesmo é claro se a tecnologia chegará algum dia ao ponto de permitir que os computadores superem os intelectos humanos ou se os próprios intelectos humanos podem avançar mais depressa e manter o atual equilíbrio favorecendo o mercado.

Deixamos essas especulações aos escritores de ficção científica e vamos nos manter confiantes de que, pelo menos por algumas gerações, os mercados — ou melhor, os mercados radicais — continuarão a ser o melhor método de organização social em grande escala.

NOTAS

PREFÁCIO: O LEILÃO VOS LIBERTARÁ [pp. 13-22]

1   Mason Gaffney, *Warm Memories of Bill Vickrey* (1996). Disponível em: <http://www.wealthandwant.com/auth/Vickrey.html>. Acesso em: 16 set. 2018. Segundo Gaffney, Deus teria respondido: "Bill, é assim que sempre fizemos aqui, mas lhe agradeço por ter insistido que seja feita minha vontade lá na Terra como no Céu".
2   Juan Camilo Castillo, Daniel T. Knoepfele e E. Glen Weyl, *Surge Pricing Solves the Wild Goose Chase* (2017). Disponível em: <https://www.microsoft.com/en-us/research/wp-content/uploads/2017/06/ECabstract.pdf >.
3   Janny Scott, "After Three Days in the Spotlight, Nobel Prize Winner Is Dead". *New York Times*, 12 out. 1996.

INTRODUÇÃO: A CRISE DA ORDEM LIBERAL [pp. 23-50]

1   Francis Fukuyama, *The End of History and the Last Man*. Nova York: Free Press, 1992. [Ed. bras.: *O fim da história e o último homem*. Trad. de Aulyde Soares Rodrigues. Rio de Janeiro: Rocco, 1992.]
2   Marion Fourcade-Gourinchas e Sarah L. Babb, "The Rebirth of the Liberal Creed: Paths to Neoliberalism in Four Countries". *American Journal of Sociology*, v. 108, n. 3, pp. 533-79, 2002; Fourcade et al., "The Superiority of Economists". *Journal of Economic Perspectives*, n. 29, v. 1, pp. 89-114, 2015.
3   Marion Fourcade, *Economists and Societies: Discipline and Profession in the United States, Britain, and France, 1890s to 1990s*. Princeton: Princeton University Press, 2010.
4   Thomas Piketty, Emmanuel Saez e Gabriel Zucman, "Distributional National Ac-

counts: Methods and Estimates for the United States". *Quarterly Journal of Economics*, v. 133, n. 2, pp. 553-609, 2018.

5   Thomas Piketty e Gabriel Zucman, "Capital Is Back: Wealth-Income Ratios in Rich Countries 1700–2010". *Quarterly Journal of Economics*, v. 129, n. 3, pp. 1255-310, 2014.

6   Council of Economic Advisers, *Benefits of Competition and Indicators of Market Power*, abr. 2016. Disponível em: <https://obamawhitehouse.archives.gov/sites/default/files/page/files/20160414_cea_competition_issue_brief.pdf>. "In the Shadow of Giants", *The Economist*, 17 fev. 2011. Disponível em: <http://www.economist.com/node/18182262>. Acessos em: 16 set. 2018.

7   Simcha Barkai, *Declining Labor and Capital Shares*, 2017. Disponível em: <http://home.uchicago.edu/~barkai/doc/BarkaiDecliningLaborCapital.pdf>.

8   Jan de Loecker e Jan Eeckhout, *The Rise of Market Power and Macroeconomic Implications*, 2017. Disponível em: <http://www.janeeckhout.com/wp-content/uploads/RMP.pdf>. Acesso em: 16 set. 2018.

9   Chad Syverson, "Challenges to Mismeasurement Explanations for the US Productivity Slowdown". *Journal of Economic Perspectives*, v. 31, n. 2, pp. 165-86, 2017.

10 OECD, *The Future of Productivity*, 2015. Disponível em: <https://www.oecd.org/eco/OECD-2015-The-future-of-productivity-book.pdf>.

11 Christine Lagarde, *Reinvigorating Productivity Growth*, 3 abr. 2017. Disponível em: <https://www.imf.org/en/News/Articles/2017/04/03/sp040317-reinvigorating-productivity-growth>. Acesso em: 16 set. 2018.

12 Stephen Nickell, Luca Nunziata e Wolfgang Ochel, "Unemployment in the OECD since the 1960s. What Do We Know?". *Economic Journal*, v. 115, pp. 1-27, 2005.

13 Chad Syverson, "What Determines Productivity?". *Journal of Economic Literature*, v. 49, pp. 326-65, 2011.

14 Chang-Tai Hsieh e Peter J. Klenow, "Misallocation and Manufacturing TFP in China and India". *Quarterly Journal of Economics*, v. 124, n. 4, pp. 1403-48, 2009.

15 Raj Chetty et al., *The Fading American Dream: Trends in Absolute Income Mobility Since 1940*, 24 abr. 2017. Disponível em: <http://science.sciencemag.org/content/early/2017/04/21/science.aal4617/tab-pdf>. Acesso em: 16 set. 2018.

16 No caso da Grécia, que agora é um país de riqueza aproximadamente alta, o Syriza, um movimento populista de esquerda, chegou ao poder em 2015 em plena crise financeira grega, mas moderou suas políticas de governo.

17 Zachary Crockett, *Donald Trump Is the Only US President Ever with No Political or Military Experience*, atualizado em 23 jan. 2017. Disponível em: <https://www.vox.com/policy-and-politics/2016/11/11/13587532/donald-trump-no-experience>. Acesso em: 16 set. 2018.

18 Matt Golder, "Far Right Parties in Europe". *Annual Review of Political Science*, v. 19, pp. 477-97, 2016; Katherine Cramer Walsh, "Putting Inequality in Its Place: Rural Consciousness and the Power of Perspective". *American Political Science Review*, v. 106, pp. 517-32, 2013; David Autor, David Dorn, Gordon Hanson e Kaveh Majlesi, *A Note on the Effect of Rising Trade Exposure on the 2016 Presidential Election*, 2017. Disponível em: <https://economics.mit.edu/files/12418>.

19 Matthew Gentzkow, Jesse M. Shapiro e Matt Taddy, "Measuring Polarization in High-Dimensional Data: Method and Application to Congressional Speech". Agên-

cia Nacional de Pesquisa Econômica, documento de trabalho n. 22 423, 2016; David Autor, David Dorn, Gordon Hanson e Kaveh Majlesi, "Importing Political Polarization? The Electoral Consequences of Rising Trade Exposure". National Bureau of Economic Research, NBER Working Paper n. 22 637, 2016.

20 Por exemplo, numa pesquisa de opinião pública realizada pelo Public Religion Research Institute e pela *The Atlantic* após a eleição, dois terços dos eleitores de Trump declararam que sua vitória era "a última chance de deter o declínio americano". Disponível em: <https://www.prri.org/research/prri-atlantic-poll-post-election-white-working-class/>. Acesso em: 16 set. 2018. Uma pesquisa feita por Lorde Ashcrof mostrou que 16% das pessoas favoráveis ao Brexit acreditavam que a vida na Inglaterra estava pior do que trinta anos antes, ao passo que 46% dos favoráveis à permanência na União Europeia eram de opinião contrária. Disponível em: <https://lordashcroftpolls.com/2016/06/how-the-united-kingdom-voted-and-why/>.

21 Arlie Hochshild, *Strangers in Their Own Land: Anger and Mourning on the American Right*. Nova York: New Press, 2016.

22 Adam Smith, *The Wealth of Nations*, Nova York: Collier, 1902. v. 1. [Ed. bras.: *A riqueza das nações*. Trad. de Luiz João Baraúna. São Paulo: Abril Cultural, 1983.]

23 A distinção que traçamos está associada à obra do grande sociólogo Émile Durkheim, *The Division of Labour in Society* [1893]. Nova York: Simon and Schuster, 1997. [Ed. bras.: *Da divisão do trabalho social*. Trad. de Eduardo Brandão. São Paulo: WMF Martins Fontes, 2010.]

24 Para uma defesa contemporânea das economias morais, ver Michael J. Sandel, *What Money Can't Buy: The Moral Limits of Markets*. Nova York: Farrar, Straus and Giroux, 2012; Samuel Bowles, *The Moral Economy: Why Good Incentives Are No Substitute for Good Citizens*. New Haven: Yale University Press, 2016.

25 Como ressaltou Gareth Stedman Jones em *Karl Marx: Greatness and Illusion* (Cambridge, MA: Harvard University Press, 2016 [Ed. bras.: *Karl Marx: Grandeza e ilusão*. Trad. de Berilo Vargas. São Paulo: Companhia das Letras, 2017]), Marx, na verdade, abandonou esses ideais no final da vida, e por isso nos referimos a eles como "marxismo", não como concepções do próprio Marx.

26 John Stuart Mill, *On Liberty*. Londres: John W. Parker and Sons, 1859. [Ed. bras.: *Sobre a liberdade*. Trad. de Denise Bottmann. Porto Alegre: L&PM, 2016.]

27 Adam Smith, *Theory of Moral Sentiments*. Boston: Wells and Lilly, 1817, p. 296, grifo nosso. [Ed. bras.: *Teoria dos sentimentos morais*. Trad. de Lya Luft. São Paulo: WMF Martins Fontes, 1999.]

28 Id., *Wealth of Nations*, p. 137.

29 Embora aceita por muitos economistas aplicados que interagiam com os elaboradores de políticas governamentais, os chamados economistas teóricos, em geral muito distantes das discussões políticas práticas, continuaram a questionar essa concepção. Sobre essa discussão, ver Anthony B. Atkinson, "The Mirrlees Review and the State of Public Economics". *Journal of Economic Literature*, v. 50, pp. 770-80, 2012.

30 Joan Robinson, *The Economics of Imperfect Competition*. Londres: Palgrave Macmillan, 1932.

31 William Cronon, *Nature's Metropolis: Chicago and the Great West*. Nova York: W. W. Norton, 1992.

1. PROPRIEDADE É MONOPÓLIO: CRIANDO UM MERCADO COMPETITIVOS PARA USOS POR MEIO DA PROPRIEDADE COLETIVA PARCIAL [pp. 51-96]

1. "Hyperloop Tests Magnetic Levitation at 192 mph", *NPR Morning Edition*, 4 ago. 2017. Disponível em: <http://www.npr.org/2017/08/04/541538743/hyperloop-tests-magnetic-levitation-at-192-mph>. Acesso em: 16 set. 2018.
2. William J. Bernstein, *A Splendid Exchange*. Nova York: Grove Press, 2008.
3. Robert C. Allen, "Engels' Pause: Technical Change, Capital Accumulation, and Inequality in the British Industrial Revolution". *Explorations in Economic History*, v. 46, n. 4, pp. 418-35, 2009.
4. Henry George, *Progress and Poverty*. Nova York: Robert Schalkenbach Foundation, 1997. [Ed. bras.: *Progresso e pobreza*. Trad. de Américo Werneck Jr. São Paulo: Companhia Editora Nacional, 1935.]
5. Alexander Gray, *The Socialist Tradition: Moses to Lenin*. Harlow: Longmans, 1947.
6. Philip T. Hoffman, "Institutions and Agriculture in Old Regime France". *Policy & Society*, v. 16, n. 2-3, pp. 241-64, 1988.
7. O número vem do economista Chad Syverson, que descobriu que, em decorrência de uma grande má alocação de recursos em empresas de baixa produtividade, a produção sofre uma redução que chega a 25% ao ano. Chad Syverson, "Market Structure and Productivity: A Concrete Example". *Journal of Political Economy*, v. 112, n. 6, pp. 1181-222, 2004; id., "Product Substitutability and Productivity Dispersion". *Review of Economics and Statistics*, v. 86, n. 2, pp. 534-50, 2004; id., "What Determines Productivity". *Journal of Economic Literature*, v. 49, n. 2, pp. 326-65, 2011. Nem toda essa má alocação se deve à questão do monopólio em sua forma mais simples. Porém, como exporemos adiante, muitos outros problemas que causam má alocação (seleção adversa, efeitos de dotação e restrições de crédito) também são corrigidos pela propriedade parcialmente comum. Dessa forma, acreditamos que grande parte dessa má alocação pode ser sanada por um COST e reformas correlatas.
8. Gareth Stedman Jones, *Karl Marx: Greatness and Illusion*, op. cit.
9. Michael Kremer, em "The O-Ring Theory of Economic Development" (*Quarterly Journal of Economics*, v. 108, n. 3, pp. 551-75, 1993), demonstra definitivamente como os empreendimentos de grande escala em geral precisam superar problemas de monopólio.
10. R. H. Coase, "The Nature of the Firm". *Economica*, v. 4, n. 16, pp. 386-405, 1937.
11. W. Stanley Jevons, *The Theory of Political Economy*. 5. ed. Nova York: Macmillan and Co., 1957, p. xlvi. [Ed. bras.: *A teoria da economia política*. Trad. de Cláudia L. de Morais. São Paulo: Abril Cultural, 1983.]
12. Léon Walras, *Studies in Social Economics*. Trad. de Jan van Daal e Donald A. Walker. Londres: Routledge, 2010, pp. 224-5.
13. A expressão "dividendo social" foi, ao que parece, cunhada por Oskar Lange ("On the Economic Theory of Socialism". *Review of Economic Studies*, v. 4, n. 1, pp. 53-71, 1936). Porém, ele atribuiu o conceito a Walras. Adiante veremos as ideias de Lange em mais detalhes.
14. Walras, *Studies in Social Economics*, op. cit., p. 234.
15. George, *Progress and Poverty*, op. cit., p. 223.
16. Ibid., p. 244.

17 Informações disponíveis em: <http://landlordsgame.info/>. Acesso em: 16 set. 2018.
18 George R. Geiger, *The Philosophy of Henry George*. Intr. de John Dewey. Nova York: Macmillan and Co., 1933, p. xxii.
19 Garrett Hardin, "The Tragedy of the Commons". *Science*, v. 162, pp. 1243-8, 1968.
20 Harold Schifrin, "Sun Yat-sen's Early Land Policy: The Origin and Meaning of 'Equalization of Land Rights'". *Journal of Asian Studies*, v. 16, n. 4, p. 555, 1957.
21 Joseph A. Schumpeter, *Capitalism, Socialism and Democracy*. Nova York: Harper and Brothers, 1942. [Ed. bras.: *Capitalismo, socialismo e democracia*. Trad. de Ruy Jungmann. Rio de Janeiro: Fundo de Cultura, 1961.]
22 Oskar Lange e Fred M. Taylor, *On the Economic Theory of Socialism*. Benjamin E. Lippincott (Org.). Nova York: McGraw-Hill Book Company, 1938; Abba P. Lerner, *The Economics of Control: Principles of Welfare Economics*. Nova York: Macmillan and Co., 1944.
23 Ludwig von Mises, *Economic Calculation in the Socialist Commonwealth*. Trad. de S. Alder. Auburn: Ludwig von Mises Institute, 2012 [ed. bras.: *O cálculo econômico sob o socialismo*. Trad. de Leandro Augusto Gomes Roque. São Paulo: Instituto Ludwig von Mises Brasil, 2012]; Friedrich A. Hayek, "The Use of Knowledge in Society". *American Economic Review*, v. 35, n. 4, pp. 519-30, 1945 [ed. bras.: "O uso do conhecimento na sociedade", 2013. Disponível em: <https://www.mises.org.br/Article.aspx?id=1665>. Acesso em: 16 set. 2018]. Para uma análise dos debates ocorridos em meados do século XX, ver também Samuel Bowles, *Microeconomics: Behavior, Institutions and Evolution*. Princeton: Princeton University Press, 2006, pp. 475-6. Voltaremos a esses debates no epílogo.
24 Essas críticas acabariam por levar os pensadores socialistas modernos a defender várias relações econômicas híbridas, como as cooperativas de trabalhadores, que colocariam a produção sob maior controle democrático e com direitos econômicos mais fortes, que tornariam os trabalhadores menos dependentes de seus empregadores. Ver Samuel Bowles e Herbert Gintis, *Democracy and Capitalism: Property, Community, and the Contradictions of Modern Social Thought*. Nova York: Basic Books, 1986; Alec Nove, *The Economics of Feasible Socialism Revisited*. 2. ed. Londres: Routledge, 1991.
25 Friedrich Hayek, *The Road to Serfdom*. Londres: Routledge, 1944. [Ed. bras.: *O caminho da servidão*. Trad. de Leonel Vallandro. São Paulo: Globo, 1974.]
26 Alguns trabalhos empíricos limitados confirmam a intuição do advogado de que a negociação pode ser extremamente difícil, sobretudo nos exemplos preferidos por Coase. Ver Hoyt Bleakley e Joseph Ferrie, *Land Openings on the Georgia Frontier and the Coase Theorem in the Short and Long-Run*, 2014. Disponível em: <http://www-personal.umich.edu/~hoytb/Bleakley_Ferrie_Farmsize.pdf>. Acesso em: 16 set. 2018. Ver também Ward Farnsworth, "Do Parties to Nuisance Cases Bargain after Judgment? A Glimpse Inside the Cathedral". *University of Chicago Law Review*, v. 66, n. 2, pp. 373-436, 1999. Mesmo em meios altamente competitivos, as indicações econômicas corroboram essas descobertas. Ver Bradley Larsen, *The Efficiency of Real World Bargaining: Evidence from Wholesale Used-Auto Auctions*. NBER Working Paper n. 20431, 2014.
27 Coase pretendia originalmente mostrar que nem sempre é melhor regular a pessoa que parece causar o problema (aqui, o professor de música); seria mais sensato deixar que as partes chegassem a um acordo.

28 É o que se pode ver nos três principais manuais de direito e de economia. Os três livros atribuem grande peso ao problema do investimento como justificativa da propriedade privada: se a propriedade privada não existisse, as pessoas não investiriam na melhoria dos bens, já que não poderiam ter certeza de lucrar com o retorno sobre o investimento. Ver Steven Shavell, *Foundations of Economic Analysis of Law* (Cambridge, MA: Harvard University Press, 2004, pp. 11-9); Robert Cooter e Thomas Ulen, *Law & Economics* (6. ed. Londres: Pearson, 2012, pp. 76-80); Richard A. Posner, *Economic Analysis of Law* (9. ed. Nova York: Aspen Publishers, 2014, pp. 40-2). Os manuais dão apenas uma breve atenção ao problema do monopólio. Embora reconheçam que os problemas de *holdout* e outros correlatos de comportamento estratégico podem interferir na transferência da propriedade, de modo geral consideram que se restringem a casos em que o uso da propriedade afeta um grande número de pessoas, como no caso da poluição industrial.

29 Ver Benjamin Edelman, Michael Ostrovsky e Michael Schwarz, "Internet Advertising and the Generalized Second-Price Auction: Selling Billions of Dollars' Worth of Keywords". *American Economic Review*, v. 97, pp. 242-59, 2007; Hal R. Varian, "Position Auctions". *International Journal of Industrial Organization*, v. 25, n. 6, pp. 1163-78, 2007.

30 R. H. Coase, "The Federal Communications Commission", *Journal of Law and Economics*, v. 2, pp. 1-40, 1959; Thomas W. Hazlett, "Assigning Property Rights to Radio Spectrum Users: Why Did FCC License Auctions Take 67 Years?", *Journal of Law and Economics*, v. 41, n. 2, pp. 529-75, 1959.

31 Paul Milgrom, "Putting Auction Theory to Work", *Journal of Political Economy* 245, v. 108, n.2, pp. 245-72, 2000.

32 Roger B. Myerson e Mark Sattherwaite, "Efficient Mechanisms for Bilateral Trading". *Journal of Economic Theory*, v. 29, n. 2, pp. 265-81, 1983.

33 Peter Crampton, Robert Gibbons e Paul Klemperer, "Dissolving a Partnership Efficiently". *Econometrica*, v. 55, n. 3, pp. 615-32, 1987; Ilya Segal e Michael D. Whinston, "A Simple Status Quo that Ensures Participation (with Application to Efficient Bargaining)". *Theoretical Economics*, v. 6, n. 1, pp. 109-25, 2011.

34 Pode-se pensar que, se os dois sócios têm participação proporcional ao trabalho que colocaram no projeto, o natural seria que o melhor sócio para assumir fosse provavelmente o que investiu mais esforço na empresa. Mas, se as ações dos sócios refletem não só o esforço (a "cota de trabalho"), mas também um investimento financeiro (a "cota de capital"), ou se a dedicação à empresa mudou com o decorrer do tempo, talvez não seja o caso.

35 E. Glen Weyl e Anthony Lee Zhang, *Depreciating Licenses*, 2017. Disponível em: <https://ssrn.com/abstract=2744810>. Acesso em: 16 set. 2018.

36 Demóstenes, *Against Phaenippus* (*c.* 359 a.C.). Citado em George C. Bitros e Anastasios D. Karayiannis, *Creative Crisis in Democracy and Economy*, p. 20, 2013.

37 Christopher D. Hall, "Market Enforced Information Asymmetry: A Study of Claiming Races". *Economic Inquiry*, v. 44, pp. 271-91, 1986.

38 Antonio Cabrales, Antoni Calvó-Armengol e Matthew O. Jackson, "*La Crema*: A Case Study of Mutual Fire Insurance". *Journal of Political Economics*, v. 111, n. 2, pp. 425--58, 2003.

39 Emerson Niou e Guofu Tan, "An Analysis of Dr. Sun Yat-sen's Self-Assessment Scheme for Land Taxation". *Public Choice*, v. 78, n. 1, pp. 103-14, 1994.

40 Yun-Chien Chang, "Self-Assessment of Takings Compensation: An Empirical Study", *Journal of Law, Economics, and Organizations*, v. 28, n. 2, pp. 265-85, 2012.
41 Arnold C. Harberger, *Issues of Tax Reform for Latin America, in Fiscal Policy for Economic Growth in Latin America*. Baltimore: Johns Hopkins University Press, 1965.
42 Maurice Allais, *L'Impôt sur le capital et la réforme monétaire*. Paris: Hermann, 1988. Saul Levmore, professor de direito, ajudou a reavivar o interesse acadêmico a esse respeito. Saul Levmore, "Self-Assessed Valuation Systems for Tort and Other Law". *Virginia Law Review*, v. 68, pp. 771-824, 1982.
43 Esse fato ajuda a atenuar duas possíveis objeções ao COST: que os detentores possam "sabotar" a atração de outros por seus bens para evitar que se interessem em tomá-los, e que terceiros tomem maliciosamente os bens só para prejudicar o detentor. Note-se que nenhuma dessas hipóteses é possível se os detentores sempre estabelecerem preços acima do mínimo que estariam dispostos a aceitar, pois, neste caso, ficariam contentes que tomassem suas posses: ainda estão lucrando, embora não tanto quanto se estabelecessem o preço de monopólio. Assim, a "predação" será quase tão bem-vinda quanto a "predação" de outro que, saindo do nada, lhe oferecesse uma soma extravagante pela sua casa, e você nunca iria querer sabotar suas posses, pois isso reduziria a chance de uma oportunidade tão excepcional. Somente pessoas que informam de maneira fraudulenta valores extremamente baixos e tentam sabotar de modo drástico seus bens é que estariam sujeitas a predação, mas aí o mereceriam, e provavelmente serão flagradas por outras antes que haja excessiva sabotagem.
44 Weyl e Zhang, *Depreciating Licenses*, op. cit.
45 Thomas W. Merrill, "Property and the Right to Exclude". *Nebraska Law Review*, v. 77, pp. 730-55, 1998.
46 Evidentemente, isso também se aplica a um imposto comum sobre os bens e a muitas outras restrições legais sobre o uso da propriedade privada.
47 Para dar vivacidade à nossa exposição, tratamos de alguns exemplos de bens pessoais de indivíduos, como casas e carros, mas o leitor deve ter em mente que a maioria dos bens é de empresas e, assim, a participação e os benefícios de um COST se dariam em larga medida através de ativos empresariais.
48 Para mais detalhes, ver Eric A. Posner e E. Glen Weyl, "Property Is Another Name for Monopoly". *Journal of Legal Analysis*, v. 9, n. 1, pp. 51-123, 2017.
49 Note que isso criaria um mercado altamente líquido para os refinanciamentos de casa própria.
50 Uma equipe de pesquisadores coordenada por Nikhil Naik já está usando análise de imagens em avaliações automatizadas de imóveis, de modo que essa ideia não é tão ilusória quanto poderia parecer à primeira vista.
51 George A. Akerlof, "The Market for 'Lemons': Quality, Uncertainty and the Market Mechanism". *Quarterly Journal of Economics*, v. 84, n. 3, pp. 488-500, 1970; Michael Spence, "Job Market Signaling". *Quarterly Journal of Economics*, v. 87, n. 3, pp. 355-74, 1973.
52 Richard Thaler, "Toward a Positive Theory of Consumer Choice". *Economics, Behavior, and Organizations*, v. 1, n. 1, pp. 39-60, 1980.
53 John A. List, "Neoclassical Theory versus Prospect Theory: Evidence from the Marketplace". *Econometrica*, v. 72, n. 2, pp. 615-25, 2004; Coren L. Apicella, Eduardo M.

Azevedo, Nicholas A. Christakis e James H. Fowler, "Evolutionary Origins of the Endowment Effect: Evidence from Hunter-Gatherers". *American Economic Review*, v. 104, n. 6, pp. 1793-805, 2014.

54 Para um exame dos vários efeitos negativos de uma economia baseada em dívidas, sobretudo do ponto de vista macroeconômico, ver Atif Mian e Amir Suf, *House of Debt: How They (and You) Caused the Great Recession and How We Can Stop It from Happening Again*. Chicago: University of Chicago Press, 2014.

55 J. R. Hicks, "Annual Survey of Economic Theory: The Theory of Monopoly". *Econometrica*, v. 3, n. 1, p. 8, 1935.

56 Weyl e Zhang, *Depreciating Licenses*, op. cit.

57 Chad Syverson, "What Determines Productivity?". *Journal of Economic Literature*, v. 49, n. 2, pp. 326-65, 2011.

58 Milgrom, *Putting Auction Theory to Work*, op. cit.

59 Paul Milgrom, E. Glen Weyl e Anthony Lee Zhang, "Redesigning Spectrum Licenses". *Regulation*, v. 40, n. 3, 2017.

60 Jacqueline D. Lipton, "Beyond Cybersquatting: Taking Domain Name Disputes Past Trademark Policy". *Wake Forest Law Review*, v. 40, n. 4, pp. 1361-77, 2005.

61 Hope King, "Owner of ClintonKaine.com wants $90,000". *CNN Money*, 27 jul. 2016. Disponível em: <http://money.cnn.com/2016/07/27/technology/clinton-kaine-website/index.html>. Acesso em: 16 set. 2018.

62 Lauren Cohen, Umit G. Gurun e Scott Duke Kominers, "The Growing Problem of Patent Trolling", *Science*, n. 352, pp. 521-2, 2016.

63 É cada vez mais usual referir-se a esse crédito reembolsável universal como "renda mínima universal" (ou UBI, na sigla em inglês). Objetamos a essa designação porque as descrições da UBI costumam vinculá-la a uma ideia de renda necessária para uma vida razoável, o que consideramos mal definida e que, de todo modo, não é o objetivo de nossa proposta. Nosso dividendo social seria proporcional à riqueza total autoavaliada de um país, e não a alguma noção a respeito de necessidades básicas.

64 David P. Hariton, "Sorting Out the Tangle of Economic Substance", *Tax Lawyer*, n. 52, pp. 235-73, 1999; David A. Weisbach, *Ten Truths about Tax Shelters* (Programa John M. Olin de Direito e Economia, documento de trabalho n. 122, 2001).

65 Note que o principal nominal não cai; o que cai é o valor das reivindicações contra ele.

66 Piketty et al., *Distributional National Accounts*, op. cit.

67 Tyler Cowen, *The Complacent Class: The Self-Defeating Quest for the American Dream*. Nova York: St. Martin's Press, 2017.

68 Leaf Van Boven e Tomas Gilovich, "To Do or to Have? That Is the Question". *Journal of Personality and Social Psychology*, v. 85, n. 6, pp. 1193-202, 2003.

69 Os defensores mais recentes dessa concepção são, por exemplo, Robert H. Frank, *Choosing the Right Pond: Human Behavior and the Quest for Status* (Oxford: Oxford University Press, 1987), e Juliet B. Schor, *The Overspent America: Why We Want What We Don't Need* (Nova York: Harper Perennial, 1999).

70 Saumitra Jha, "Financial Asset Holdings and Political Attitudes: Evidence from Revolutionary England". *Quarterly Journal of Economics*, v. 130, n. 3, pp. 1485-545, 2015; Kaustia, Samuli Knüpfer e Sami Torstila, "Stock Ownership and Political Behavior: Evidence from Demutualizations". *Management Science*, v. 62, n. 4, pp. 945-63, 2015.

71 Francis Fukuyama, *Trust*. Nova York: Free Press, 1995 [ed. bras.: *Confiança*. Trad. de

Alberto Lopes. Rio de Janeiro: Rocco, 1996]; Paola Sapienza, Anna Toldra Simats e Luigi Zingales, "Understanding Trust". *Economic Journal*, v. 123, n. 12, pp. 1313-32, 2013.

2. DEMOCRACIA RADICAL: UM MERCADO DE CONCILIAÇÕES PARA NOSSA VIDA EM COMUM [pp. 97-140]

1 Mogens Herman Hansen, *The Athenian Democracy in the Age of Demosthenes: Structure, Principles, and Ideology*. Trad. de J. A. Crook. Oxford: Basil Blackwell, 1999, p. 6.
2 Xenofonte, *Hellenica*. Trad. de Carlton Brownson. 1921, livro 1, cap. 7, §§ 1-35; Hansen, *Athenian Democracy*, op. cit.
3 Andrew Lintott, *The Constitution of the Roman Republic*. Oxford: Oxford University Press, 1999.
4 Ver Goronwy Edwards, "Presidential Address, The Emergence of Majority Rule in the Procedure of the House of Commons". *Transactions of the Royal Historical Society*, v. 15, pp. 165-88, 1965.
5 John Gilbert Heinberg, "Theories of Majority Rule". *American Political Science Review*, v. 26, n. 3, p. 456, 1932.
6 Melissa Schwartzberg, *Counting the Many: The Origins and Limits of Supermajority Rule*. Cambridge: Cambridge University Press, 2013, pp. 52-8; Heinberg, "Theories of Majority Rule", op. cit., p. 456.
7 Thomas Hobbes, *Leviathan* [1651]. Londres: Penguin Classics, 1986. [Ed. bras.: *Leviatã*. Trad. de João Paulo Monteiro e Maria Beatriz Nizza da Silva. São Paulo: Martins Fontes, 2003.]
8 Declaração de Independência dos Estados Unidos, 1776, § 3.
9 James Madison, *The Federalist*, n. 51, 323. Org. de Clinton Rossiter, 1961.
10 Constituição dos Estados Unidos, artigo II, § 2.
11 Ibid., artigo I, § 7.
12 Ibid., artigo V.
13 Ver Robert A. Dahl, *How Democratic Is the American Constitution?*. 2. ed. New Haven: Yale University Press, 2003, pp. 12-8.
14 De fato, muitos advogados de grupos minoritários penalizados por essas leis reconheceram os limites da legitimidade de tal intervenção judicial e reivindicaram que se deve dar maior voz aos atingidos diretamente na votação de questões criminais. William J. Stuntz, *The Collapse of American Criminal Justice*. Cambridge, MA: Harvard University Press, 2011; Lisa L. Miller, *The Perils of Federalism: Race, Poverty, and the Politics of Crime Control*. Oxford: Oxford University Press, 2010.
15 O filósofo e matemático espanhol Ramon Llull antecipara no século XIII muitas das ideias futuras de Condorcet, mas seus manuscritos ficaram perdidos daquela época até o começo do novo milênio, e assim foi mínima sua influência no desenvolvimento posterior dos conceitos de votação.
16 Kenneth Arrow, *Social Choice and Individual Values* [1951]. New Haven: Yale University Press, 1970.
17 Prova disso é, por exemplo, a frequente citação desse teorema numa recente pesquisa de economistas perguntando se existe algum sistema perfeito de votação. Fórum da IGM, *Primary Voting*, 7 mar. 2016. Disponível em: <http://www.igmchicago.

org/surveys/primary-voting>. Acesso em: 16 set. 2018. No entanto, essa ideia é um pouco enganosa. O Teorema de Arrow também se aplica a alocações de mercado e, inversamente, os resultados positivos sobre os mercados também se aplicam a decisões coletivas (por causa da votação quadrática). As falhas de decisões coletivas concernentes aos mercados de bens privados se referem a traços mais específicos das instituições existentes (a que voltaremos mais adiante), e não a essas possibilidades amplas abrangidas pelo Teorema de Arrow.

18 "Sur les assemblées provinciales", em *Œuvres de Condorcet*, pp. 8:214-6, 268-71; "Ésquisse", em *Œuvres de Condorcet*, pp. 6:176-7.

19 Ver Gary W. Cox, *Making Votes Count: Strategic Coordination in the World's Electoral Systems*. Cambridge: Cambridge University Press, 1997.

20 Essa famosíssima patologia da votação estratégica é conhecida como lei de Duverger. Ver Maurice Duverger, *Political Parties: Their Organization and Activity in Modern States*. Nova York: Wiley, 1954. [Ed. bras.: *Os partidos políticos*. Trad. de Cristiano Monteiro Oiticica. Rio de Janeiro: Zahar, 1970.]

21 Richard J. Evans, *The Coming of the Third Reich*. Londres: Penguin, 2004. [Ed. bras.: *O Terceiro Reich no poder*. Trad. de Lúcia Brito. São Paulo: Planeta, 2011.]

22 Ivan Ermakof, *Ruling Oneself Out: A Theory of Collective Abdications*. Durham: Duke University Press, 2008.

23 Ver Richard D. McKelvey, "Intransitivities in Multidimensional Voting Models and Some Implications for Agenda Control". *Journal of Economic Theory*, v. 12, n. 3, pp. 472-82, 1976.

24 Martin Niemöller, "First They Came" (c. 1945). American Holocaust Memorial Museum. Disponível em: <https://www.ushmm.org/wlc/en/article.php?ModuleId=10007392>. Acesso em: 16 set. 2018.

25 Élie Halévy, *A History of the English People in the Nineteenth Century: The Triumph of Reform: 1830–1841*. Trad. de E. I. Watkin. Nova York: Barnes & Noble, 1961.

26 Jeremy Bentham, "Article on Utilitarianism". Em *The Collected Works of Jeremy Bentham: Deontology Together with a Table of the Springs of Action and Article on Utilitarianism* [1829]. Org. Amnon Goldworth. Oxford: Oxford University Press, 1983.

27 John Stuart Mill, *Considerations on Representative Government*. Londres: Parker, Son, and Bourn, 1861. [Ed. bras.: *Considerações sobre o governo representativo*. Trad. de Denise Bottmann. Porto Alegre: L&PM, 2017.]

28 Paul A. Samuelson, "The Pure Theory of Public Expenditure". *Review of Economics and Statistics*, v. 34, n. 4, pp. 387-9, 1954.

29 Mancur Olson, *The Logic of Collective Action: Public Goods and the Theory of Groups*. Cambridge, MA: Harvard University Press, 1971. [Ed. bras.: *A lógica da ação coletiva*. Trad. de Fábio Fernandez. São Paulo: Edusp, 1999.]

30 Ver William Vickrey, "Counterspeculation, Auctions and Competitive Sealed Tenders". *Journal of Finance*, v. 16, n. 1, pp. 8-37, 1961; William Vickrey, "Automobile Accidents, Tort Law, Externalities, and Insurance: An Economist's Critique". *Law and Contemporary Problems*, v. 33, pp. 464-87, 1968.

31 Ver Edward H. Clarke, "Multipart Pricing of Public Goods". *Public Choice*, v. 11, n. 1, pp. 17-33, 1971; Theodore Groves, "Incentives in Teams". *Econometrica*, v. 41, n. 4, pp. 617-31, 1973.

32 Theodore Groves e John Ledyard, "Optimal Allocation of Public Goods: A Solution to

the 'Free Rider' Problem". *Econometrica*, v. 45, n. 4, pp. 783-809, 1977; Aanund Hylland e Richard Zeckhauser, *A Mechanism for Selecting Public Goods When Preferences Must Be Elicited*. Cambridge, MA: Escola de Governo Kennedy, Universidade Harvard, documento para discussão n. 51, 1980.

33 Para uma exposição mais detalhada dessa análise gráfica, ver Nicolaus Tideman e Florenz Plassmann, "Efficient Bilateral Taxation of Externalities". *Public Choice*, v. 172, pp. 109-30, 2017.

34 Os economistas Jacob Goeree e Jingjing Zhang descobriram em separado uma versão mais específica da ideia, poucos meses depois que Weyl disponibilizou a primeira versão de seu trabalho on-line, "Quadratic Voting Buying", em 2012. O artigo deles foi publicado em 2017: Jacob Goeree e Jingjing Zhang, "One Man, One Bid". *Games & Economic Behavior*, v. 101, pp. 151-71, 2017.

35 Este é um resultado do exemplo numérico isolado, e não uma característica do modelo. O votante ganha o benefício marginal de dar um voto vezes o número de votos dados (MB * v), e paga o quadrado do número de votos dados (v^2), estabelecendo o benefício marginal igual ao custo marginal, v* = MB/2. Assim, o número de votos dados por um votante será proporcional a seu benefício marginal. Tem-se esse resultado porque a derivada de uma relação quadrática é linear.

36 As análises matemáticas feitas por Weyl e coautores sugerem que essa "chance de ser pivotal" será similar num amplo leque de circunstâncias entre grande número de indivíduos, sobretudo quando são muitos votantes, o que indica que a aproximação é bastante exata. Na verdade, depois de examinar uma grande variedade de casos, essas análises não encontraram um único exemplo em que a VQ perdesse mais do que 5% do bem-estar potencial; o voto per capita pode facilmente perder em 100% dos casos em que a maioria impõe seus interesses fracos sobre uma minoria de interesses muito fortes. Isso não significa que a VQ seja perfeita, não mais do que os mercados de concorrência imperfeita que nosso capítulo anterior tentou mostrar. Futuros inovadores certamente refinarão mais a VQ, assim como tentamos refinar os mercados capitalistas no capítulo anterior. Mesmo assim, a VQ constitui um grande passo rumo a mercados funcionais de decisões coletivas. Ver Steven P. Lalley e E. Glen Weyl, "Quadratic Voting: How Mechanism Design Can Radicalize Democracy". *American Economic Association Papers and Proceedings*, v. 108, pp. 33-7, 2018; Steven P. Lalley e E. Glen Weyl, *Nash Equilibria for Quadratic Voting*, 2017, Disponível em: <https://arxiv.org/abs/1409.0264>; Bharat K. Chandar e E. Glen Weyl, *Quadratic Voting in Finite Populations*, 21 maio 2017. Disponível em: <https://ssrn.com/abstract=2571026>; E. Glen Weyl, "The Robustness of Quadratic Voting". *Public Choice*, v. 172, pp. 75-107, 2017.

37 Louis Kaplow e Scott Duke Kominers, "Who Will Vote Quadratically? Voter Turnout and Votes Cast Under Quadratic Voting". *Public Choice*, v. 172, n. 1, pp. 125-49, 2017.

38 E. Glen Weyl, "The Robustness of Quadratic Voting", op. cit.

39 Há sutilezas importantes na definição do conceito de voz igual, porque a definição das questões abertas à votação e seu custo relativo podem trazer vantagens ou desvantagens para alguns cidadãos. Ver Daniel Benjamin, Ori Hefetz, Miles Kimball e Derek Lougee, "The Relationship Between the Normalized Gradient Addition Mechanism and Quadratic Voting". *Public Choice*, v. 172, pp. 233-63, 2017. Estamos colaborando com vários outros estudiosos para examinar essas questões em maior profundidade.

40 Filósofos como Ronald Dworkin têm sustentado que o modelo idealmente justo de distribuição de recursos é um equilíbrio competitivo, partindo de uma posição de rendas iguais. Ver, por exemplo, Ronald Dworkin, "What Is Equality? Part II: Equality of Resources". *Philosophy & Public Affairs*, v. 10, pp. 283-345, 1981; id., *Sovereign Virtue: The Theory and Practice of Equality*. Cambridge, MA: Harvard University Press, 2000. [Ed. bras.: *A virtude soberana: A teoria e a prática da igualdade*. Trad. de Jussara Simões. São Paulo: Martins Fontes, 2001.]

41 Rensis Likert, "A Technique for the Measurement of Attitudes", in *Archives of Philosophy*. Org. R. S. Woodworth. 1932, n. 140, pp. 5-55.

42 Sendhil Mullainathan e Eldar Shafir, *Scarcity: The New Science of Having Less and How It Defines Our Lives*. Londres: Picador, 2014.

43 David Quarfoot, Douglas von Kohorn, Kevin Slavin, Rory Sutherland, David Goldstein e Ellen Konar, "Quadratic Voting in the Wild: Real People, Real Votes". *Public Choice*, v. 172, pp. 283-303, 2017.

44 Há ainda uma anomalia na distribuição da VQ: duma queda em zero. Isso resulta de um ponto fraco no programa weDesign: permitimos apenas votos "inteiros" sobre as questões. Isso pode impossibilitar que você vote um pouco mais em algo de seu grande interesse depois de já ter votado várias vezes na questão, pois podem ter restado apenas poucos créditos. Muitos participantes se envolvem tanto que querem gastar todos os seus créditos, e assim acabam usando os poucos restantes em outras questões para as quais, em circunstâncias diferentes, teriam dado de zero a um em qualquer lado. Embora isso patenteie ainda melhor o envolvimento do participante, esperamos corrigir esse "bug" com a iteração do programa.

45 Alisha Holland, *Square Miles: The Spatial Politics of Mass Infrastructure*, Associação Americana de Ciência Política, documento de trabalho, 2017.

46 Liran Einav, Chiara Farronato e Jonathan Levin, "Peer-to-Peer Markets". *Annual Review of Economics*, v. 8, n. 1, pp. 615-35, 2016.

47 Chris Nosko e Steven Tadelis, *The Limits of Reputation in Platform Markets: An Empirical Analysis and Field Experiment*. NBER Working Paper n. 20 830, 2015.

48 Andrew Quentson, *Can Ethereum-Based Akasha Revolutionize Social Networks? Cryptocoins News*, 9 jan. 2017. Disponível em: <https://www.cryptocoinsnews.com/can-ethereum-based-akasha-revolutionize-social-networks/>. Acesso em: 16 set. 2018.

49 Para mais elementos sobre a aplicação à governança corporativa, ver Eric A. Posner e E. Glen Weyl, "Quadratic Voting as Efficient Corporate Governance". *University of Chicago Law Review*, v. 81, pp. 251-72, 2014.

50 Para um desenvolvimento mais detalhado dessas ideias, ver Eric A. Posner e E. Glen Weyl, "Voting Squared: Quadratic Voting in Democratic Politics". *Vanderbilt Law Review*, v. 68, pp. 441-99, 2015; Eric A. Posner e Nicholas Stephanopoulos, "Quadratic Election Law". *Public Choice*, v. 172, pp. 265-82, 2017.

51 Note que existem sistemas um pouco mais próximos do voto per capita que também evitam isso, tal como a regra imaginada por Condorcet, o sistema de votação por aprovação proposto por Steven Brams no final dos anos 1970 e o sistema de "votação por abrangência" de Warren Smith. Ver Steven J. Brams e Peter C. Fishburn, *Approval Voting*. 2. ed. Basileia: Birkhäuser, 2007; Warren D. Smith, *Range Voting*. Manuscrito inédito, 28 nov. 2000. Disponível em: <http://rangevoting.org/WarrenSmithPages/homepage/rangevote.pdf>. Acesso em: 16 set. 2018. Infelizmente, esses sistemas

não têm os outros benefícios da VQ e em particular instituem a regra da maioria em plebiscitos e referendos binários.

52 Em trabalho conjunto com as cientistas de computação Nicole Immorlica e Katrina Ligett, um de nós está trabalhando para provar formalmente que essa lógica implica, em condições razoáveis, que a VQ sempre levará à eleição do candidato que alcança a plena felicidade do maior número de pessoas, como já apresentado.

53 Michel Balinski e Rida Laraki, *Majority Judgment vs Majority Rule*, documento de trabalho (2016). Tomamos uma pesquisa com base no método Likert apresentada por eles e consideramos que cada ponto na escala correspondia a um número de votos. Isso provavelmente subestima a força do resultado com a VQ, em vista do problema dos extremos que vimos no capítulo 2. Nesse método, Kasich é o único candidato com uma pontuação líquida positiva (0,12), seguido por Sanders (−0,11), Cruz (−0,22), Clinton (−0,32) e Trump (−0,69).

54 Daron Acemoglu, Suresh Naidu, Pascual Restrepo e James A. Robinson, "Democracy Does Cause Growth", *Journal of Political Economy* (no prelo).

55 A VQ também oferece a possibilidade de ajudar a romper o duplo grilhão do "politicamente correto" e a causticidade gratuita on-line, oferecendo uma maneira rica e preciosa, porém anônima, para que os cidadãos expressem suas convicções políticas.

56 John Kenneth Galbraith, *The Affluent Society*. Boston: Mariner Books, 1958, p. 187. [Ed. bras.: *A sociedade afluente*. Trad. de Carlos Afonso Malferrari. São Paulo: Pioneira, 1987.]

3. UNINDO OS TRABALHADORES DO MUNDO: REEQUILIBRANDO A ORDEM INTERNACIONAL EM FAVOR DA FORÇA DE TRABALHO [pp. 141-78]

1 Para uma excelente história do comércio no longo prazo, ver William J. Bernstein, *A Splendid Exchange: How Trade Shaped the World*. Nova York: Grove Press, 2009. [Ed. bras.: *Uma mudança extraordinária: Como o comércio revolucionou o mundo*. Trad. de Patrícia Sá. Rio de Janeiro: Campus, 2009.]

2 Edgar S. Furniss, *The Position of the Laborer in a System of Nationalism. A Study in the Labor Theories of the Late English Mercantilists*. Boston: Houghton Mifflin, 1920.

3 Tivemos proveitosas conversas com Michael Clemens, que dividiu conosco alguns aspectos de sua pesquisa inédita. Ver Michael Clemens, "Economics and Emigration: Trillion Dollar Bills on the Sidewalk?". *Journal of Economic Perspectives*, v. 25, n. 3, pp. 83-106, 2011.

4 Barry Baysinger, Robert B. Eckelund Jr. e Robert D. Tollison, "Mercantilism as a Rent-Seeking Society". Em Roger D. Congleton, Arye L. Hillman e Kai A. Konrad (Orgs.), *40 Years of Research on Rent-Seeking 2: Applications: Rent-Seeking in Practice*. Nova York: Springer, 2008.

5 Furniss, *Position of the Laborer in a System of Nationalism*, op. cit.

6 François Bourguignon e Christian Morrisson, "Inequality Among World Citizens: 1820-1992". *American Economic Review*, v. 92, n. 4, pp. 727-44, 2002.

7 Tecnicamente, essa medida é apenas uma aproximação, pois a medição efetiva usa de forma contínua aumentos percentuais compostos, de modo que essa interpretação só é precisa para mudanças relativamente modestas. A medida formal é a dife-

rença entre o logaritmo natural da renda média e o valor médio do logaritmo natural da renda.

8 Como o desvio logarítmico médio usa composição contínua, esse cálculo não é muito preciso. Nesse caso, o desvio logarítmico médio é, na verdade, de 2,76 pontos logarítmicos. Para mudanças menos acentuadas na renda, porém, essa aproximação é uma boa maneira de pensar a que corresponde o desvio logarítmico médio.

9 Para uma boa visão geral, ver Branko Milanovic, *Global Inequality: A New Approach for the Age of Globalization*. Cambridge, MA: Belknap Press, 2016.

10 Richard J. Evans, *The Pursuit of Power: Europe 1815-1914*. Londres: Penguin, 2016.

11 Carta de Karl Marx a Sigfrid Meyer e August Vogt, 9 abr. 1870.

12 Matthew Annis, *Henry George, John Stuart Mill, and Solving the "Knotty Labor Question"*, 26 out. 2011. Disponível em: <https://thechinesequestion.wordpress.com/tag/john-stuart-mill/>. Acesso em: 16 set. 2018; Edward Alsworth Ross, *The Old World in the New*. Nova York: Century Company, 1914.

13 Migration Policy Institute, *U.S. Immigrant Population and Share over Time, 1850-Present*. Disponível em: <http://www.migrationpolicy.org/programs/data-hub/charts/immigrant-population-over-time>. Acesso em: 16 set. 2018.

14 Steven Best, *The Global Industrial Complex: Systems of Domination*. Minneapolis: Lexington Books, 2011, p. ix.

15 Niels Boel, "Eduardo Galeano: The Open Veins of McWorld". *UNESCO Courier*, v. 54, p. 4, 2001.

16 Pierre-Olivier Gourinchas e Olivier Jeanne, "The Elusive Gains from International Financial Integration". *Review of Economic Studies*, v. 73, pp. 715-41, 2006.

17 Jonathan D. Ostry, Prakash Loungani e Davide Furceri, "Neoliberalism: Oversold?". *IMF Finance and Development*, v. 53, n. 2, pp. 38-41, 2016.

18 John Gibson e David McKenzie, "Eight Questions about Brain Drain". *Journal of Economic Perspectives*, v. 25, pp. 107-28, 2011; Frédéric Docquier e Hillel Rapoport, "Globalization, Brain Drain, and Development". *Journal of Economic Literature*, v. 50, n. 3, pp. 681-730, 2012.

19 É claro que esses cálculos são extremamente simplificados e desconsideram muitos fatores, como as mudanças nos salários dos migrantes causadas por uma migração em escala tão grande. No entanto, os mais rigorosos estudos feitos por economistas apontam de modo quase uniforme que os ganhos para o bem-estar global decorrentes de uma plena liberalização da migração variariam de 50% a 150%, de modo que os ganhos de 20% são, na verdade, muito modestos pelos critérios da bibliografia existente. Ver Clemens, *Economics and Emigration*, op. cit.

20 Wolfgang F. Stolper e Paul A. Samuelson, "Protection and Real Wages". *Review of Economic Studies*, v. 9, n. 1, pp. 58-73, 1941.

21 George J. Borjas, "The Labor Demand Curve Is Downward Sloping: Reexamining the Impact of Immigration on the Labor Market". *Quarterly Journal of Economics*, v. 118, n. 4, pp. 1335-74, 2003.

22 George J. Borjas, *Issues in the Economics of Immigration*. New Haven: Princeton University Press, 2001.

23 David Card, "Is the New Immigration Really So Bad?". *Economic Journal*, v. 115, F300-F323, 2005; Gianmarco I. P. Ottaviano e Giovanni Peri, "Rethinking the Effect of Migration on Wages". *Journal of the European Economic Association*, v. 10, n. 1, pp. 152-97, 2012.

24 Academia Nacional de Ciências, Engenharia e Medicina, *The Economic and Fiscal Consequences of Immigration*. Washington DC: National Academies Press, 2016.
25 Dane Stangler e Jason Wiens, *The Economic Case for Welcoming Immigrant Entrepreneurs*, 2015. Disponível em: <http://www.kaufman.org/what-we-do/resources/entrepreneurship-policy-digest/the-economic-case-for-welcoming-immigrant-entrepreneurs>. Acesso em: 16 set. 2018.
26 Academia Nacional, *Economic and Fiscal Consequences of Immigration*, op. cit.
27 Christian Dustmann e Tommaso Frattini, "The Fiscal Effects of Immigration to the UK", 2014. *Economic Journal*, v. 24, F565, 2016.
28 Joel S. Fetzer, *Public Attitudes Toward Immigration in the United States, France and Germany*. Cambridge: Cambridge University Press, 2000.
29 Para um estudo sistemático da não aplicação de leis como instrumento político, ver Alisha Holland, *Forbearance as Redistribution: The Politics of Informal Welfare in Latin America*. Cambridge: Cambridge University Press, 2017.
30 Gary S. Becker, *The Challenge of Immigration: A Radical Solution*. Londres: Institute of Economic Affairs, 2011.
31 Para uma retrospectiva, ver "Immigration Systems: What's the Point?". *The Economist*, 7 jul. 2016.
32 Alguns estudos, baseados em episódios específicos, de fato registram casos de abuso, mas o problema é que os programas existentes não são estruturados como programas de trabalhador hóspede. Ver Janie A. Chuang, "The U.S. Au Pair Program: Labor Exploitation and the Myth of Cultural Exchange". *Harvard Journal of Law and Gender*, v. 36, n. 2, pp. 269-344, 2013; Daniel Costa, *Guestworker Diplomacy*. Instituto de Política Econômica, informe n. 317, 14 jul. 2011. Disponível em: <http://www.epi.org/fles/2011/BriefingPaper317.pdf>. Acesso em: 16 set. 2018. Em vez disso, são estruturados como programas de intercâmbio cultural, manipulados pelos empregadores e instituições intermediárias privadas que providenciam a migração. O abuso nasce desse desencontro: um programa de trabalhador hóspede devidamente estruturado teria mais proteções.
33 E. Glen Weyl, "The Openness-Equality Trade-Of in Global Redistribution". *Economic Journal*, v. 128, n. 612, pp. F1-F36, 2018. Disponível em: <https://papers.ssrn.com/sol3/papers.cfm?abstract_id=2755304>. Acesso em: 16 set. 2018. O restante do material nesta seção se baseia em resultados empíricos desse artigo.
34 Michael Clemens, *The Walls of Nations*. Nova York: Columbia University Press (no prelo).
35 Douglas S. Massey, Jorge Durand e Nolan J. Malone, *Beyond Smoke and Mirrors: Mexican Immigration in an Era of Economic Integration*. Nova York: Russell Sage Foundation, 2002.

4. DESMEMBRANDO O POLVO: RUMO A UM MERCADO RADICAL NO CONTROLE CORPORATIVO [pp. 179-213]

1 Aristóteles, *Aristotle's Politics*. Org. e trad. de Carnes Lord. 2. ed. Chicago: University of Chicago Press, 2013. [Ed. bras.: *Política*. Trad. de Mário da Gama Kury. Brasília: Editora da UnB, 1985.]

2   Claude Menard, "Three Forms of Resistance to Statistics: Say, Cournot, Walras". *History of Political Economy*, v. 12, n. 4, pp. 524-41, 1980.
3   Léon Walras, *Studies in Social Economics*. 2. ed. Trad. de Jan van Daal e Donald A. Walker. Nova York: Routledge, 2010, p. 157.
4   Constituição dos Estados Unidos, artigo 15, §§ 1-7 (1890).
5   Ransom E. Noble Jr., "Henry George and the Progressive Movement". *American Journal of Economics & Society*, v. 8, n. 3, pp. 259-69, 1949.
6   Renato Crillo, "Léon Walras and Social Justice". *American Journal of Economics & Society*, v. 43, n. 1, pp. 53-60, 1984.
7   *Standard Oil Co. of N.J. v. United States*, 221 U.S. 1, 1911.
8   Para uma breve história, ver William E. Kovacic e Carl Shapiro, "Antitrust Policy: A Century of Economic and Legal Thinking". *Journal of Economic Perspectives*, v. 12, n. 1, pp. 43-60, 2000.
9   Einer Elhauge, "Horizontal Shareholding". *Harvard Law Review*, v. 109, pp. 1267-78, 2016.
10 Lewis Carroll, *Through the Looking-Glass*. Filadélfia: Henry Altemus, 1897, p. 50. [Ed. bras.: *Alice através do espelho*. Trad. de Jorge Furtado e Liziane Kugland. São Paulo: Companhia das Letrinhas, 2017.]
11 Constituição dos Estados Unidos, artigo 15, § 18 (emendada em 1950).
12 David Gerber, *Law and Competition in Twentieth-Century Europe: Protecting Prometheus*. Clarendon Press, 2001.
13 Para a história, ver Peter L. Bernstein, *Capital Ideas: The Improbable Origins of Modern Wall Street*. Hoboken: Wiley, 1992.
14 Uma formulação clássica dessa teoria pode ser vista em Burton G. Malkiel, *A Random Walk Down Wall Street: The Time-Tested Strategy for Successful Investing*. 10. ed. Nova York: W. W. Norton e Company, 2012.
15 Robert J. Shiller, *Irrational Exuberance*. 3. ed. New Haven: Princeton University Press, 2015.
16 Quanto a 2010, os investidores institucionais detinham um estoque de capital no valor de 11,5 trilhões de dólares. No mesmo ano, os fundos indexados detinham cerca de 1,4 trilhão de dólares. Marshall E. Blume e Donald B. Keim, *Institutional Investors and Stock Market Liquidity: Trends and Relationships*. Filadélfia: Escola Wharton, Universidade da Pensilvânia, documento de trabalho, p. 5, 2012. Disponível em: <http://fnance.wharton.upenn.edu/~keim/research/ChangingInstitutionPreferences_21Aug2012.pdf>. Acesso em: 16 set. 2018.
17 *Business Insider's Global Macro Monitor*, Q3 2012. Disponível em: <http://www.businessinsider.com/who-owns-the-us-equity-market-2013-1>. Acesso em: 16 set. 2018.
18 Joseph A. McCahery, Zacharias Sautner e Laura T. Starks, "Behind the Scenes: The Corporate Governance Preferences of Institutional Investors". *Journal of Finance*, v. 71, n. 6, pp. 2905-32, 2016.
19 *OECD Institutional Investor Statistics*, 2008-15. Para uma discussão mais detalhada das questões na Europa, ver também José Azar e Martin C. Schmalz, "Common Ownership of Competitors Raises Antitrust Concerns". *Journal of European Competition Law & Practice*, v. 8, n. 5, pp. 329-32, 2017.
20 Essa concepção era amplamente generalizada nos anos 1990. Ver, por exemplo, Bernard S. Black, "Agents Watching Agents: The Promise of Institutional Investor

Voice". *UCLA Law Review*, v. 39, pp. 811-93, 1992; Mark J. Roe, "A Political Theory of American Corporate Finance". *Columbia Law Review*, v. 91, n. 1, pp. 10-67, 1991. Para algumas críticas iniciais, ver Edward B. Rock, "The Logic and (Uncertain) Significance of Institutional Shareholder Activism". *Georgetown Law Journal*, v. 79, pp. 445-506, 1991; John C. Cofee Jr., "The SEC and the Institutional Investor: A Half-Time Report". *Cardozo Law Review*, v. 15, n. 4, pp. 837-908, 1994.

21 Em José Azar, Sahil Raina e Martin C. Schmalz, *Ultimate Ownership and Bank Competition*. Manuscrito inédito, 23 jul. 2016. Disponível em: <https://papers.ssrn.com/sol3/papers.cfm?abstract_id=2710252>. Acesso em: 16 set. 2018.

22 Jan Fichtner, Eelke M. Heemskerk e Javier Garcia-Bernardo, "Hidden Power of the Big Three? Passive Index Funds, Re-Concentration of Corporate Ownership, and New Financial Risk", *Business and Politics*, v. 19, n. 2, pp. 298-326, 2017; José Azar, *Portfolio Diversification, Market Power, and the Theory of the Firm* (Escola de Administração IESE, Working Paper n. 1170-E, 2017). Disponível em: <https://papers.ssrn.com/sol3/papers.cfm?abstract_id=2811221>.

23 Jie He e Jiekun Huang, "Product Market Competition in a World of Cross-Ownership: Evidence from Institutional Blockholdings". *Review of Financial Studies*, v. 30, pp. 2674-718, 2017.

24 Azar escreveu sobre essas questões primeiro em sua tese de doutorado, em 2012. Ver José Azar, *A New Look at Oligopoly: Implicit Collusion Through Portfolio Diversification*. Tese de doutorado, Universidade de Princeton, maio 2012. Disponível em: <http://www.princeton.edu/~smorris/pdfs/PhD/Azar.pdf>. Acesso em: 16 set. 2018. Desde então, ele converteu a tese em vários artigos, inclusive José Azar, *Portfolio Diversification, Market Power, and the Theory of the Firm*. Barcelona: Escola de Administração IESE, Working Paper n. 1170-E, 2017. Disponível em: <https://papers.ssrn.com/sol3/papers.cfm?abstract_id=2811221>. Acesso em: 16 set. 2018; e seu trabalho conjunto citado nas notas 21 e 31.

25 Amplamente baseado na autoridade legal da seção 7 da Lei Clayton, Constituição dos Estados Unidos, artigo 15, § 18, 1996.

26 Ver U.S. Department of Justice e Federal Trade Commission, *Horizontal Merger Guidelines*, 2010. Disponível em: <https://www.fc.gov/sites/default/fles/attachments/merger-review/100819hmg.pdf>. Acesso em: 16 set. 2018; Sonia Jaffe e E. Glen Weyl, "The First-Order Approach to Merger Analysis". *American Economic Journal: Microeconomics*, v. 8, pp. 188-218, 2013.

27 Germán Guitérrez e Thomas Philippon, *Investment-less Growth: An Empirical Investigation*. NBER Working Paper n. 22 897, 2016. Além disso, Schmalz relata uma conversa com um administrador de fundos, na qual ele admitiu que não diz às empresas de sua carteira para concorrerem mais vigorosamente contra outras de sua carteira, visto que a fatia de mercado é soma zero. Martin Schmalz, *Anti-competitive Effects of Common Ownership*. Apresentação na Faculdade de Direito de Columbia, Nova York, 3 nov. 2016.

28 Miguel Antón, Florian Ederer, Mireia Giné e Martin C. Schmalz, *Common Ownership, Competition, and Top Management Incentives*. Escola de Administração Ross, Working Paper n. 1328, 2017.

29 Martin C. Schmalz, "One Big Reason There's So Little Competition Among U.S. Banks". *Harvard Business Review*, 13 jun. 2016. Disponível em: <https://hbr.org/

2016/06/one-big-reason-theres-so-little-competition-among-u-s-banks>. Acesso em: 16 set. 2018.
30 Os sociólogos empresariais se referem a essa mudança como modelo de negócios "pós-fordista" ou "dominada pelo mercado financeiro". Para uma apresentação da história inicial dessa mudança, ver William Lazonick e Mary O'Sullivan, "Maximizing Shareholder Value: A New Ideology for Corporate Governance". *Economics & Society*, v. 29, n. 1, pp. 13-35, 2000. Para uma atualização, ver também Engelbert Stockhammer, "Some Stylized Facts on the Finance-Dominated Accumulation Regime". *Competition & Change*, v. 12, n. 2, pp. 184-202, 2008.
31 Ver José Azar, Martin C. Schmalz e Isabel Tecu, "Anti-Competitive Effects of Common Ownership". *Journal of Finance* (no prelo).
32 Azar, *Ultimate Ownership and Bank Competition*, op. cit.
33 Ver Antón et al., *Common Ownership*, op. cit.
34 David Autor, David Dorn, Lawrence F. Katz, Christina Patterson e John Van Reenen, *The Fall of the Labor Share and the Rise of Superstar Firms*. MIT, documento de trabalho, 2017. Disponível em: <https://economics.mit.edu/fles/12979>. Acesso em: 16 set. 2018. De Loecker e Eeckhout, *The Rise of Market Power*, op. cit.
35 Jacob S. Hacker e Paul Pierson, *Winner-Take-All Politics: How Washington Made the Rich Richer — And Turned Its Back on the Middle Class*. Nova York: Simon and Schuster, 2011.
36 Eric A. Posner, Fiona M. Scott Morton e E. Glen Weyl, "A Proposal to Limit the Anti-Competitive Power of Institutional Investors". *Antitrust Law Journal*, v. 81, 2017.
37 Posner et al., "A Proposal to Limit the Anti-Competitive Power of Institutional Investors", op. cit.
38 Ronald J. Gilson e Jeffrey N. Gordon, *Agency Capitalism: Further Implications of Equity Intermediation*. Nova York: Direito e Economia de Columbia, Working Paper n. 461, p. 7, 2014. Ver também Ronald J. Gilson e Jeffrey N. Gordon, "The Agency Costs of Agency Capitalism: Activist Investors and the Revaluation of Governance Rights". *Columbia Law Review*, v. 113, n. 4, pp. 863-927, 2011.
39 Neste parágrafo nosso tratamento é especulativo. O setor é complexo, fluido e pouco compreendido.
40 Ver Ali Hortacsu e Chad Syverson, "Product Differentiation, Search Costs, and Competition in the Mutual Fund Industry: A Case Study of S&P 500 Index Funds". *Quarterly Journal of Economics*, v. 119, pp. 403-56, 2004; John C. Coates IV e R. Glenn Hubbard, "Competition in the Mutual Fund Industry: Evidence and Implications for Policy". *Journal of Corporate Law*, v. 33, pp. 151-222, 2007.
41 John Y. Campbell et al., "Have Individual Stocks Become More Volatile? An Empirical Exploration of Idiosyncratic Risk". *Journal of Finance*, v. 56, n. 1., pp. 1-43, 2001.
42 Karen K. Lewis, "Why Do Stocks and Consumption Imply Such Different Gains from International Risk Sharing?". *Journal of International Economics*, v. 52, pp. 1-35, 2000.
43 Constituição dos Estados Unidos, artigo 15, § 18, 1996.
44 Ibid.
45 Supremo Tribunal dos Estados Unidos, v. 353, caso 586, 1957.
46 Ibid., v. 353, casos 586, 597-8, 1957.
47 Ver Elhauge, *Horizontal Shareholding*, op. cit.
48 Portanto, nosso argumento não depende de uma coordenação consciente entre as empresas, como sugeriram alguns leitores.

49 Elhauge, *Horizontal Shareholding*, op. cit, pp. 1305-8.
50 De fato, os investidores institucionais financiaram pelo menos uma publicação para semear dúvidas sobre a pesquisa acadêmica. Ver Daniel P. O'Brien e Keith Waehrer, *The Competitive Effects of Common Ownership: We Know Less than We Think*. 23 fev. 2017. Disponível em: <https://papers.ssrn.com/sol3/papers.cfm?abstract_id=2922677>. Acesso em: 16 set. 2018. Os autores afirmam em sua primeira nota de rodapé que receberam verba do Instituto de Empresas de Investimentos, uma associação de empresas que se dedica a lobbies e atividades correlatas.
51 Thomas Piketty, Emmanuel Saez e Gabriel Zucman, *Distributional National Accounts: Methods and Estimates for the United States*. NBER Working Paper n. 22 945, 2016.
52 Posner et al., *Proposal to Limit the Anti-Competitive Power of Institutional Investors*, op. cit.
53 Ibid.
54 Nathan Wilmers, "Wage Stagnation and Buyer Power: How Buyer-Supplier Relations Affect U. S. Worker Wages, 1978-2014". *American Sociological Review*, v. 83, pp. 213--42, 2018.
55 Matthew Desmond, *Evicted: Poverty and Profit in the American City*. Portland: Broadway Books, 2016.
56 Clayton M. Christensen, *The Innovator's Dilemma: When New Technologies Cause Great Firms to Fail*. Cambridge, MA: Harvard Business Review Press, 2016.
57 Luís Cabral, "Standing on the Shoulders of Dwarfs: Dominant Firms and Innovation Incentives", 2018. Disponível em: <http://luiscabral.net/economics/workingpapers/innovation%202018%2008.pdf>.
58 Nem Patrick Henry, nem Thomas Jefferson. Ao que parece, do abolicionista Wendell Phillips em 1853. Ver: <http://www.bartleby.com/73/1073.html>. Acesso em: 16 set. 2018.

5. DADOS COMO TRABALHO: AVALIANDO AS CONTRIBUIÇÕES INDIVIDUAIS PARA A ECONOMIA DIGITAL [pp. 215-56]

1 Jaron Lanier, *Who Owns the Future?*. Nova York: Simon & Schuster, 2013.
2 Embora o trabalho de Lanier tenha sido a inspiração direta para o nosso, os temas levantados por ele apareceram mais ou menos na mesma época em outros estudos. Ver, por exemplo, Lilly C. Irani e M. Six Silberman, "Turkopticon: Interrupting Worker Invisibility in Amazon Mechanical Turk", *CHI'13: Proceedings of the SIGCHI Conference on Human Factors in Computing Systems*. Em Trebor Scholz (Org.), *Digital Labor: The Internet as Playground and Factory*. Nova York: Routledge, 2013.
3 Imanol Arrieta-Ibarra, Leonard Gof, Diego Jiménez-Hernández, Jaron Lanier e E. Glen Weyl, "Should We Treat Data as Labor? Moving Beyond 'Free'". *American Economic Association Papers and Proceedings*, v. 1, n. 1 (no prelo).
4 Para uma tentativa artística e divertida, embora exagerada, de traçar uma relação entre o trabalho das mulheres e o trabalho com dados, ver <http://wagesforfacebook.com/>. Acesso em: 16 set. 2018. Para uma análise mais acadêmica dessa analogia, ver Kelye Jarrett, "The Relevance of 'Women's Work': Social Reproduction and Immaterial Labor in Digital Media". *Television & New Media*, v. 15, n. 1, pp. 14-29, 2014.

5   Marc Anthony Neal, *What the Music Said: Black Popular Music and Black Public Culture*. Nova York: Routledge, 1999.
6   Lanier, *Who Owns the Future?*, op. cit.
7   Julien Mailland e Kevin Driscoll, *Minitel: Welcome to the Internet*. Cambridge, MA: MIT Press, 2017.
8   Franklin Foer, *The World Without Mind: The Existential Treat of Big Tech*. Londres: Penguin, 2017.
9   Richard J. Gilbert e Michael L. Katz, "An Economist's Guide to *U.S. v. Microsoft*". *Journal of Economic Perspectives*, v. 15, n. 2, pp. 25-44, 2001.
10 Sergey Brin e Lawrence Page, "The Anatomy of a Large-Scale Hypertextual Web Search Engine". *Computer Network & ISDN Systems*, v. 30, pp. 107-17, 1998.
11 Richard Taler, "Toward a Positive Theory of Consumer Choice". *Journal of Economic Behavior & Organization*, v. 1, n. 1, pp. 39-60, 1980.
12 Chris Anderson, *Free: The Future of a Radical Price*. Nova York: Hyperion, 2009.
13 Jakob Nielsen, *The Case for Micropayments*. Nielsen Norman Group, 25 jan. 1998. Disponível em: <https://www.nngroup.com/articles/the-case-for-micropayments/>. Acesso em: 16 set. 2018.
14 Daniela Hernandez, "Facebook's Quest to Build an Artificial Brain Depends on this Guy". *Wired*, 2014. Disponível em: <https://www.wired.com/2014/08/deep-learning-yann-lecun/>. Acesso em: 16 set. 2018.
15 "Complexidade" é um termo usado com frequência no jargão acadêmico para se referir à dificuldade de um problema no pior dos casos. Muitas vezes esses limites são excessivamente "conservadores", no sentido de que exageram muito as exigências nas aplicações no mundo real. Abusando levemente da nomenclatura, usamos o termo "complexidade" para nos referirmos ao que um problema exige na prática num caso normal ou "médio", e não ao que comprovadamente exigiria no pior dos casos.
16 Disponível em: <https://news.microsoft.com/features/democratizing-ai/>.
17 Uma assinatura mensal da Netflix custa dez dólares e um assinante médio assistia a uma hora e meia por dia em 2015, segundo as estatísticas da Netflix divulgadas publicamente.
18 Foer, *World Without Mind*, op. cit.
19 Carl Benedikt Frey e Michael A. Osborne, "The Future of Employment: How Susceptible Are Jobs to Computerisation?". *Technological Forecasting & Social Change*, v. 114, pp. 254-80, 2017.
20 Daron Acemoglu e Pascual Restrepo, *Robots and Jobs: Evidence from US Labor Markets*. NBER Working Paper n. 23 285, 2017.
21 Arrieta-Ibarra et al., *Should We Treat Data as Labor?*, op. cit.
22 David Autor et al., *The Fall of the Labor Share and the Rise of Superstar Firms*. NBER Working Paper n. 23 396, 2017.
23 Julie E. Cohen, "The Biopolitical Public Domain: The Legal Construction of the Surveillance Economy", *Philosophy and Technology*, v. 31, 2017.
24 Colm Harmon, Hessel Oosterbeek e Ian Walker, "The Returns to Education: Microeconomics". *Journal of Economic Surveys*, v. 17, n. 2, pp. 115-56, 2003.
25 Ming Yin et al., "The Communication Network Within the Crowd", em *Proceedings of the 25th International Conference on World Wide Web*, 1293, 2016. Disponível em:

<https://www.microsoft.com/en-us/research/wp-content/uploads/2016/07/turker_network1.pdf>.
26 Irani e Silberman, "Turkopticon", op. cit.; Mary L. Gray e Siddharth Suri, "The Humans Working Behind the AI Curtain". *Harvard Business Review*, 9 jan. 2017.
27 Mary L. Gray e Siddharth Suri; este projeto ainda não tem título, mas sua publicação foi contratada pela Houghton Mifflin Harcourt (no prelo).
28 Annalee Newitz, "Raters of the World, Unite: The Secret Lives of Google Raters". *Ars Technica*, 27 abr. 2017. Disponível em: <https://arstechnica.com/features/2017/04/the-secret-lives-of-google-raters/>. Acesso em: 16 set. 2018.
29 Por exemplo, em 2017 desencadeou-se uma controvérsia sobre o papel do Google na demissão de um pesquisador político que criticava suas práticas empresariais.
30 Para um levantamento dessa bibliografia, ver Roland Bénabou e Jean Tirole, "Intrinsic and Extrinsic Motivation". *Review of Economic Studies*, v. 30, n. 3, pp. 489-520, 2003.
31 Sara Constance Kingsley et al., "Accounting for Market Frictions and Power Asymmetries in Online Labor Markets". *Policy & Internet*, v. 7, n. 4, pp. 383-400, 2015.
32 Arindrajit Dube, Jeff Jacobs, Suresh Naidu e Siddharth Suri, *Monopsony in Crowdsourcing Labor Markets*. Nova York: Universidade Columbia, documento de trabalho, 2017.
33 Disponível em: <https://www.nytimes.com/2016/05/06/business/facebook-bends-the-rules-of-audience-engagement-to-its-advantage.html?mcubz=0&_r=0>. Acesso em: 16 set. 2018.
34 David L. Harris, "Massachusetts Woman's Lawsuit Accuses Google of Using Free Labor to Transcribe Books, Newspapers". *Boston Business Journal*, 23 jan. 2015. Disponível em: <https://www.bizjournals.com/boston/blog/techflash/2015/01/massachusetts-womans-lawsuit-accuses-google-of.html>. Acesso em: 16 set. 2018.
35 Para uma visão geral dessa pesquisa, ver Adam Alter, *Irresistible: The Rise of Addictive Technology and the Business of Keeping Us Hooked*. Londres: Penguin, 2017.
36 Bénabou e Tirole, *Intrinsic and Extrinsic Motivation*, op. cit.; Roland Bénabou e Jean Tirole, "Incentives and Prosocial Behavior". *American Economic Review*, v. 96, n. 5, pp. 1652-78, 2006.
37 Aaron Smith, *What Internet Users Know about Technology and the Web*. Pew Research Center, 25 nov. 2014. Disponível em: <http://www.pewinternet.org/2014/11/25/web-iq/>. Acesso em: 16 set. 2018.
38 Lisa Barnard, *The Cost of Creepiness: How On-line Behavioral Advertising Affects Consumer Purchase Intention*. Disponível em: <https://cdr.lib.unc.edu/record/uuid:ceb-8622f-1490-4078-ae41-4dc57f24e08b>. Tese de doutorado, Chapel Hill, Universidade da Carolina do Norte, 2014; Finn Brunton e Helen Nissenbaum, *Obfuscation: A User's Guide for Privacy and Protest*. Cambridge, MA: MIT Press, 2015.
39 Para propostas de implementação, ver Lanier, *Who Owns the Future?*, op. cit.; Butler Lampson, *Personal Control of Data*. Microsoft Research, 13 jul. 2016. Disponível em: <https://www.microsoft.com/en-us/research/video/personal-control-of-data/>.
40 Karl Marx, *Capital: A Critique of Political Economy*. Trad. de Ben Fowkes. Londres: Penguin Classics, 1992 [1867]. [Ed. bras.: *O capital: Crítica da economia política*. Trad. de Reginaldo Sant'Anna. Rio de Janeiro: Civilização Brasileira, 1991.]
41 Friedrich Engels, *The Condition of the Working Class in England*. Org. de David

McLellan. Oxford: Oxford University Press, 2009 [1845]. [Ed. bras.: *A situação da classe trabalhadora na Inglaterra*. Trad. de José Paulo Netto. São Paulo: Global, 1985.]

42 John E. Roemer, *A General Theory of Exploitation and Class*. Cambridge, MA: Harvard University Press, 1982.

43 Beatrice e Sydney Webb, *Industrial Democracy*. Harlow: Longmans Green and Co., 1897.

44 John Kenneth Galbraith, *American Capitalism: The Concept of Countervailing Power*. Nova York: Houghton Mifflin, 1952. [Ed. bras.: *Capitalismo americano: O conceito do poder compensatório*. Trad. de Clara Colotto. São Paulo: Novo Século, 2008.]

45 Robert C. Allen, "Engels' Pause: Technical Change, Capital Accumulation, and Inequality in the British Industrial Revolution". *Explorations in Economic History*, v. 36, pp. 418-35, 2009.

46 Este é o tema de um trabalho em andamento desses autores, mas foi tratado por Acemoglu numa apresentação na Microsoft Corporation em 2016. Ver Daron Acemoglu, *The Impact of IT on the Labor Market*, set. 2016. Disponível em: <https://economics.mit.edu/files/12118>.

47 Um de nós está trabalhando com vários colaboradores para quantificar o valor marginal dos dados numa variedade de cenários.

48 O primeiro artigo nesse projeto é Azevedo et al., 2017, "A/B Testing", mas trata apenas de um aspecto limitado do uso de dados para testar novos produtos e sugerir ideias para eles. Embora este seja um componente importante do valor do trabalho de dados, está longe de ser o principal. Em 2018, Weyl, em colaboração com Lanier, Imanol Arrieta Ibarra e Diego Jiménez Hernández, estará trabalhando para construir sistemas de utilidade mais ampla, de modo a calcular empiricamente o valor dos dados em vários cenários de AA.

49 Ver, por exemplo, Lawrence F. Katz e Alan B. Krueger, *The Rise and Nature of Alternative Work Arrangements in the United States, 1995-2015*. NBER Working Paper n. 22 667, 2016; Jonathan V. Hall e Alan B. Krueger, *An Analysis of the Labor Market for Uber's Driver-Partners in the United States*. NBER Working Paper n. 22 843, 2016; Gray e Suri, projeto ainda sem título.

50 Mark Aguiar, Mark Bils, Kerwin Kofi Charles e Erik Hurst, *Leisure Luxuries and the Labor Supply of Young Men*. NBER Working Paper, 2017.

CONCLUSÃO: INDO À RAIZ [pp. 257-81]

1 Os expoentes recentes mais destacados do tecno-otimismo na economia são Erik Brynjolfsson e Andrew McAfee em seu livro *The Second Machine Age: Work, Progress and Prosperity in a Time of Brilliant Technologies* (Nova York: W. W. Norton & Company, 2014). Em termos mais amplos, o tecno-otimista mais importante é Ray Kurzweil, numa série de livros.

2 A perspectiva tecnopessimista mais destacada é oferecida por Robert J. Gordon em seu livro *The Rise and Fall of American Growth: The U.S. Standard of Living since the Civil War* (Princeton: Princeton University Press, 2016).

3 Essa concepção tem predominado cada vez mais entre os economistas. Não temos como arrolar a grande quantidade de artigos publicados nos últimos anos que docu-

menta a vasta e crescente importância do poder de mercado, mas encaminhamos o leitor a um excelente blog, <http://www.promarket.org>, para um amplo conjunto de recursos.

4   Talvez surpreenda que essa visão do futuro econômico não seja mais generalizada, visto que tem um papel central na compreensão da história econômica de muitos economistas. Por exemplo, segundo uma apresentação de 2016 feita pelo economista Daron Acemoglu, chamada "O impacto da TI nos mercados de trabalho", para o Grupo de Trabalho sobre Tecnologia da Informação de Toulouse, os receios dos luddistas de uma substituição dos trabalhadores pela tecnologia se demonstraram "errôneos", não porque o capitalismo selvagem tenha aumentado o preço da força de trabalho, mas porque mudanças institucionais radicais (sindicatos, ensino universal etc.) ajudaram os trabalhadores a melhorarem economicamente.

5   Para uma apresentação da crescente concentração do poder político em empresas cooperadas nas últimas décadas, ver Jacob S. Hacker e Paul Pierson, *Winner-Take-All Politics: How Washington Made the Rich Richer — and Turned Its Back on the Middle Class*. Nova York: Simon & Schuster, 2011.

6   Uma troca dessas provavelmente violaria a Primeira Emenda tal como é hoje interpretada, mas cremos que os tribunais viriam a acomodar desenvolvimentos políticos que são socialmente benéficos.

7   Eric A. Posner e Nicholas Stephanopoulos, "Quadratic Election Law". *Public Choice*, v. 172, n. 1, pp. 265-82, 2017.

8   Para uma discussão detalhada dessas questões, ver Ben Laurence e Itai Sher, "Ethical Considerations on Quadratic Voting". *Public Choice*, v. 172, pp. 195-222, 2017; Josiah Ober, "Equality, Legitimacy, Interests, and Preferences: Historical Notes on Quadratic Voting in a Political Context". *Public Choice*, v. 172, pp. 223-32, 2017.

9   Milanovic, *Global Inequality*, op. cit.

10 Margaret E. Peters, *Trading Barriers: Immigration and the Remaking of Globalization*. Princeton: Princeton University Press, 2017.

11 Eric A. Posner e Alan O. Sykes, "Voting Rules in International Organizations". *Chicago Journal of International Law*, v. 15, n. 1, pp. 195-228, 2014.

12 Émile Durkheim, *The Division of Labour in Society*. Nova York: Simon & Schuster, 1997 [1893]. [Ed. bras.: *Da divisão do trabalho social*. Trad. de Eduardo Brandão. São Paulo: WMF Martins Fontes, 2010.]

13 A versão clássica e talvez a mais cuidadosamente elaborada dessa crítica é de Fred Hirsch, *The Social Limits to Growth* (Cambridge, MA: Harvard University Press, 1976) [Ed. bras.: *Limites sociais do crescimento*. Trad. de Waltensir Dutra. Rio de Janeiro: Zahar, 1979], mas temas semelhantes foram desenvolvidos por Michael J. Sandel em data mais recente, *What Money Can't Buy: The Moral Limits of Markets* (Nova York: Farrar, Straus and Giroux, 2012), e Samuel Bowles, *The Moral Economy: Why Good Incentives Are No Substitute for Good Citizens* (New Haven: Yale University Press, 2016).

14 A. O. Hirschman, "Rival Interpretations of Market Society: Civilizing, Destructive, or Feeble?". *Journal of Economic Literature*, v. 20, n. 4, pp. 1463-84, 1982.

15 Durkheim, *Division of Labour in Society*, op. cit.

16 Jane Jacobs, *The Death and Life of Great American Cities*. Nova York: Random House,

1961. [Ed. bras.: *Morte e vida de grandes cidades*. Trad. de Carlos Mendes Rosa. São Paulo: WMF Martins Fontes, 2013.]

17 Em "Moral Views of Market Society" (*Annual Review of Sociology*, v. 33, pp. 285-311, 2007), Marion Fourcade e Kieran Healy ressaltam que as concepções mais poderosas dos mercados são intrinsecamente moralizantes, e não apenas econômicas. Esperamos que alguns leitores considerem essa visão moral um componente importante do projeto dos mercados radicais.

18 Alguns podem se perguntar se os indivíduos não receariam que terceiros tomassem suas posses. No entanto, sob a alíquota ideal do COST, os indivíduos precificariam suas posses acima do que se disporiam a aceitar e, assim, uma compra ainda seria mutuamente benéfica, mas não da maneira desequilibrada como hoje. Alguns indivíduos poderiam subestimar fortemente os valores dos bens e tentar ocultá-los ou estragá-los para evitar uma venda forçada, mas essas estratégias antissociais poderiam e deveriam ser socialmente penalizadas, tal como a sonegação tributária o é; ver mais adiante no texto.

19 Gary Becker, *The Economics of Discrimination*. 2. ed. Chicago: University of Chicago Press, 2010.

20 Ver Richard H. Taler e Cass R. Sunstein, *Nudge: Improving Decisions About Health, Wealth, and Happiness*. Londres: Penguin, 2009.

EPÍLOGO: E DEPOIS DOS MERCADOS? [pp. 283-99]

1 F. A. Hayek, "The Use of Knowledge in Society", *American Economic Review*, v. 35, n. 4, pp. 519-30, 1945. [Ed. bras.: "O uso do conhecimento na sociedade". Trad. de Philippe Gebara Tavares. *Revista Interdisciplinar de Filosofia, Direito e Economia*, v. 1, n. 1, pp. 153-62, 2013.]

2 Ludwig von Mises, *Economic Calculation in the Socialist Commonwealth*. Trad. de S. Adler. Ludwig von Mises Institute, 1990 [1920], pp. 19-23. [Ed. bras.: *O cálculo econômico em uma comunidade socialista*. 2. ed. Trad. de Leandro Augusto Gomes Roque. São Paulo: LVM, 2017.]

3 Leonard E. Read, *I, Pencil*. Atlanta: Foundation for Economic Education, 2010 [1958]. Disponível em: <https://fee.org/media/14940/read-i-pencil.pdf>. Acesso em: 16 set. 2018. [Ed. bras.: *Eu, o lápis*. São Paulo: Instituto Mises Brasil, 2013. Disponível em: <https://www.mises.org.br/Article.aspx?id=810>. Acesso em: 16 set. 2018.]

4 Cosma Shalizi, *In Soviet Union, Optimization Problem Solves You, Crooked Timber*. 30 mai 2012. Disponível em: <http://crookedtimber.org/2012/05/30/in-soviet-union-optimization-problem-solves-you/>. Acesso em: 16 set. 2018.

5 Oskar Lange, "The Computer and the Market". Em C. H. Feinstein (Org.), *Socialism, Capitalism and Economic Growth: Essays Presented to Maurice Dobb*. Cambridge: Cambridge University Press, 1967.

6 "Global Computing Capacity", *AI Impacts*. 16 fev. 2016. Disponível em: <http://aiimpacts.org/global-computing-capacity/#easy-footnote-bottom-7>. Acesso em: 16 set. 2018.

7 J. S. Jordan, "The Competitive Allocation Process Is Informationally Efficient Uniquely". *Journal of Economic Theory*, v. 28, n. 1, pp. 1-18, 1982; Noam Nisan e Ilya Segal, "The Communication Requirements of Efficient Allocations and Supporting Prices". *Journal of Economic Theory*, v. 129, pp. 192-224, 2006.

8   Lange, *The Computer and the Market*, op. cit., p. 157.
9   The Soviet Union: GDP Growth". *Nintil*, 26 mar. 2016. Disponível em: <https://nintil.com/2016/03/26/the-soviet-union-gdp-growth/>. Acesso em: 16 set. 2018.
10 Ver, por exemplo, o sistema analítico de publicidade baseado no rastreamento dos olhos, descrito em <http://www.mobilemarketer.com/news/modiface-eye-tracking-app-increases-smashbox-conversions-by-27/447825/>. Acesso em: 16 set. 2018.

ÍNDICE REMISSIVO

Números de páginas em *itálico* indicam ilustrações e tabelas.

AA, sistemas *ver* "aprendizado automático" (AA), sistemas de
abertos, mercados, 43, 45; *ver também* mercados
aborto, 49, 126, *127*, 128, *131*
Acemoglu, Daron, 248, 323*n*
acesso gratuito, 63, 221
acionistas, 48, 133, 180-1, 188-90, 193-4, 197, 199, 203-5
ações, mercado de, *29*, 95, 182, 203
Acordo Geral de Tarifas e Comércio (AGTT), 151
acumulação de capital/riqueza, 60, 94, 145, *186*
Adachi, Kentaro, 97-9, 120-2
administradores, 60, 182-3, 189, 191, 203, 285, 291, 317*n*
aéreas, empresas, 182, 194, 199-202, 204; linhas aéreas, 199

África, 142, 149, 151
afro-americanos, 45-6, 105, 219
agregação social, 131-2
agricultura, 38, 55, 58, 89, 144
"água e do diamante", paradoxo da, 233
Airbnb, 87, 132
Akerlof, George, 84
Alemanha, 34-5, 65, 93, 109, 148, 152
Alexa, 255
algoritmos, 218, 223, 228, 230, 287-8, 295, 297
Alice através do espelho (Carroll), 187
Allen, Robert C., 248
Amazon, Inc., 126, 132, 239, 247, 293, 295-7
América Central, 156
América Latina, 13, 75, 144, 151
America On-Line (AOL), 220

327

American Tobacco Company, 185
Anderson, Chris, 221
antitruste, políticas: donos de imóveis e, 211; Lei Clayton (1914), 185, 187, 207; "manutenção do preço de revenda", 210; monopólios e, 44, 67, 184-7, 196, 206-12, 251, 262, 268; redes sociais e, 212
antitruste, políticas: Lei Sherman (EUA, 1890), 185, 268
aplicativos, 17, 21, 43, 132, 140, 229, 258
aposentadoria, 182, 191, 280
Apple, 132, 247, 295
"aprendizado automático" (AA), sistemas de, 217-8, 222, 223, 226, 229-30, 234-8, 240, 242, 244, 246, 255, 295, 297; de ver também computadores; inteligência artificial (IA)
Arábia Saudita, 170
Arginusas, ilhas (Grécia), 100
aristocracia, 38, 43-4, 56-8, 100-3, 148-50
Aristóteles, 56, 183
Arrow, Kenneth, 108, 309-10*n*
artesãos, 55, 231
"Artigos da Confederação" (EUA), 104
Ásia, 144, 150-1, 258
assistência médica ver saúde
Atenas, 74, 100, 144
ativismo, 25, 153, 187, 199, 203, 220, 241; "ativismo judicial", 138
Atwood, Margaret, 40
au pairs, programa para, 167, 172
Austen, Jane, 58
Austrália, 34, *35*, 171
Áustria: escola austríaca (economia), 24
"autoavaliação", sistemas de, 74-5, 79

automóveis *ver* carros
Autor, David, 248
autoritarismo, 25, 37
Azar, José, 195, 199

Bahrein, 170
Banco Imobiliário (jogo de tabuleiro), 63
Banco Mundial, 15, 151, 153, 192
bancos/setor bancário, *193*, 194, 200
Bank of America, 194
Barco das ilusões, O (filme), 219
"barões ladrões", poder político e econômico dos, *186*, 209
barreiras comerciais, 36
Becker, Gary, 160, 168
bem-estar, 45, 48, 62, 95-6, 108, 116-7, 119, 121, 136, 140, 146, 149, 153-5, 165, 173, 248, 262, 264, 271, 311, 314*n*
Bénabou, Roland, 245
bens privados, 84, 113-4, 125, 139, 260, 268, 270, 276
bens públicos, 50, 61, 69, 89-90, 113, 115, 120-1, 125, 135, 138, 140, 160, 260, 262-63, 270-1, 276
Bentham, Jeremy, 26, 55, 111, 113, 146
Berkshire, *193*
Berle, Adolf, 188, 190, 194, 204
Berlim, Muro de, 23, 153
Berners-Lee, Tim, 220
"big data", 222
Bing, 20
bitributação, 83
BlackRock, 181, 191-4, 197, 201
bolha pontocom, 220
bolsa de valores, 187-8
Boston, 86

bourgeoisie, 56
Brasil, 14-5, 148
Brin, Sergey, 221
budismo, 92, 94
burocracia, 66, 163, 279
Bush, George W., 95

Cabral, Luís, 212
Cadappster, 52-3
Câmara dos Comuns (Inglaterra), 101
Câmara dos Lordes (Inglaterra), 101
campanhas políticas, 37
camponeses, 55-6, 58
Canadá, *32*, *35*, 193
capital humano, 264-7, 270
Capital, O (Marx), 247, 248
Capitalism for the People, A (Zingales), 212
capitalismo: abundância relativa de capital, 155; acumulação de capital, 60, 94, 145, *186*; competição e, 39; consequências culturais do, 276, 279; crescimento e, 25; desigualdade e, 25; Engels sobre, 248; Era Dourada do, 185, 268; estrutura básica do, 46; fluxo de capitais, 144, 220; Henry George sobre, 57; laissez-faire e, 65; liberalismo e, 25, 38, 39, 43-8; liberdade e, 54-9; Marx sobre, 247, 248; mercados e, 284, 293, 311; mercados radicais, 180-1, 190-2, 194-5, 212, 278; monopólios e, 44, 54-9, 64, 66-8, 150, 183, 187, 190, 208, 265, 268; monopsônio, 200, 209-10, 232, 242, 247-9, 261; paradoxos do capitalismo oitocentista, 57; planejamento corporativo e, 59; propriedade privada e, 54-6, 59, 65-8, 92, 95-6; regulamentações e, 268; Revolução Industrial, 56, 262; riqueza e, 65, 92, 95, 151, 157, 248, 278; Schumpeter e, 66; sistema capitalista, 59, 294; sociedades anônimas e, 187-94, 205; tecnologia e, 54-5, 212, 323*n*; trabalho e, 150-1, 156, 171, 176, 220, 233, 239, 247-8, 323*n*
Capitalismo e liberdade (Friedman), 13
Capra, Frank, 39
carbono, pegada de, 251
Carroll, Lewis, 187
carros, 13, 17, 41, 59, 69, 81, 93-4, 140, 144, 195-6, 218, 239, 251, 293-4, 296; autodirigíveis, 229; indústria automobilística, 196, 250-1
cartéis, 42
cartões de crédito, 91, 169
casamento entre pessoas do mesmo sexo, 106
células-tronco, pesquisas de, 261
cérebro humano, capacidade computacional do, 288-9
César, Júlio, 101
Chetty, Raj, 33
Chiang Kai-shek, 66
Chicago, 67-8, 75, 199
China, 37, 66, 75, 147, 151
Christensen, Clayton, 211-2
Chrysler, 203
cinema, 136, 181
Citigroup, *193*, 194, 201
Clarke, Edward, 114, 117, 120
Clemens, Michael, 174
Clinton, Hillary, 89, 313*n*
Coase, Ronald, 60, 67-70, 305
colonialismo, 30, 145

comércio internacional, 36, 43-4, 146, 151, 153, 155, 271, 275
Coming of the Third Reich, The (Evans), 109
Comissão Federal de Comunicações (EUA), 69, 88
commodities, 48-9, 58, 276, 287
Companhia Britânica das Índias Orientais, 183
Companhia das Índias Orientais, 42
competição *ver* concorrência
complexidade, 223-5, 231-2, 235, 276, 280, 286, 289, 320n; "complexidade da amostra", 227, 229, 235-6
computadores: algoritmos e, 218, 223, 228, 294-5; automação e, 228, 255, 258; computação distribuída, 288, 291-2, 299; Deep Blue, 223; "Lei de Moore" e, 292; máquinas "pensantes", 222; mercados e, 283-6; microchips, 292; Mises e, 287; OpenTrac e, 52; países pobres e, 262; planejamento central e, 283-90, 293-8; poder computacional, 287, 292, 293, 298; preços de, 43; processadores paralelos, 288-91; sistemas de recomendação e, 295; teoria da complexidade computacional, 287; *ver também* "aprendizado automático" (AA), sistemas de; inteligência artificial (IA)
"Computer and the Market, The" (Lange), 283
comunicações, 261
comunismo, 41, 66-7, 109-10, 139, 284
concorrência: concentração "horizontal" e, 185; democracia e, 124, 135-6; desenho e competitividade, 68-73; egoísmo e, 123-4, 276; elitismo e, 46-9; equilíbrio competitivo, 312n; eterna vigilância e, 213; imperfeita, 311; indexação e, 195-201, 308n; inovação e, 212; investimentos e, 206, 207; laissez-faire e, 260; leilões e, 69-70, 88, 113-4, 160-2, 168-9; liberalismo e, 27, 38, 41-9; lobby e, 268; "manutenção do preço de revenda" e, 210; mercados e, 46-9, 123-4; monopólio e, 184; monopsônio e, 200, 209-10, 232, 242-3, 247-9, 261; oligopsônio e, 242; poder de barganha e, 249, 305; políticas antitruste, 44, 67, 184-7, 190, 195-6, 201, 207-12, 250, 262, 268, 292; propriedade privada e, 46, 61, 68-73, 95-6; regulamentações e, 268; restaurando a, 201; Seção 7 da Lei Clayton e, 206, 317n; Smith e, 39; trabalho e, 158, 171, 173-4, 230, 243-4, 247, 251, 253, 263, 272; "tragédia dos bens comuns" e, 64; "votação quadrática" (VQ) e, 311
Condorcet, marquês de, 26, 107-9, 309n, 312n
conflito social, 15
congestionamento de trânsito, 281
Conselho de Cooperação do Golfo (CCG), 170-3, 176, 271
Conselho de Segurança da ONU, 273
conservadorismo, 19, 105
Constituição americana, 103-4
"Constituição mista", 100
consumidores: colapso do sistema soviético e, 294; como empreendedores, 263; cultura de consumo internacional, 276; entregas por

drones a, 229, 261; informações de, 67, 246, 250-1, 256, 294; investimento institucional e, 201; lobby e, 246, 268; monopólios e, 185, 196, 207; planejamento central e, 41; políticas antitruste e, 185, 207; preços e, 183; preferências de, 286, 294-8; robôs e, 293; sistemas de "aprendizado automático" (AA) e, 246; sistemas de recomendação e, 295; tecnologia e, 293

"consumo conspícuo", 95

Conto da aia, O (Atwood), 40, 267

cooperação internacional, 38, 45-6, 151, 177, 271

cooperativas, 133, 273, 305

Corbyn, Jeremy, 34, *35*

Coreia do Sul, *35*, 88

corporações, 60, 66, 133, 140, 170, 189, 192, 198, 207-8, 293; controle corporativo, 179-213

corrida espacial (EUA-URSS), 294

corrupção, 14, 18, 25, 48, 75-6, 140, 169, 190, 268

Cortana, 229

COST (*common ownership self-assessed tax*, "imposto autoavaliado sobre a propriedade comum"), 79, 324*n*; aplicações, 89, 279-81; bens públicos e, 89; capital humano e, 264-7; comércio internacional e, 275; concessões públicas e, 87-9; crescimento econômico e, 90, 262; desigualdade e, 262-5; educação e, 265; eficiência da economia e, 262, 268; Estados Unidos e, 88-93; globalização e, 275; igualdade e, 264; imigrantes e, 267, 274, 278; investimentos e, 264, 276; mercados e, 291; mercados raciais e, 96, 139-41, 263-4, 277, 291-2; metodologia do, 81-3; monopólios e, 262-7, 275, 307*n*; objeções ao, 307*n*; política e, 267-70; "posseiros virtuais" e, 89; preços e, 80-1, 84-94, 262, 269, 307*n*, 324*n*; "predação" e, 307*n*; propriedade privada e, 51-2, 79-95, 277-9, 307*n*; questões legais e, 280; riqueza e, 262-3, 267-70, 275, 280, 291; tecnologia e, 89-92; "votação quadrática" (VQ) e, 95, 139-40, 204, 267-9, 278, 280, 292

"Counterspeculation, Auctions, and Competitive Sealed Tenders" (Vickrey), 20

Cournot, Antoine Augustin, 184

Cramton, Peter, 71, 73, 76

crescimento econômico, 30-1, 33, 45, 50, 56, 90, 261

criminalidade, 15, 18, 105, 106, 121

criptomoedas, 132, 133

crise financeira de 2008, 24, 136

custo marginal, 116-7, 119, 122

custo-benefício, análises de, 24, 252

"custos de transação do mercado", 60, 67-8

"dádivas da natureza", propriedade estatal das, 61

decisões coletivas, 113-4, 125, 133, 137, 139, 279

Declaração de Independência dos Estados Unidos (1776), 102-3, 111, 183

Deep Blue (computador), 223

Defoe, Daniel, 145

Demanding Work (Gray e Suri), 241

democracia: ateniense, 74, 100; Câmara dos Comuns (Inglaterra), 101; Câmara dos Lordes (Inglaterra), 101; concorrência e, 124, 135-6; "Constituição mista", 100; Declaração de Independência dos Estados Unidos (1776), 102-3; "democracia radical", 120; "democratização da IA" (movimento), 228; desigualdade e, 159; eficiência e, 108, 124; eleições, 35, 44, 97, 109, 115, 129, 134-5, 227, 269, 274; Estados Unidos e, 102-5, 109-11; Europa, 106-11; formas pré-democráticas de governo, 138; França, 106-11; governos e, 100, 133; Hitler e, 109; Iluminismo, 102, 111; leilões e, 112, 114; liberalismo e, 25, 38-9, 102, 106; limites da, 101-2; "mediocridade coletiva", 112; mercados e, 112-9, 268, 281; mercados radicais e, 99, 120, 139-41, 212; minorias e, 101-5, 109-12, 116, 121, 125; monopólios e, 146; na estrutura básica da, 46; origens da, 99-101; planejamento central e, 105; propriedade privada e, 106, 139; regra da maioria, 49, 100-1, 110, 112, 116, 136, 313n; Reino Unido e, 111, 112; riqueza e, 100, 103, 111, *131*; sistemas de pesos e contrapesos, 44, 105; supermaiorias e, 101-2, 104, 108; "teorema da impossibilidade" e, 108; tiranias e, 44, 46, 104, 112-5, 121-2; trabalho e, 138, 162-9; "votação quadrática" (VQ) e, 120-37
Demóstenes, 74
desemprego, 30, 32,-3, 200, 210, 219, 232, 261-2

desigualdade, 14-6, 18-9, 24-31, 33, 43, 45-6, 62, 65, 92, 96, 138, 147-8, 154, 159, 161, 175-6, 184-6, 209, 232, 260, 262-5, 270, 272, 281
Desmond, Matthew, 211
desregulamentação financeira, 25, 31
Dewey, John, 63
diamantes: paradoxo da "água e do diamante", 233
Dickens, Charles, 56
Dinamarca, 43, 193
direita política, 14-6, 19, 24, 26, 34, 35, 36-7, 41, 45-6, 49, 110, 281; extrema direita, 35, 109, 225; movimentos populistas de, 36, 271
direito canônico, 101
direito de voto, 44, 103, 111, 188, 274
direitos civis, 37, 45, 105, 171
direitos de propriedade, 14, 55, 68, 70-1, 104, 184, 219, 253
Diretrizes de Fusão Horizontal (EUA), 197
distopias, 201, 279
distribuição de renda, 26-8, 30, 34, 91-2
diversificação, 182, 190, 201, 204-5
dividendo social, 18, 61, 63, 69, 90-2, 160, 262-5, 269, 275
domínio eminente, 54, 80, 106
donos de imóveis, 39, 211
Drácula (Stoker), 58
drones, 229, 261
Dupuit, Jules, 184
Durkheim, Émile, 303n
Dworkin, Ronald, 312n

economia digital, 49-50, 131, 211, 215, 218-9, 249, 254-5, 263
economia de mercado *ver* mercados

"economia do gotejamento", 34
"economia pelo lado da oferta", teoria da, 31
educação, 105, 129, 181, 238
"efeitos de rede", 220
eficiência de Pareto, 124
Ela (filme de Spike Jonze), 261
eleições, 35, 44, 97, 109, 115, 129, 134, 135, 227, 269, 274; Arrow e, 108, 310*n*; direito de voto, 44, 103, 111, 188, 274; mercados radicais e, 188, 204-5; primárias (EUA), 109; *ver também* "votação quadrática" (VQ)
eletricidade, 55, 57, 67
eletrônicos, 43, 82, 231
Elhauge, Einer, 186, 207
elites/elitismo, 16, 25, 38, 46, 107, 138, 159, 177-8, 266, 273, 311
e-mails, 130, 220
Emirados Árabes Unidos, 163, 170
Empire State Building, 65
empreendedorismo/empreendedores, 55, 59-60, 157, 179, 183, 212, 220, 234, 263, 292
empresários, 48, 59-60, 143, 171, 183, 188, 219, 233, 291
Engels, Friedrich, 95, 248
entretenimento, 44, 58, 219, 232, 241-3, 245, 249, 252, 261, 294, 297
Era Dourada do capitalismo, 185, 268
escola austríaca, 24
escravidão, 44, 58, 111, 149, 262; *ver também* servidão
espectro de frequência, 69-71, 88
Espinosa, Alejandro, 51-3
esquerda política, 14-6, 19, 24, 26, 34, 35, 37, 40-1, 45, 46, 49, 109-10, 153, 281; extrema esquerda, 41

"Essai sur l'application de l'analyse à la probabilité des décisions rendues à la pluralité des voix" (Condorcet), 107
Estados Unidos: "Artigos da Confederação", 104; campanhas políticas, 37; Constituição americana, 103, 104; corrupção no final do séc. XIX, 48; COST (*common ownership self-assessed tax*, "imposto autoavaliado sobre a propriedade comum"), 88-93; Declaração de Independência dos Estados Unidos (1776), 102, 111, 183; democracia e, 102-5, 109-11; direitos civis, 37, 45; eleições primárias, 109; Era Dourada do capitalismo, 185, 268; "Estados Unidos vs. E. I. du Pont de Nemours & Co." (processo), 206; Grande Depressão, 25, 39, 65-6, 186; Guerra Civil (1861-65), 104-5; guerra revolucionária, 104; lei de abordagem e revista policial, 105-6; Lei de Estabilização Econômica de Emergência (2008), 136; liberdade religiosa, 37; "Longa Depressão" (1870), 57; mercados radicais e, 187, 192-3, 206, 210; movimento progressista nos, 65, 185; New Deal, 186, 209; Nixon e, 294; Occupy Wall Street, 25; Oeste americano, 56; política identitária das minorias, 37; porte de armas, 37; propriedade privada, 57-8, 65-7, 70; propriedade privada e, 57; sistema de pesos e contrapesos, 105; Tea Party, 25; títulos públicos americanos, 192; trabalho e, 31, 150-67, 170-3, 176, 220, 231; tradição populista dos, 34

"estagflação", 30, 33
estagnação, 15, 25, 30, 33, 46, 200, 264, 269, 281
estatística-padrão, 234-5
Ethereum (criptomoeda), 132
"Eu, o lápis" (Read), 284
Europa, 45, 55, 106, 109-11, 144, 150-2, 154, 156-8, 187, 211; democracia na, 105-6; desemprego na, 33; feudalismo na, 55; imigrantes na, 152-3; instabilidade de democracias europeias, 105; Oriental, 152, 157; padrões de renda de, 26; poderio naval de longo alcance na, 145; refugiados sírios na, 152; Regulação Geral de Proteção de Dados, 253; serviços públicos na, 67; social-democratas, 45; trabalho na, 33, 145, 150-60, 176, 253; União Europeia, 37, 151, 253; Zona do Euro, 151
Evans, Richard, 109
Evicted: Poverty and Profit in the American City (Desmond), 211
Ex Machina: Instinto artificial (filme), 218
exportações, 66, 145

fábricas para máquinas "pensantes", 222-29
Facebook, 20, 49, 69, 132, 212, 215, 217-8, 222, 229-30, 239-40, 242-3, 245-6, 249-52, 254-5, 295
falange (formação militar), 99
favelas, 13, 15
fazendas, 47, 149, 155, 190
Federação Americana de Músicos, 219
Federal Trade Commission (FTC), 197

feedback, 129, 132, 241, 246
felicidade: Bentham sobre, 111, 113; princípio "utilitário" de, 111; votação quadrática" (VQ) e, 123-4, 313*n*
Felicidade não se compra, A (filme), 39
feminista, movimento, 45
"fenômeno da Rainha Vermelha", 187, 195
"fetichismo da mercadoria", 95
feudalismo, 54-5, 57, 61, 79, 86, 150, 240, 248
Fidelity, 181, 191-3
filosofia econômica, 30
"finança comportamental", 191
Fitzgerald, F. Scott, 185
fluxo de capital, 144, 220
foguetes soviéticos, 294
fome, 24, 58, 141, 150, 267
Ford, 195-7, 203, 251, 318*n*
Fortune (revista), 180
França, 32, 34, *35*, 42, 65, 106, 141-3, 152, 154, 193, 219
Free: The Future of a Radical Price (Anderson), 221
Friedman, Milton, 13, 19
"fundamentalistas do mercado", 16, 19
Fundo Monetário Internacional (FMI), 35, 151, 154, 273
fundos indexados, 182, 191-2, 204-5
fusões, 185, 188, 197, 206-7, 212-3; Diretrizes de Fusão Horizontal (EUA), 197

Galbraith, John Kenneth, 140, 248
Galeano, Eduardo, 153
gays, 106
George, Henry, 19-20, 26, 44, 57, 62, *64*, 65, 150, 185, 257, 260

gerentes, 218, 289
Gibbons, Robert, 71
Giegel, Josh, 53
Gilson, Ronald, 203
globalização, 25-6, 30, 144, 151, 153, 262, 268, 271
GM (General Motors), 195-7, 203, 206, 251
Goeree, Jacob, 311
Golfo Pérsico, 153
Google, 20, 49, 132, 162-3, 166, 174-5, 180, 182, 188, 212, 217-8, 220-2, 229, 233, 239-4, 249-50, 254, 295, 321*n*
Google Assistant, 229
Google Maps, 217
Gordon, Jeffrey, 203
governo: da maioria, 100, 103, 105, 110; democracia e, 100, 133; formas pré-democráticas de, 138; governança, 15, 25, 101, 132, 151-2, 187, 190, 194, 199, 202-4, 272; liberalismo e, 25, 37; planejamento central e, 41, 59-62, 65-7, 80, 105, 294-5, 298-9; planejamento central e, 284-91
Grã-Bretanha, 44, 101, 111, 187, 296
Grande Depressão, 25, 39, 65-6, 186
Grande Recessão, 192
Gray, Mary, 241, 243
Grécia: antiga, 99-100, 107; crise financeira grega, 302*n*
Groves, Theodore, 114-5, 117, 120
Guerra Civil (EUA, 1861-65), 104-5
Guerra do Peloponeso, 100
Guerra Fria, 19, 46, 294
guerras mundiais *ver* Primeira Guerra Mundial; Segunda Guerra Mundial

H1-B (programa migratório norte-americano), 162, 166, 174
Hacker, Jacob, 201
hackers, 221
Haiti, 141-3, 154, 165; imigrantes haitianos, 143
Hajjar, 179-81
Harberger, Arnold, 75-7
Hardin, Garrett, 64
Hayek, Friedrich, 19, 67, 284, 292
Hicks, John, 86
hipotecas, 83, 87, 91-2, 144, 169
hipótese dos mercados financeiros eficientes, 191
Hitler, Adolf, 109-10
Hobbes, Thomas, 102
holdings, 50, 192, 195, 200, 205
holdout, 54, 80, 88-9, 104, 306*n*
House of Cards (série de TV), 230
Houston, 199
Hume, David, 146
Hylland, Aanund, 115
hyperlinks, 220
Hyperloop, 51, 53

IA, serviços de *ver* inteligência artificial
Idade Média, 101, 144
Idade Moderna, 183
Igreja católica, 101
igualdade: COST (*common ownership self-assessed tax*, imposto autoavaliado sobre a propriedade comum) e, 264; educação e, 105; liberalismo e, 26, 30, 45, 50; mercados radicais e, 268, 281; migrantes e, 264; padrões de vida e, 25, 33, *35*, 147, 175, 261, 263; trabalho e, 162, 177, 247, 263; "votação quadrática" (VQ) e, 270

Ilhas Virgens, 136
Iluminismo, 102-3
imigrantes: au pairs, programas, 167, 172; COST (*common ownership self-assessed tax*, imposto autoavaliado sobre a propriedade comum) e, 267, 274, 278; Defoe sobre, 145; "desequilíbrio migratório", 144; estudos do Banco Mundial sobre, 153; haitianos, 142, 143; Henry George sobre, 150; imigração ilegal, 144, 152, 156, 170; imigração irrestrita, 145, 155; irlandeses, 150; leilões de vistos, 161-2, 168; livre-comércio e, 146, 147; Marx sobre, 150; mercantilismo e, 146; mexicanos, 154, 161; migração global, 153; migrações em massa, 144, 145; Mill sobre, 150; muçulmanos, 143; na Europa, 152-3; não qualificados, 157, 175; nas colônias do Novo Mundo, 149; ondas migratórias, 150; pagamento de impostos, 157-8; Programa de Vistos entre Indivíduos (VIP, em inglês), 162, 165, 167-72, 174-8, 268, 271, 275; programas de reunificação familiar, 162, 164; qualificados, 175; refugiados, 141, 144, 152, 158; salários, 157, 173, 176, 314n; Smith sobre, 146; tecnologia e, 263; Teorema Stolper-Samuelson e, 156; trabalho e, 49, 141-4, 146, 155-66, 168-77, 263, 267, 272-4, 279, 315n; vantagens econômicas da migração, 150; "votação quadrática" (VQ) e, 267, 272-4, 278; xenofobia e, 25, 177
Immorlica, Nicole, 234, 236
imóveis: donos de, 39, 211; mercado imobiliário, 48, 52
importações, 145
impostos: aposentadoria e, 280; arbitragens e, 280; bitributação, 83; congestionamento de trânsito e, 281; fundiário, 62; grupos de consumidores e, 268; imigrantes e, 157-8; imposto comum, 307n; índices de tributação, 82; influência do setor empresarial para diminuir, 268; liberalismo e, 27, 31, 63; propriedade privada e, 49, 52, 62-3, 74-87, 90-3, 307n; reformas e, 280; "renda mínima universal" e, 308n; sistema tributário europeu *versus* norte-americano, 156; sonegação de, 324n; taxação sobre a emissão de dióxido de carbono, 251; *ver também* COST (*common ownership self-assessed tax*, imposto autoavaliado sobre a propriedade comum)
impressão em 3D, 261
"In the Soviet Union, Optimization Problem Solves *You*" (Shalizi), 287
indexação, 195, 205; concorrência e, 195-201, 308n
Índia, 37, 147-8, 162
Indicadores do Desenvolvimento Mundial, 192
"índice de giro", 76-7, 79, 93
inflação, 30-1, 33, 161
informação, 67, 108, 140, 152, 189, 217-20, 240-1, 246, 286, 289-91, 293, 295
informática *ver* computadores
Inglaterra, 55-7, 65, 103, 111, 149
Innovator's Dilemma, The (Christensen), 211-2

inovação, 89, 197-8, 212, 264; concorrência e, 212
Instagram, 132, 212, 217
instituições sociais, 138, 279
inteligência artificial (IA), 212, 217, 255, 260-1, 263, 293, 298; Alexa e, 255; algoritmos e, 218, 223, 228, 230, 287, 295-8; capacidades computacionais e, 244; Cortana, 229; dados produzidos por seres humanos e, 218; Deep Blue e, 223; "democratização da IA", 228; edição automatizada de vídeos, 217; fábricas para máquinas "pensantes", 222-9; Google Assistant, 229; Microsoft e, 228; reconhecimento facial, 217, *225*, 228; "redes neurais" e, 223-8; retornos decrescentes e, 238; "servidores-sereias" e, 229-32, 238-49, 251; Siri, 229, 255; sistemas de pagamento para, 233-8; sistemas de recomendação e, 295; substituição do trabalho humano, 232; tecnofeudalismo e, 238-41; "tecno-otimistas" e, 260, 322*n*; "tecnopessimistas" e, 261, 322*n*; valor marginal e, 233-6, 255; *ver também* "aprendizado automático" (AA), sistemas de; computadores
interesses específicos, grupos com, 114, 136, 262
Internacional dos Trabalhadores, 65
internacionalismo, 153, 172
internet, 17, 43, 48, 69-70, 88-9, 219-21, 233, 241, 246-7, 250, 253, 256
investidores, 50, 180, 182-4, 189-92, 194-208, 213, 233, 261, 272, 279; investimentos e concorrência e, 206-7

Israel, 88
Itália, 34, *35*, 43

J-1 (programa de vistos norte-americano), 166, 172, 279
Jackson, Andrew, 36
Jaime II, rei da Inglaterra, 102
Japão, 32, 34-5, 97-8, 120-1
Jefferson, Thomas, 102
Jevons, William Stanley, 61, 70, 84, 233
Jonze, Spike, 261
JP Morgan, 182, *193*, 194, 201

Kaine, Tim, 89
Kasich, John, 313*n*
Kasparov, Gary, 223
Keynes, John Maynard, 23
Khruschóv, Nikita, 294
Kingsley, Sara, 243
Klemperer, Paul, 71
Kuwait, 170

laissez-faire, 257, 260, 284
Lange, Oskar, 67, 283, 286, 288, 292-3, 304*n*
Lanier, Jaron, 218, 229, 231-3, 242, 246, 319*n*, 322*n*
lápis, 284-5
latifundiários, 150
Leblon (Rio de Janeiro), 13
Ledyard, John, 115
Legislação sobre a Autoridade Marítima, 273
Lei Clayton (EUA, 1914), 185, 187, 207
Lei da Reforma (Inglaterra, 1832), 111
lei de abordagem e revista policial (EUA), 105-6
Lei de Estabilização Econômica de Emergência (EUA, 2008), 136

"Lei de Moore" (computação), 292
Lei Sherman (EUA, 1890), 185, 268
leilões, 13, 15, 17-21, 69-70, 113-4, 160-2, 168-9, 306*n*
leis trabalhistas, 166, 170, 244
Lênin, Vladimir, 66
Lerner, Abba, 286
LGBT, direitos, 106
liberalismo: capitalismo e, 25, 38, 39, 43-8; concorrência e, 27, 38, 41-9; crise da ordem liberal, 23-50; estagnação e, 30-3; governo e, 25, 37; igualdade e, 26, 30, 45, 50; impostos e, 27, 31, 63; mercados e, 38-50; monopólios e, 38, 42-4, 49; neoliberalismo, 27, 31, 33, 45, 262; planejamento central *versus*, 41-2; propriedade privada e, 39, 47-9; reformas liberais, 262; riqueza e, 26, 43-5, 262; valores liberais, 23; "votação quadrática" (VQ) e, 274
liberdade religiosa, 37
Ligett, Katrina, 313*n*
Likert, Rensis, 126; pesquisas Likert, 126, 129, *130*, 131, 135, 313*n*
linha de montagem, 249, 261
linhas aéreas, 199
LinkedIn, 212
liquidez, 25, 188, 189
livre-comércio, 17, 44-5, 144, 146, 150, 272
lobby, 114, 199, 212
Locke, John, 102
Londres, 15
"Longa Depressão" (EUA, 1870), 57
Los Angeles, 51, 199
lucros, 28-9, 70, 86, 95, 174-5, 188-9, 195, 197-9, 203, 208, 210-1, 218, 242, 263-4, 268

ludditas, 323*n*
Lyft, 21, 132

Macron, Emmanuel, 143
Madison, James, 103
Magie, Elizabeth, 63
Malkiel, Burton G., 316*n*
"manutenção do preço de revenda", 210
mão de obra *ver* trabalho
Mao Tsé-tung, 66
Maomé, 144
máquinas, 57, 218, 222, 229, 235-6, 262, 295-6
Marx, Karl, 24, 59, 95, 150, 247-8
marxismo, 24, 41, 66, 283
McAfee, Preston, 69
McKelvey, Richard, 110
Means, Gardiner, 188, 190, 194, 204
mecanização, 57
Mechanical Turk (mTurk, plataforma da Amazon), 239, 243
Menger, Karl, 61, 67, 233
mercados: abertos, 43, 45; Acordo Geral de Tarifas e Comércio (AGTT), 151; bens privados *versus* bens públicos, 276; bolha ponto.com, 220; capitalismo e, 284, 293, 311; comércio internacional, 36, 43-4, 146, 151, 153, 155, 271, 275; como "computadores", 291-3; como processadores paralelos, 288-91; computadores e, 283-6; concorrência e, 46-9, 123-4; COST (*common ownership self-assessed tax*, imposto autoavaliado sobre a propriedade comum) e, 96, 139, 140-1, 263-4, 277, 291-2; "custos de transação do mercado", 60,

67-8; decisões coletivas e, 113-9; democracia e, 112-9, 268, 281; diversificados, 182, 190, 195, 201, 204, 317*n*; economia de mercado, 39-41, 43, 49, 90, 95, 124, 283, 288, 290; equilíbrio, 299, 312*n*; expansão de, 263; exportações, 66, 145; Federal Trade Commission (FTC), 197; "fenômeno da Rainha Vermelha", 187, 195; fronteiras e, 44, 138, 144, 146, 153, 155, 173, 175-6, 250, 263, 267, 270-2; fundamentalistas do mercado, 16, 19; globalização e, 271; hipótese dos mercados financeiros eficientes, 191; imigrantes e, 146-51; importações, 145; insatisfações, 38, 39, 40; internos, 146; liberalismo e, 38-50; livre mercado, 23, 45, 281; mecanismo de mercado, 286; mercado de ações, *29*, 95, 182, 203; mercado de trabalho, 43-4, 48-9, 174, 200, 209-11, 238-9, 243-4, 250, 253, 259, 261, 263; mercado financeiro, 191-2, 220; mercado imobiliário, 48, 52; mercados radicais, 180-1, 190-92, 194-5, 212, 278; mercados-padrão, 113; monopsônio e, 200, 209-10, 232, 242-3, 247-9, 261; passividade e, 182, 277, 279; planejamento central e, 283-90, 293-8; poder de mercado, 28, 30, 42, 48-9, 196, 242, 249, 261-2, 267, 276; preços e, 284-6, 290; propriedade privada e, 288; Radicais Filosóficos (economistas), 26, 38, 44, 111; sem propriedade, 61-5; Smith e, 38, 43; socialismo e, 283-4, 287; tecnologia e, 212, 292,

297-8; Teorema Stolper-Samuelson, 156; "tragédia dos bens comuns", 64; "votação quadrática" (VQ) e, 138-9, 262, 277, 291-2, 311

mercantilismo, 145

México, 37, 152-4, 156

microchips, 292

micropagamentos, 220-1

Microsoft, 24, 212, 218, 220, 228, 239, 246-7

migração *ver* imigrantes

Milgrom, Paul, 69, 88

Mill, James, 55, 111

Mill, John Stuart, 26, 42, 111, 150

minas, 64, 155, 210, 216, 285

Ministério da Justiça (EUA), 181, 186, 197, 201

minorias, 36-7, 44-6, 103-6, 110, 125, 278; democracia e, 101-5, 109-12, 116, 121, 125

Mises, Ludwig von, 67, 284, 286-7, 291, 305*n*

modelo-padrão de precificação, 121-2

Modern Corporation and Private Property, The (Berle and Means), 188

Modiface, 325*n*

monarquia, 102-3, 107

monopólios: American Tobacco Company, 185; Aristóteles e, 183; "barões ladrões", *186*, 209; capitalismo e, 44, 54-9, 64, 66-8, 150, 183, 187, 190, 208, 265, 268; concorrência e, 184; consumidores e, 185, 196, 207; controle corporativo, 179-213; COST (*common ownership self-assessed tax*, imposto autoavaliado sobre a propriedade comum) e, 262-7, 275, 307*n*;

democracia e, 146; "Estados Unidos vs. E. I. du Pont de Nemours & Co." (processo), 206; Federal Trade Commission (FTC), 197; "fenômeno da Rainha Vermelha", 187, 195; Lei Sherman (EUA, 1890) e, 185, 268; liberalismo e, 38, 42-4, 49; lucros e, 86; "manutenção do preço de revenda", 210; mercados radicais e, 183-9, 196, 200, 206, 208-13, 277; "naturais", 67; palavra "monopólio" cunhada por Aristóteles, 183; "peso morto" do controle monopolista, 184; política antitruste, 44, 67, 184-7, 196, 251, 262, 268; preços e, 76-7, 189, 307n; "problema do monopólio", 28, 58, 84, 306n; propriedade privada, 54-9; Seção 7 da Lei Clayton e, 206, 317n; Standard Oil Company, 184-5, 188; trabalho e, 146, 150, 251; U.S. Steel, 185; "votação quadrática" (VQ) e, 277

Monopoly (jogo de tabuleiro), 63

monopsônio, 200, 209-10, 232, 242, 247-9, 261

moradia, 14, 167, 169, 211

Morton, Fiona Scott, 201

movimento progressista (EUA), 65, 185

muçulmanos, 143-4

mulheres, 36-7, 40, 43, 45, 112, 141, 174, 219, 259; movimento feminista, 45; trabalho e, 219, 319n

Mullainathan, Sendhil, 128

Muro de Berlim, 23, 153

Musk, Elon, 51

Myerson, Roger, 70, 84, 87

nacionalismo, *35*, 37, 46, 65-6, 151, 273; revolução nacionalista, 66

Naidu, Suresh, 248

Napster, 221

nazismo, 109-10

negociação coletiva, 248-9

negros (afro-americanos), 45-6, 105, 219

neoliberalismo, 27, 31, 33, 45, 262

Nepal, 163-5, 169

Netflix, 230, 295-7

New Deal, 186, 209

Nielsen (índices de audiência), 239

Nielsen, Jakob, 221

Niemöller, Martin, 110

Nixon, Richard, 294

Nobel, prêmio, 19-20, *21*, 60, 68, 70, 76, 84, 86, 108, 113, 160, 245, 284

Noruega, 18

Nova York, 15, 199

Nova Zelândia, 171

Novo Mundo, colônias do, 149

Obamacare, 129, *130*

Occupy Wall Street (movimento), 25

Ocidente, 37, 66, 144

ociosidade, 57

Oeste americano, 56

oligopsônio, 242

Omã, 170

ONU (Organização das Nações Unidas): Conselho de Segurança da, 273

OpenTrac, 51-3

Orange Is the New Black (série de TV), 230

Organização Mundial do Comércio (OMC), 37, 151, 273

Organização para a Cooperação e

340

Desenvolvimento Econômico (OCDE), 154, 159-61, 171, 172, 173, 182
Oriente Médio, 149, 153, 163
ostentação, consumo e, 95

padrões de vida, 14, 25, 33, *35*, 146-8, 160, 165, 175, 261, 263-4
Page, Larry, 221
países ricos *ver* riqueza
Pandora (streaming), 295, 297
paradoxo da "água e do diamante", 233
paradoxo da "pobreza pública" em meio à "prosperidade privada", 140
Pareto, eficiência de, 124
Paris, 141-2
Partido Democrata (EUA), 34, *35*
Partido Liberal Radical (Dinamarca), 42-3
Partido Republicano (EUA), 224
Partido Social-Democrata (Alemanha), 65
Partido Trabalhista (Inglaterra), 34, 65
pedágio urbano, 21, 281
pedido de exclusão, regras de, 280
pegada de carbono, 251
pensões, 169
petróleo, 18, 48, 60, 64
PIB (produto interno bruto), 35, 161
Pierson, Paul, 201
planejamento central, 41, 59, 61-2, 66-7, 80, 105, 284-5, 287, 290, 291, 294-5, 298; computadores e, 283-90, 293-8; consumidores e, 41; democracia e, 105; governo e, 41, 59-62, 65-7, 80, 105, 284-91, 294-5, 298-9; liberalismo *versus*, 41-2; mercados e, 283-90, 293-8; propriedade privada e, 59-62, 65-7, 80; sistema de saúde e, 295-6; sistemas de recomendação e, 295; socialismo e, 59-62, 66, 283, 287
plebiscitos, 98, 120, 130, 135-6, 313*n*
pleno emprego, 31
plutocratas, 48
PNC Bank, *193*, 194
pobreza, 14-5, 57, 63, 140, 175, 178, 257, 265; camponeses, 55-6, 58; países pobres, 37, 147, 149, 152, 154-5, 157, 262, 267, 271-2, 275; paradoxo da "pobreza pública" em meio à "prosperidade privada", 140
Polônia, 67, 152
poluição, 64, 113, 115-7, *118*, 119
populismo, 25, 34, *35*, 36, 159, 268, 271
porte de armas, 37, 98, 121
Porto Rico, 136
"posseiros virtuais", 89
poupança, 28, 132, 137, 145, 163, 182, 191, 280
preços: consumidores e, 183; COST (*common ownership self-assessed tax*, imposto autoavaliado sobre a propriedade comum) e, 80, 81, 84-94, 262, 269, 307*n*, 324*n*; "manutenção do preço de revenda", 210; mercados e, 284-6, 290; mercados radicais e, 18-5, 189-90, 195-9, 203, 210, 213; monopólios e, 76-7, 189, 307*n*; problema de um modelo-padrão de precificação, 121-2; sistema de, 67, 108, 113, 290; "votação quadrática" (VQ) e, 269

Previdência Social, 280
Primeira Guerra Mundial, 65, 147, 150, 284
privatização, 31
"Problema do custo social, O" (Coase), 67
processadores paralelos, 288-91
produtividade, 31-2, 38, 58, 76, 90, 138, 231, 244, 248-9, 254, 261-2, 265, 284, 291
Programa de Vistos entre Indivíduos (VIP, em inglês), 162, 165, 167-72, 174-8, 268, 271, 275
programadores, 174, 218, 226, 228, 233
programas de reunificação familiar, 162, 164
Progresso e pobreza (George), 57, 63, 257
proletários, 150, 248
Proposição 8 da Califórnia (lei), 106
propriedade intelectual, 48, 59, 89, 219, 222
propriedade privada, 14-6, 18-9, 50, 56-9, 61-2, 67-8, 71, 73, 79-80, 85-6, 93, 114, 184, 260, 277-8, 306n; "posse" temporária *versus* "propriedade", 87-8; capitalismo e, 54-6, 59, 65-8, 92, 95-6; concorrência e, 46, 61, 68-73, 95-6; COST (*common ownership self-assessed tax*, imposto autoavaliado sobre a propriedade comum) e, 51-2, 79-95, 92, 277-9, 307n; "dádivas da natureza" e, 61; democracia e, 106, 139; direitos de, 14, 55, 68, 70-1, 104, 184, 219, 253; Estados Unidos e, 57-8, 65-7, 70; feudalismo e, 38, 54, 57, 61, 79, 86, 240-1,

248; impostos e, 49, 52, 62-3, 74-87, 90-3, 307n; leis de, 288; liberalismo e, 39, 47-9; liberdade e, 54-9; mercados e, 288; mercados sem propriedade, 61-5; monopólios e, 54-9; planejamento central e, 59-62, 65-7, 80; "propriedade comum parcial", 71; riqueza e, 57-8, 60, 65, 74, 79, 90-5; socialismo e, 57-62, 65-8; trabalho e, 54-9, 65, 84, 90-5, 219, 222, 248
proprietários de terras, 52, 53, 57-8, 61, 86, 184
prosperidade, prosperidade, 16, 38, 62, 95-6, 140, 146, 149, 151, 213, 275, 277, 281; paradoxo da "pobreza pública" em meio à "prosperidade privada", 140
"Protection and Real Wages" (Stolper e Samuelson), 155
psicologia, 242, 247

Qatar, 170
Qin, dinastia (China), 65
Quarfoot, David, 129-30

Radicais Filosóficos (economistas), 26, 38, 44, 111
rastreamento dos olhos, sistema de, 325n
Read, Leonard, 284
realidade virtual, 218, 229, 238, 258-9
reCAPTCHA, 244
reconhecimento facial, 217, *225*, 228
recursos naturais, 14, 44, 64, 89
Reddit, 132
redes neurais, 223, *224*, 225-8; "rasas", 226
reformas, 15, 19, 24, 26, 45, 59, 65,

111, 120, 136, 191, 204, 248, 255, 262, 268, 280
refugiados, 141, 144, 152, 158
regra da maioria, 49, 100-1, 110, 112, 116, 136, 313*n*
regras de pedido de exclusão, 280
Regulação Geral de Proteção de Dados (União Europeia), 253
regulamentações, 115, 137, 167, 187, 250-1; capitalismo e, 268; concorrência e, 268
Reino Unido, 34, *35*, 42, 111-2, 147, 152, 157, 278, 295
reis anglo-saxões, 101
religião, 38, 94, 102, 105, 278
"renda mínima universal", 90, 308*n*
renda per capita, 56
Revolução Francesa, 66, 103, 106, 283
Revolução Gloriosa (Inglaterra), 102, 111
Revolução Industrial, 56, 262
"revolução marginal", 233
Ricardo, David, 146
Rio de Janeiro, 13, 15, 17-8, 120
riqueza: abundância relativa de capital, 155; acumulação de, 60, 94, 145, *186*; *bourgeoisie* e, 56; capitalismo e, 65, 92, 95, 151, 157, 248, 278; COST (*common ownership self-assessed tax*, imposto autoavaliado sobre a propriedade comum) e, 262-3, 267-70, 275, 280, 291; democracia e, 100, 103, 111, *131*; liberalismo e, 26, 43-5, 262; Marx sobre, 247-8; mercados radicais e, 201, 213; países ricos, 26-7, 32-3, 36, 37, 45-6, 65, 94, 147, 151-2, 154-5, 159-60, 175, 178, 260, 262-3, 272, 275; propriedade privada e, 57-8, 60, 65, 74, 79, 90-5; "renda mínima universal", 90, 308*n*; tecnologia e, 260; Teorema Stolper-Samuelson, 156; trabalho e, 145-56, 161, 171-7, 218, 254; "votação quadrática" (VQ) e, 262, 267-70, 273-4, 277-8, 280, 291
Riqueza das nações, A (Smith), 43
Robinson Crusoé (Defoe), 145
robôs, 231, 244, 246, 255, 258, 261, 293
Rockefeller, John D., 184-5
Rodada do Uruguai, 151
Roemer, John, 248
Roma antiga: imperadores romanos, 182; Império romano, 101; República romana, 101, 144; Senado romano, 101
Roosevelt, Franklin D., 186
Roosevelt, Theodore, 185
Rota da Seda, 144
Rousseau, Jean-Jacques, 102
Rússia, 34, 35, 66; *ver também* União Soviética

salários, 27, 30, 33, 56, 60, 63, 92, 142, 145, 152, 155-6, 173, 183, 189, 199-200, 209-11, 218, 248-50, 262; salário mínimo, 128, 165, 170, 211, 253
Samuelson, Paul, 113-4, 121, 155-6
San Francisco, 51, 86
Sanders, Bernie, 34-5, 313*n*
Satterthwaite, Mark, 70, 84, 87
saúde, 166, 272, 296; assistência médica, 14, 128, 129; planos de, 296; problemas de, 115-6, 163; seguradoras médicas, 296; seguro-saúde, 164; Serviço Nacional de Saú-

de da Grã-Bretanha, 296; sistema nacional de, 295
Schmalz, Martin, 199
Schumpeter, Joseph, 66
Segal, Ilya, 71
Segunda Guerra Mundial, 31, 34-5, 42, 45-6, 65-6, 151, 262, 294
seguro-saúde, 164
senhores feudais, 55, 61, 240
Serviço Nacional de Saúde da Grã--Bretanha, 296
servidão, 55, 67, 149, 166, 240, 262
"servidores-sereias", 229, 231, 233, 238-47, 249, 251
Shafir, Eldar, 128
Shalizi, Cosma, 287
sindicatos, 44, 209, 248-51, 253
Singapura, 170, 172
Siri, 229, 255
Síria: Guerra Civil na, 152, 157
sistemas de recomendação, 295; planejamento central e, 295
Skype, 167, 212
Sleepscapes, 180-1
smartphones, 43, 140, 261
Smith, Adam, 19, 26, 38-9, 43, 54-5, 146, 183, 233; *A riqueza das nações*, 43; paradoxo da "água e do diamante", 233
soberania, 23, 37, 102
social-democratas, 45
socialismo, 34, 59, 61-2, 65-7, 110, 150, 257, 260, 283; cooperativas e, 305*n*; democracia radical e, 110; economistas socialistas, 287; Henry George e, 57, 65, 150, 257, 260; Marx e, 150, 283; mercados e, 283; mercados radicais e, 298; Mises sobre, 284; planejamento central e, 59-62, 66, 283, 287; propriedade privada e, 57-62, 65-8; Sanders e, 34; Schumpeter sobre, 66
sociedades anônimas, 187-94, 205-6, 208
solidariedade, 38, 178, 251, 258, 276-7
sonegação tributária, 324*n*
spams, 220, 244, 253
Spence, A. Michael, 84
Spotify, 295, 297
stalinismo, 109
Standard Oil Company, 184-5, 188
start-ups, 212, 221, 243, 288
State Street, 181, 191, 193
Stewart, James, 39
Stigler, George, 19, 68
Stoker, Bram, 58
Stolper, Wolfgang, 155-6
subemprego, 33, 263
Suécia, 193, 278
Sun Yat-sen, 65-6, 75
supermaioria, regra de, 101, 103-5, 108
Suri, Siddhart, 241, 243

Taft, William, 185
Taiwan, 66, 75, 88
Tales de Mileto, 183
tarifas, 89, 203, 220, 221, 272
taxação *ver* impostos
Taylor, Fred, 286
Tea Party (movimento norte-americano), 25
"Técnica de medição das atitudes" (Likert), 126
tecnofeudalismo, 238, 240
tecnologia: avanços tecnológicos, 183,

344

261, 279; capitalismo e, 54, 55, 212, 323n; consumidores e, 293; COST (*common ownership self-assessed tax*, imposto autoavaliado sobre a propriedade comum) e, 89-92; de produção, 261; imigrantes e, 263; mercados e, 212, 292, 297-8; riqueza e, 260; trabalho e, 219-22, 228-9, 231-2, 244-9, 252, 259-65, 271, 299, 322n; vigilância da, 246, 298; *ver também* "aprendizado automático" (AA), sistemas de; computadores; inteligência artificial (IA); máquinas
"tecno-otimistas", 260-1, 322n
"tecnopessimistas", 261, 322n
TEDz Talk, 180
televisão, 88, 136, 140-1, 181, 222, 239
"Teorema Coase" (Stigler), 68
"teorema da impossibilidade", 108
Teorema de Arrow, 310n
Teorema do Júri (Condorcet), 107, 109
Teorema Stolper-Samuelson, 156
teoria da "economia pelo lado da oferta", 31
Teoria da classe ociosa (Veblen), 95
"teoria do portfólio", 190
Teoria do preço, A (Stigler), 68
Teoria geral do emprego, do juro e da moeda (Keynes), 23
"Teoria pura do gasto público, A" (Samuelson), 113
Terror Vermelho stalinista, 109
terrorismo internacional, 271
Thaler, Richard, 84
tiranias, 44-6, 104-5, 112-5, 121-2
Tirole, Jean, 245
títulos públicos, 192
Tom Sawyer (Twain), 242, 245

Tóquio, 15
trabalho: Acordo Geral de Tarifas e Comércio (AGTT), 151; aposentadoria, 182, 191, 280; artesãos, 55, 231; bem remunerado, 272; capitalismo e, 150-1, 156, 171, 176, 220, 233, 239, 247-8, 323n; concorrência e, 158, 171, 173-4, 230, 243-4, 247, 251, 253, 263, 272; custo do, 144, 210; democracia e, 138, 162-9; desemprego, 30, 32-3, 200, 210, 219, 232, 261-2; distribuição de renda, 26-8, 30, 34, 91; Engels sobre, 248; "escravidão assalariada", 41; Estados Unidos e, 31, 150-67, 170-3, 176, 220, 231; exploração do, 167, 170, 247-8; "fenômeno da Rainha Vermelha", 187, 195; força de trabalho, 33, 54, 59, 141, 145, 155, 170-1, 174, 210, 248, 256, 264; Henry George sobre, 150; igualdade e, 162, 177, 247, 263; imigrantes e, 49, 141-4, 146, 155-66, 168-77, 263, 267, 272-4, 279, 315n; Internacional dos Trabalhadores, 65; leilões de vistos e, 160-2; leis trabalhistas, 166, 170, 244; mão de obra, 44, 49-50, 57, 143, 155, 173, 175, 177, 232, 248, 250, 271-2, 275, 279, 291; Marx sobre, 150; mercado de, 43-4, 48-9, 174, 200, 209-11, 238-9, 243-4, 250, 253, 259, 261, 263; mercados radicais e, 146, 160, 171, 209-10, 251, 253-6; Mill sobre, 150; monopólios e, 146, 150, 251; mulheres e, 219, 319n; na Europa, 33, 145, 150-60, 176, 253; não remunerado, 231, 244; ple-

no emprego, 31; proletários, 150, 248; propriedade privada e, 54-9, 65, 84, 90-5, 219, 222, 248; riqueza e, 145, 161, 171-7, 218, 254; rotatividade, 231; sindicatos e, 44, 209, 248-51, 253; socialismo e, 305n; subemprego, 33, 263; tecnologia e, 219-22, 228-9, 231-2, 244-9, 252, 259-65, 271, 299, 322n; trabalhadores altamente qualificados, 144, 159; trabalhadores comuns, 31, 144, 265; trabalhadores pouco qualificados, 157, 175

tráfico de escravos, 149

tráfico de seres humanos, 170

"tragédia dos bens comuns", 64

trânsito, congestionamentos de, 281

transportes, 154, 184, 287, 293, 296

trem supersônico, 51

Três princípios do povo (Sun Yat-sen), 65

Trump, Donald, 34-6, 135, 180, 303n, 313n

trustes, 184-5, 195, 208, 250; *ver* também antitruste, políticas

turismo, 144

Turquia, 37

Tuyên, Dinh, 257-9

Twain, Mark, 242

Twitter, 132, 231

U.S. Bank, 194

U.S. Steel, 185

Uber, 21, 87, 94, 132, 293

União Europeia, 37, 151, 253

União Soviética, 41, 66-7, 283-4, 287-8, 294; sistema soviético, 66, 294, 296

United Airlines, 182, 201

Uruguai: Rodada do, 151

utilitarismo, 111

utopias, 59, 69, 279

Vale do Silício (Califórnia), 220

valor marginal, *118*, 233, 234-7, 255

Vanguard, 181, 182, 191-4, 197

Vapnik, Vladimir, 226

varejistas, 210

Varian, Hal, 233-4

Veblen, Thorstein, 95

Venezuela, 14, 20, 75

Verizon, 182

Vickrey, William Spencer, 20, *21*, 22, 68-70, 73, 75, 108, 114, 117, 120, 281

videogames, 133, 181, 256

Vietnã, 142, 144, 259

vigilância da tecnologia, 246, 298

VIP, sistema *ver* Programa de Vistos entre Indivíduos

vistos: H1-B (programa norte-americano), 162, 166, 174; J-1 (programa norte-americano), 166, 172, 279; leilões de, 159-62, 168

Voltaire, 102

"votação quadrática" (VQ), 120-40, 262, 268-70, 272-4, 277, 279-80, 292; concorrência e, 311n; COST (*common ownership self-assessed tax*, imposto autoavaliado sobre a propriedade comum) e, 139-40, 204, 267-9, 278, 280, 292; democracia e, 120-37; felicidade e, 123-4, 313n; "força do voto", *127*, *130*; igualdade e, 270; imigrantes e, 267, 272-4, 278; liberalismo e, 274; mercados e, 138-9, 262, 277, 291-2, 311n; metodologia da, 120-

4; monopólios e, 277; preços e, 269; riqueza e, 262, 267-70, 273-4, 277-8, 280, 291
"voto per capita", sistema de, 46, 49, 99, 101, 110, 124, 134, 137-9, 268, 270, 278, 311-2*n*

Walls of Nations, The (Clemens), 174
Walmart, 210-1, 218, 232, 293
Walras, Léon, 26, 44, 61, 70, 84, 184-5, 233
Webb, Beatrice, 26, 44, 248
Webb, Sydney, 248
weDesign (programa), 127, *128*
Wells Fargo, *193*, 194
Weyl, E. Glen, 311*n*, 322*n*
Whatsapp, 212
Whinston, Michael, 71
Who Owns the Future? (Lanier), 218

Wilmers, Nathan, 210-1
Wilson, Robert, 69
Wilson, Woodrow, 185
World Wide Web, 220

xenofobia, 25, 177

Yelp, 81, 132
YouTube, 217, 222, 230, 242

Zeckhauser, Richard, 115
Zhang, Anthony Lee, 73, 86, 88
Zhang, Jingjing, 311*n*
Zimbábue, 14
Zingales, Luigi, 212
Zipcar, 87, 94
Zona do Euro, 151
zoneamento, 168, 281

TIPOGRAFIA Arnhem Blond
DIAGRAMAÇÃO acomte
PAPEL Pólen Soft, Suzano Papel e Celulose
IMPRESSÃO RR Donnelley, março de 2019

A marca FSC® é a garantia de que a madeira utilizada na fabricação do papel deste livro provém de florestas que foram gerenciadas de maneira ambientalmente correta, socialmente justa e economicamente viável, além de outras fontes de origem controlada.